本书系国家自然科学基金项目（71363033）研究成果

草原畜牧业产业链建设与运行机制创新研究

——基于牧民增收视角

吕 萍 杨 洵 罗海燕 袁 泉 著

中国社会科学出版社

图书在版编目（CIP）数据

草原畜牧业产业链建设与运行机制创新研究：基于牧民增收视角/吕萍等著. —北京：中国社会科学出版社，2017.12
ISBN 978 - 7 - 5203 - 1219 - 6

Ⅰ.①草…　Ⅱ.①吕…　Ⅲ.①草原—畜牧业—产业链—经济运行机制—研究—中国　Ⅳ.①F326.3

中国版本图书馆 CIP 数据核字（2017）第 255448 号

出 版 人	赵剑英
责任编辑	谢欣露
责任校对	石春梅
责任印制	王　超

出　　　版	中国社会科学出版社
社　　　址	北京鼓楼西大街甲 158 号
邮　　　编	100720
网　　　址	http：//www. csspw. cn
发 行 部	010 - 84083685
门 市 部	010 - 84029450
经　　　销	新华书店及其他书店

印　　　刷	北京明恒达印务有限公司
装　　　订	廊坊市广阳区广增装订厂
版　　　次	2017 年 12 月第 1 版
印　　　次	2017 年 12 月第 1 次印刷

开　　　本	710×1000　1/16
印　　　张	17.75
插　　　页	2
字　　　数	282 千字
定　　　价	75.00 元

前　言

　　草原畜牧业是我国农业体系的重要组成部分，其发展水平不但关乎草原畜牧业的健康发展，而且关乎牧民增收和牧区社会的团结稳定。但长期以来，草原牧区牧民增收缓慢、合作社组织松散、要素配置效率低下和龙头企业加工能力低等问题突出，这不仅是草原畜牧业和牧区经济发展结构失调的现实反映，也是改革开放以来经济长期发展所积累的各种深层次问题及矛盾的具体表现。破解牧区、牧业和牧民问题（以下简称"三牧"问题）的关键是促进牧民增收，而加快草原畜牧业产业链建设、打造完整的草原畜牧业产业链是解决"三牧"问题的根本出路，也是破解牧民收入低、增收难的有效途径。基于此，本书从草原畜牧业产业链建设和运行机制创新的层面进行分析，以期为加强草原牧区产业链建设和运行机制创新提供理论支持，为政府破解牧民收入增长缓慢难题、加快区域经济协调发展提供思路和借鉴，为政府制定相关"三牧"扶持政策提供咨询和参考。

　　本书是 2013 年批准立项的国家自然科学基金资助项目"基于牧民增收的草原畜牧业产业链建设与运行机制创新研究"（批准号：71363033）的主要研究成果。本书总体上立足于新疆、内蒙古、青海和甘肃四个省份的典型牧区（以下简称四大牧区）草原畜牧业的发展现状，详细梳理了草原畜牧业产业链及其运行机制的相关基础理论和国内外研究文献，并构建草原畜牧业产业链的分析构架；以我国四大牧区为研究样本，根据实际调研问卷、统计数据以及部门资料等，深入剖析我国典型牧区草原畜牧业产业链的建设和运行现状，以及草原牧区牧民收入增长缓慢的深层次原因；深入剖析四大牧区草原畜牧业产业链利益联结机制的主要方式、各利益主体以及主体间的博弈现状，探寻产业链主体牧户、牧民合作社和龙头企业在利益联结中存在的问题；运用理论分析法、问卷调研法、实证研究法、计量分析法、对比分析法等多种分析方法，研究草原畜牧业产业链与牧民收入的量化关系，分析草原畜牧业产业链的运行要素及其对牧民收入的影响，分析评价草原畜牧业产业链的内部价值协调性；运用实证研究法深入研究草原畜牧业产业链运行的效率机制和利益联结机制，运用控制论和复杂网络理论研究草原畜牧业产业链的信息传递机制，并从利益联结机制、运行效率机制、信息传递机制和利益协调与分配机制方面提出产业链运行机制的创新方案，从牧民增收的视角提出草原畜牧业产业链建设和管理的对策。

我们在对前人有关产业链和农民增收相关研究成果进行梳理后发现，曾有学者从产业链视域下研究农户的增收问题，也有学者从建设牧区合作经济的视角研究牧民的收入问题，但较少从草原畜牧业产业链体系的视角探究牧民增收问题，也较少用数学模型研究草原畜牧业产业链的构成要素和运行影响因素对牧民收入的影响度和贡献度，尤其从效率机制、利益联结机制和信息传递机制等方面综合系统地研究草原畜牧业产业链的运行机制和创新，及其对牧民收入持续增长的影响，则更是显得鲜少。将我国典型草原牧区的草原畜牧业产业化、产业链建设和运行机制理论与牧民增收的实践相结合进行研究，无疑具有一定的创新性。

本书属于应用研究。在对新疆阿勒泰地区，内蒙古锡林郭勒、乌兰察布、呼和浩特、察右后旗，青海海北州以及甘肃甘南州的牧户、合作社、龙头企业和经销商进行实地问卷调查、部门访谈和统计数据整理的基础上，研究四大牧区牧民的收入和成本支出结构现状以及草原畜牧业产业链运行要素对牧民收入的影响；从合作效率和经济效率方面研究草原畜牧业产业链的运行效率问题；从草原畜牧业信息本身、农牧民群体特征、草原畜牧业供应链、产业链利益主体的时空距离方面研究草原畜牧业产业链的信息传递问题；研究四大牧区草原畜牧业产业链的利益联结机制问题。从合作机制、效益机制、外部环境与制度安排方面提出草原畜牧业产业链运行效率机制的优化方案；从产业链的利益联结主体和构建无缝利益联结机制方面，提出完善草原畜牧业产业链利益联结机制的优化方案；从草原畜牧业产业链的信息传递信源、信宿和信道方面，提出草原畜牧业产业链信息传递机制的优化方案。最后，从草原畜牧业产业链的构成要素和产业链内外部运行环境要素方面，提出加强草原畜牧业产业链建设从而使牧民持续快速增收的具体对策。研究成果对提高草原牧区的综合竞争力、实现草原经济快速长期增长、提高牧民生活水平及实现区域经济协调发展、推动西部大开发战略向草原牧区纵深演进，具有多重显见的现实意义和实践指引作用。

　　本书可以作为草原畜牧业、产业链管理、"三牧"问题、区域经济及公共管理领域的广大科研工作者的研究参考资料，也可以为相关政府管理部门的实际工作提供参考与借鉴。

作者

2017 年 5 月

目　　录

第一章 草原畜牧业产业链及运行机制理论概述

第一节 草原畜牧业产业链相关概念的界定

对草原畜牧业产业链及其运行机制的概念进行区分和界定，是本书的研究基础。

一 牧区与牧民

（一）牧区

从一般意义上讲，牧区就是以草原畜牧业为重点产业，以饲养草食牲畜为主，将牧草资源转化为畜牧产品的地区。能成为"牧区"必须达到三个基本要求：一是这些地区拥有辽阔的草原；二是这里的经济活动迄今为止仍然以畜牧业为主，人们的收入主要来自畜牧业；三是这些地区的经济发展也将高度地依赖畜牧业。牧区的概念可分为广义概念和狭义概念。广义的牧区，就是具有大面积的草原，饲养大量的草食牲畜而形成的畜牧产品基地。狭义的牧区，是相对独立于农区，以饲养草食牲畜为主业的草原牧业经济区域。牧区社会是整个社会形态的重要组成部分，由于历史、社会经济和自然条件的影响，牧区在整个社会形态中具有特殊性和缓慢性。牧区社会的性质是由生产力发展水平所决定的，是同整个社会制度相联系的。牧区的形成和发展是经过漫长的历史过程的，是有阶段性的。牧区经济结构大致经历了原始的以牧为主、牧农兼业——传统的以牧为主、牧农分离——现代的以牧为主、牧农林结合、牧农工贸一体化的过程。

（二）牧民与牧区

以草原畜牧业为主的经济类型区称为牧区，也称草原牧区。牧民是长期直接从事草原畜牧业的劳动者，他们生活在草原牧区并以经营畜牧业为主。他们有着悠久的游牧文明史，拥有自己的语言、文字和独特的马背文化，但又具有一定的民族兼容性。由于历史、经济、社会、文化、自然等诸多因素的影响，牧区生态环境恶化，草原畜牧业发展滞后于农业，牧民收入增长慢于农民。如今，草原牧区的"牧民"绝大多数已不再遵循"终年"集体游动放牧的畜牧业经营方式，随着国家对牧区的开发，避免天然草原资源由于过度放牧而继续减少，草原畜牧业逐步向集约化、规模化转变，牧民从过往"逐水草而居"的生活向村落定居式生活转变，牧民与农民的概念也不再泾渭分明，而是既有联系也有差别。一是牧民是草原牧区地域范围内的劳动者，与普通农民有一定地域差异，所从事产业也具有弱质性；二是牧民是直接从事草原畜牧业的劳动者，偶尔也会有农业性劳作；三是牧民在部分区域一定程度上保留着放牧形式；四是多数为少数民族家庭，分布于温带草原气候和高原山地气候地区。

二 产业链、价值链与供应链辨析

（一）产业链、价值链、供应链的概念

国内对于产业链的研究始于 20 世纪 90 年代，目前产业链的概念仍没有统一的界定。主要有三种看法：第一层面，有些学者认为产业链是指具有前后相互关联的企业组合体；第二层面，有些学者提出产业链中涉及的行业范围或领域广泛，各利益主体为实现自身利益的最大化，积极采用各种新技术、新工艺等来提升自身产品或服务的附加值，以获得更多的收益；第三层面，有些学者认为产业链是各利益主体通过提供相关产品或服务追求价值增值的全过程。因此，产业链是一个复杂的整体系统，是各利益主体为共同目的而组成的网状结构。基于此，应该采用更加科学的研究方法加以分析。

价值链的概念首先由迈克尔·波特提出。传统意义上的价值链主要是指企业根据自身的特殊地位和优势，在产品的生产过程中通过不断提升产品或服务质量，以实现自身更大的附加值，最终获得更多的收益。价值链的各个环节都具有价值创造的可能性，通过彼此间的紧密合作，最终组成了企业的价值链。由于传统意义上的价值链概念具有局限性，迈克尔·波特丰富和发展了价值链的概念，认为企业的价值链有内外之别，通过内外价值链共同作用来形成企业的复杂价值系统，而价值链的

有效运行是实现利益的重要保障。

早期有些专家和学者认为产业链仅仅针对制造型企业而言，这主要是因为企业在原料的采购、产品的加工生产、运输流通以及销售的过程中始终都是追求自身利益的。企业要想在竞争中取得主导地位，就要积极构建供应链。所以，供应链是对各个利益主体组成的整体进行分析，通过供应链各个利益主体反映的各方面信息，以更好地满足各方面的需求，同时对供应链上各个利益主体加强监督和管理，以实现各个主体费用和成本的大幅度降低，从而提升整个供应链的整体效益。通过供应链各环节之间的优势互补和密切配合，最终将不断提升供应链整体的竞争性。

（二）价值链、供应链、产业链的联系及区别

根据以上对价值链、供应链和产业链内涵的区分，可以看出三者既有共通之处也有明显区别。为保证本书研究的可行性，必须对三者的区别和联系加以阐述。

价值链可以看成价值再创造和增值的过程，一般来说，只有满足消费者需求的产品才具有价值。所以，消费者是进行价值创造的基础，可以根据消费者需求行为，通过不断满足其需求实现价值创造最大化，以获得更大的利益。

供应链是以供应者为基础，集中于产品自上而下的流动过程，即从生产资料供给、生产直到最后销售的过程。与价值链恰恰相反，其主要是通过上下游主体的有效优化整合，积极采用各种方式协调各利益主体的各方面信息，最大限度降低交易费用和成本，最终实现提升产业链整体效率的目标。

产业链是一个包含生产、加工、收购以及销售等各环节在内的复杂网状结构，其往往涉及多个行业。基于此，产业链并不是只通过生产环节的优化与整合以最大限度地降低交易费用和成本，这又与价值链是非常接近的。产业链主要是通过不断提升自身的整体效率，使各个链条都能够得到优化和整合而形成协同效应，最终实现整体效益的最大化。在此过程中，需关注各利益主体或环节的利益创造，以及市场等各方面信息的反馈和变化，最大程度降低彼此间的费用和成本。因此，产业链的概念更广泛，可以看成供应链和价值链的有机结合。

三 草原畜牧业及其产业链

草原畜牧业是以草原为基地，主要采取放牧的生产方式，利用草原牧草资源饲养肉牛、奶牛、肉羊等牲畜以获取畜牧产品的产业。对草原畜牧业不熟悉的人，往往把草原畜牧业简单化或片面化，用传统的眼光把草原畜牧业视为"逐水草而牧"的游牧经济，一种粗放、原始的经济活动；也有人把草原畜牧业的发展前景描绘成完全舍饲的畜牧业。其实，草原畜牧业是一个既继承了传统游牧业的合理成分与精华，又涵盖和包容着现代生物科学、现代经济制度、现代管理理论的产业。对于牧民来说，草原畜牧业不仅是其生存和发展的物质基础，也是其民族文化、精神世界孕育和发展的摇篮。

在草原畜牧业产业链的运行和构建过程中，需要考虑草原牧草资源的基础性、牧民生产生活的民族性、所处地理环境的偏远及广阔性和组织的松散性等特点。

结合有关学者的研究成果及本书的研究视角，本书将草原畜牧业产业链定义为以天然草原资源为基础，围绕畜牧产品生产的所有相关组织或个人（即利益主体，包括养殖群体、收购商、加工企业、分销零售商等），基于一定的技术、经济关联并遵循相应的生产流通逻辑关系和合理的时空布局结构自发形成的网链结构系统。在产业链运行过程中，畜牧产品从养殖到终端消费者手中，主要包括生产资料供给环节、畜牧生产养殖环节、畜牧产品加工环节、运营销售环节四大环节，各环节运作都由相应的利益主体承担，利益主体由众多成员组成，成员可以是组织也可以是个人或家庭，只要是从事相关环节的劳动经营并与其他成员有协作关系、有供需行为即可。各利益主体通过彼此间的紧密合作，提升整体效益，促进草原畜牧业产业链的稳定运行和牧民增收（见图1-1）。

畜牧业优良畜种培育、疫病防治、草饲料加工等生产资料供给的环节由从事该领域经营的众多具有一定专业知识技术的商业组织承担；牲畜交配繁殖、饲养育肥、畜牧初产品采集等畜牧生产养殖环节由农牧民群体承担；收购畜牧初级产品，进行食品工业级加工的畜牧产品加工环节则由少量畜牧产品加工企业承担；畜牧加工产品的物流运输、品牌营销等分销零售环节是由众多畜牧产品销售企业承担。

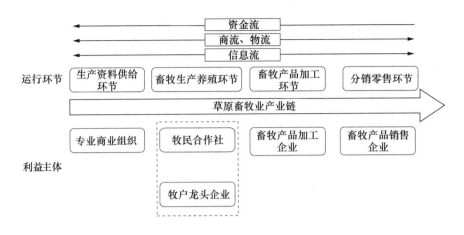

图 1 - 1 草原畜牧业产业链

草原畜牧业产业链是通过推动各利益主体的密切合作即草原畜牧业产业链一体化的过程来实现整体效益和竞争力的提升。草原畜牧业产业链一体化过程就是产业链不同节点的牧户、牧民合作社以及畜牧龙头企业等在遵循经济规律的前提下相互博弈的结果。在经营决策的过程中当参与草原畜牧业产业链的各利益主体把其他节点利益主体的利益作为实现自己利益最大化的一部分时，就更愿意采取合作共赢的态度与其他节点利益主体积极合作。当草原畜牧业产业链各个利益主体为了实现自身利益和降低交易成本都愿意采取合作共赢的态度时，草原畜牧业产业链才真正实现彼此之间的紧密协作，从而实现草原畜牧业产业链的稳定运行。

四 草原畜牧业产业链的构成

如图 1 - 1 所示，草原畜牧业产业链的运行表现为四个关键链条的流转，即商流、物流、资金流和信息流。消费者对畜牧产品有购买意向使得产业链终端分销零售环节的利益主体产生供给意愿，分销零售环节主体就会产生对上游加工环节产品的需求，同理加工环节主体也会对养殖环节主体提出需求，为了供给畜牧初产品，养殖群体会对生产资料供给环节主体产生需求，这样一来产业链内部就产生了"商流"，即合作的意向。合作的协约确定后，各利益主体就开始将所在环节生产的产品向下游配送供应，即"物流"。货物的收发必然伴随款项支付，这就是"资金流"。商流、物流、资金流的持续都离不开产业链内部信息流传递机制。因此，产业链是一个以整合规模、降低成本与风险、提升整体运行效率、改善利益分配为目的的系统工程，其功能的实现需要有效的产业链管理和适当的信息技术支持。也就是说，畜牧产品在产业链内流通的实质是基于商流、物流、资金流和信息流构成的有机整体——商流驱动物流，物流带动资金流，同时商流、物流和资金流依赖信息流，即信息流是产业链运行的根本要素。四个关键链条的流转实际上依赖四个现实因素——市场需求、物流运输网络、支付结算与信贷平台和信息化建设。

市场需求是畜牧产品产业化发展的基础，是产生商流的直接因素。目前我国畜牧业产业化快速发展，我国人口众多，市场潜力巨大，人民群众消费购买力增强，对畜牧产品的需求快速增长。根据市场对畜牧产品的需求，繁育饲养特色畜种，在畜牧繁育养殖加工全产业化领域的先行者以及从产业链管理视角构建完善的信息传递机制的利益主体，将是畜牧行业板块中最具优势的。

畜牧产品物流运输网络的建设水平在很大程度上决定了畜牧业的产业化进程。畜牧产品物流网络的整合和信息化将有效提升交通运输工具和设备、设施利用率，提高物流运行效率，降低物流成本。畜牧产品物流网络布局是畜牧产品异地销售经营的基础，也是面对市场机遇时各方的角力点。

支付结算与信贷平台是草原畜牧业产业链养殖环节的利益主体（牧户）获取资金、开展劳作经营活动的关键，良好的支付结算与信贷信息化平台可以让养殖劳作经营活动更具弹性，使相关利益主体在面对市场波动时具有更强的风险抵御能力。各相关利益主体资金流信息透明、可循，可以让政府机构、金融机构更有意愿关注上游的金融服务，比如已推行的牧区草地承包经营权抵押贷款、"见犊补母"、基础母牛补贴、圈棚补贴等多种资金流的保障举措。

虽然信息技术及信息化建设已在部分畜牧产品的生产经营过程中得到应用，但由于种种因素仍未成为主流模式，相比准入门槛较低而竞争激烈的传统畜牧产品生产经营方式，规模化、集约化、信息化的畜牧产品的生产经营对产业链管理有较高的要求，从而避免了过多的新进入者竞争，能够保证利润率，是草原畜牧业产业发展的高级阶段。在高级阶段，凭借信息流把握住商流、物流、资金流三个要素，在利润等多方面超越传统畜牧业产业利益主体，借鉴发达国家或地区经验，是我国草原畜牧业产业未来发展的必然趋势。

五　草原畜牧业产业链的特征

相比农业产业链而言，草原畜牧业产业链有以下三个方面特征：

第一，草原畜牧业产业链最终产品——草原畜牧产品，受自然资源等多方面因素影响较大。

第二，在其运行过程中，各主体间必须加强合作和联结，但草原牧区牧户由于自身各方面的局限性，彼此间沟通交流不畅，而且牧户分布较为分散，加之受教育程度较低，对于草原畜牧业新技术及新观念接受程度较低，这就无形中增添了各利益主体协调和联结的难度，导致草原畜牧业产业链的运行阻碍较大。

第三，草原畜牧业产业链运行的稳定性较差。相对于其他产业而言，草原畜牧业可控制性较低，在运行过程中面临多方面的风险和挑战。另外，畜牧业龙头企业大多数都植根于牧区，运行相对不稳定，再加上畜产品加工环节的进入门槛非常低，畜牧的龙头企业规模较小，深加工能力较低，这在一定程度上制约了草原畜牧业产业链的稳定运行。

第二节　草原畜牧业产业链运行机制的基础理论概述

"机制"一词最早起源于古希腊，主要是指理性人为达到自己的心理预期而积极创造条件的过程。后来，该理念被引入到社会管理领域，机制是指在一个复杂的整体中各个因素或部分相互补充和相辅相成的关系及其功能。

对于产业链的运行机制，刘贵富（2006）提出了六大机制模型，分别是信任契约机制、沟通协调机制、利益分配机制、风险共担机制、竞争谈判机制和监督激励机制；吴彦艳（2009）着重从利益分配、竞争、沟通协调三大机制出发构建产业链运行机制动态模型；王秀丽（2007）从自组织理论视角出发对产业链的生成机制进行了分析研究，强调了信息共享机制。上述几位学者的分析基本涵盖了产业链运行的所有机制，鉴于研究视角的不同，本书对产业链运行机制的研究主要集中在利益分配与联结机制、运行效率机制和信息传递机制方面，与此相对应，基础理论的研究也包括三个方面。

一 草原畜牧业产业链利益联结机制基础理论

（一）交易费用理论

交易费用理论（Transaction Costs Theory）不仅是现代产权理论的基础，也是产业经济学非常重要的经典理论之一。科斯（Coase，1937）首先提出该理论，威廉姆森（Williamsion，1999）、张五常等对该理论进行了丰富和发展。威廉姆森丰富和拓展了该理论的内涵和形成机制，同时详细论述三个重要影响因素；张五常（1983）提出，交易费用就是制度成本，他认为即使交易行为不发生也有制度等成本的发生；杨小凯（1991）认为，要从不同的视角对企业与市场加以明确区分，企业在一定程度上可以用劳动市场加以代替，但不能用企业组织替代市场自身产生的组织。所以，生产经营活动发生的交易费用实际上是一种机会成本，是信息不对称或信息不完全造成的结果，同时也是各主体间彼此协调中所产生的费用，但是这种费用的发生不可避免但可以降低。

在草原畜牧业产业链的全部生产过程中，需要各利益主体对市场等各方面信息的汇总分析，这就会发生相应的成本和费用，但是由于信息不对称或信息不完全现象的存在，彼此间的信息交流等成本增加。因此，利用交易费用理论来分析草原畜牧业产业链的各利益主体间利益联结是非常重要的。

（二）委托—代理理论

委托—代理理论是用来分析非对称信息下最优合同构建的理论。1933 年美国学者伯利（Berle）和米恩斯（Means）首次提出委托—代理的概念；莫里斯（Mirrless，1976）通过构建委托—代理数量模型，详细论述委托—代理关系的形成构架；维克里（Vickery，1976）解决了新古典契约理论的最优所得税等相关机制问题；王慧红和李伟红等（2010）以双向代理理论为依据，构建了所有者与代理人的合作决策模型。但是该理论的基本假设在现实生活中是不成立的。在信息不对称条件下，委托人的最终目的就是实现自身收益的最大化，但在此过程中很难观察到代理人的具体表现，代理人的目的是获得更高的收益，这与委托人的目的是不同的，这就会导致彼此间产生冲突。代理人更多地愿意采用激励机制等有效措施而尽可能少地使用强制性的政策，在实现自身利益最大化的同时也达到委托人的目的。

以该理论为依据，能够更好地揭示草原畜牧业产业链各利益主体的行为，并根据各自的行为采取积极有效的方式和方法，继而构建牧户、牧民合作社及畜牧业龙头企业之间的紧密的利益联结机制。

（三）不完全契约理论

格罗斯曼（Grossman）与哈特（Hart，1986）、哈特与摩尔（Moore，1990）建立的 GHM 理论模型，分别从合作博弈和不合作博弈视角证明契约不完全性，标志着不完全契约理论的形成；斯蒂格利茨（Stiglitz J E.，2009）、科斯（1999）等研究表明，理性人的认识是非常有限的，加之生产经营过程中必然发生的交易费用，所以彼此间的契约是不完全的。草原畜牧业具有其他产业所没有的特点，其生产经营活动具有很大的风险性，同时受气候等自然因素影响较大，且草原畜牧业的生产周期较长以及畜产品价格波动剧烈，各利益主体无法抵御自然风险以及市场等各方面的波动带来的风险。所以，草原畜牧业的订单式契约是不完全的。由于作为经营主体的各方都存在机会主义的倾向，加之彼此间契约的不完全性，就为违约及冲突的发生提供了可能。因此，利用该理论可以很好地揭示草原畜牧业产业链各主体间的违约和冲突现象，更好地促进草原畜牧业产业链各利益主体利益联结机制的构建。

二　产业链运行效率基础理论

（一）产业组织理论

产业组织理论是以微观经济学为基础来研究市场经济中企业行为和组织制度的一种新兴理论，具体分析企业的结构和行为、市场的结构和组织、市场中厂商之间的相互影响，进而研究经济发展过程中企业之间的竞争、垄断和规模经济与效率的关系，研究产业的组织状况及其对资源配置效率的影响。其内容大致可以分为三个方面：研究企业内部的投入产出关系和人与人之间关系；研究不完全竞争下市场与企业行为的关系；研究政府与企业的关系。

产业组织理论四个方面分别是柏拉图的劳动分工思想、亚当·斯密的古典经济学思想、马歇尔冲突理论和有效竞争理论。柏拉图认为，专业化会增加生产；亚当·斯密最早提出市场自发调节、市场自由竞争的理论。产业组织理论体系始于 20 世纪 30 年代，马歇尔首先提出"产业组织"概念，他发现了竞争与规模经济间的矛盾，被后人称之为马歇尔冲突理论；有效竞争理论对该组织理论建立和发展产生了深远影响。

（二）产业关联理论

产业关联是指经济活动中各产业之间存在的各种技术经济联系。产业关联的方式是指产业部门间发生联系的依托以及产业间相互依存的不同类型，产业关联方式的分类有三种：按产业间供需关系分为前向关联、后向关联；按产业间技术工艺特点分为单向关联和多向关联；按产业间依赖程度分为直接关联和间接关联。

产业关联理论又称为投入产出理论，着重于研究产业间投入与产出关系的理论，这是与产业结构理论和产业组织理论最主要的区别，产业关联理论也可以用来分析各相关产业间的关联关系，包括相关产业间的感应度和影响力、生产的最终程度、就业和资本需求量等。

（三）战略联盟理论

战略联盟，又称为动态联盟或网络组织，最早由美国 DEC 总裁霍普兰德和管理学家奈格尔提出，他们认为战略联盟是一种双向及多向流动的网络组织，其目的是为了共同拥有市场及共同使用资源。战略联盟既可以创造价值，又可以作为一种转换机制将绩效风险转化为合作风险，从而为企业提供一种效用最大化的机会。

目前对战略联盟是如何形成的还没有明确的解释，因此许多学者将战略联盟理论称为"孤儿理论"。战略联盟理论的产生有以下几种主流的观点：第一，交易费用理论认为战略联盟不仅可以让联盟主体相互监督，还可以避免企业内部部门化行为带来的问题，从而降低高昂的管理费用；第二，资源观认为联盟的目的是为了获取具有竞争优势的企业所独有的各种资源，资源的取得和利用已经成为发展竞争优势最关键的问题；第三，组织学习理论认为具有竞争优势的企业往往会有自己一套独特的文化，通过与优势企业联盟不仅可以获得学习这种文化，还可以提高自己的学习能力，有效的企业间联盟还可以为本企业创造新的学习途径；第四，价值链理论认为任何企业都只能在某一个价值链环节上具有竞争优势，即企业势必会在某些环节上不具有竞争优势，战略联盟便是为了克服自身不具有竞争优势的环节，在价值链这一具备竞争优势的环节上展开合作，最终实现优势互补。

三 草原畜牧业产业链信息传递机制基础理论

(一) 系统论

系统论是 20 世纪 20 年代生物学家贝塔朗菲在其发表的《抗体系统论》中提出的,他强调现实中的任何系统都是以有机整体的形式存在,不是系统的各个要素或部分机械地组合或简单相加,否则系统整体所具有或反映出的性质与特性也是各要素在孤立状态下所没有的。一般系统论是逻辑与数学领域的科学,其主要目的是找出适用于系统整体或子系统的模式、原则和规律,并利用这些规律去管理、控制、优化甚至衍生出新系统,因此所研究的系统各要素之间不是孤立地存在,每个要素都有存在的必要并具有特定的功能与作用,系统内的各要素相互依存、关联,共同构成不可分割的有机整体。

草原畜牧业产业链的信息传递机制是在商流、物流、资金流与信息流综合运行下不断发展和形成的系统。它既是草原畜牧业产业链系统的子系统,又是社会经济系统的子系统。草原畜牧业产业链在组织链、供应链、价值链的相互耦合作用下不断发生各种信息的交换,在运行过程中表现的整体性、等级性、动态性和开放性共同决定了其信息传递机制的系统特征。因此应用系统论的思维和态度开展草原畜牧业产业链信息传递机制的研究,符合客观现实的要求与需要。

(二) 控制论

控制论是研究系统在动态环境下如何保持平衡或稳定的科学,1948年美国著名数学家维纳(Wiener)发表的《控制论,或关于在动物和机器中控制与通信的科学》标志着控制论的诞生。控制论认为,一个系统总是存在一些不确定性,不确定性使系统不能稳定地保持并达到预期状态,要消除系统的不确定性,就必须对系统施加一定作用,即控制。控制的目的是使系统之间、系统内部要素之间以及系统与外部环境之间相互联系并制约,以克服不确定性从而达到预期目标。在控制论中,反馈起着决定性作用,是调节系统的基本形式。运用"控制"这一思想,具体说来就是通过分析系统信息流及反馈过程,确认问题原因并对系统进行修正调整,使其运行于最佳状态或保持稳定,以实现预期目标。如今,控制论的思想和方法已经渗透到了几乎所有的自然科学和社会科学领域。

研究草原畜牧业产业链信息传递机制的目的就是为了削弱信息传递

过程中的不确定性，使各利益主体能接收到所需的信息。为此，通过特定的手段和方法，根据信息传递过程中的反馈优化信息传递机制，从而使信息传递效率符合产业链系统发展的需求，是十分必要的。

（三）信息论

信息是用来度量人们对事物的了解程度。不确定性的减少都是相关信息获取的结果。狭义信息论，即香农信息论，主要通过数学描述与定量分析研究通信系统从信源到信宿的全过程，包括信息的测度、信道容量以及信源和信道编码理论等问题，强调通过编码和译码使收发两端联合最优化，并且以定理的形式证明极限的存在。这部分内容是信息论的基础理论。一般信息论，也称工程信息论，主要是研究信息的传输和处理问题，除香农信息论的内容外，还包括噪声理论、信号滤波和预测、统计检测和估计、调制理论、信息处理理论以及保密理论等。广义信息论，不仅包括上述两方面内容，而且包括所有与自然和社会领域有关的信息处理。信息论应用领域广泛，系统的运行过程伴随着信息的运动，而信息的反馈可以帮助系统达成目标，因此信息论是控制论的基础。

立足于信息论的基本思想和方法，全面分析和研究我国草原畜牧业产业链信息传递机制的缺陷和不足，从信息传递基本要素出发，抽象、总结、构建草原畜牧业产业链信息传递模型，是优化草原畜牧业产业链信息传递机制的路径选择。

（四）复杂网络理论

复杂网络理论出现于1998年，美国康奈尔大学理论和应用力学系博士生瓦特（Watts）及其导师斯托加茨（Strogatz）在《自然》（Nature）杂志上发表了题为《"小世界"网络的群体动力行为》的文章，指出现实的社会网络并非十分规则或完全随机的，而是处于两种状态之间。他们通过以概率P切断规则网络中最初存在的边并重新选择其他节点再次连接，构造出介于规则网络和完全随机网络的一个小世界网络模型——WS模型，但模型的这种构造方式对网络的连通性有负面影响。因此，纽曼（Newman）和瓦特提出了WS模型的替代版本——NW小世界模型。法鲁托斯等人在研究域间系统时发现了使用于许多实际网络的节点度的幂法则，因无法用明确的特征尺度来描述，所以将具有该特性的网络称为无标度网络。1999年，美国圣母大学（Notre Dame）物理系的波罗奈教授和他的博士生阿尔伯特将增长性和择优连接性引入网络构造，并建立了一个无标度复杂网络演化模型——BA 模型。至此复杂网络的研究进入新的时代，不再局限于数学的范畴，而是拓展到工程技术、管理和社会科学等众多领域。

　　草原畜牧业产业链的信息传递网络是众多利益主体基于畜牧产品生产环节的技术经济关联与供需关系而联结在一起构成的一个网络系统。由于信息传递的正式沟通与非正式沟通，现实的利益主体之间的信息交流可能随时在变化，频率与方向也可能不同；由于畜牧业现代化进程的推进，新的利益主体加入产业链的运行，也就意味着信息传递网络节点的动态变化；草原畜牧业产业链不可避免地要受社会、经济、政府、国际等多方面因素的影响。这些都是信息传递网络复杂性的体现。因此，复杂网络理论是指导草原畜牧业产业链信息传递机制优化的重要方法论。

第二章 草原畜牧业产业链及运行机制研究综述

第一节 产业链研究综述

产业链理论最初产生于 18 世纪中后期，亚当·斯密（Adam Smith，1776）提出生产过程中分工论断的理论，这就是产业链思想的雏形；贝恩（Bain，1958）提出了产业组织 SCP 理论，这是产业链理论初步形成的重要标志；马歇尔（Marshall）将分工的论断拓展到其他利益主体间，且更加注重彼此间协作的重要作用；赫希曼（Hirschman，1958）以产业关联理论为基础，详细阐述分工理论以及专业化对各利益主体的重要作用，这标志着产业链理论的真正形成。但"产业链"其实是 20 世纪 90 年代一个中国化的名词，1993 年傅国华首次提出农业产业链，成为我国提出产业链的第一人。2001 年，昆明理工大学的秦开大第一个将产业链作为硕士论文研究，由此拉开了中国人对产业链中微观层面的研究。现如今，我国的产业链研究涉及领域较广，许多高校教师、科研院所和农业工作者开始研究产业链与具体产业生产经营相结合的一些亟待解决的问题。

一 国外关于产业链的相关研究

亚当·斯密（1776）认为，产业链是获取外部采购的原材料和零部件并通过企业的生产和销售等行动将产品传递给零售商和用户的过程。在亚当·斯密的产业链思想基础之上，马歇尔（1920）分析了企业之间的分工，这是产业链理论的真正起源。根据已有的研究文献，对产业链运行机制的研究起步于农业产业链。近些年，国外关于农业产业链运行机制的研究多从产业角度入手，运用交易成本理论、产业组织理论、供应链理论，对农业的纵向协作、产业组织进行研究，多集中于信息管理、产品质量控制和价值链这三方面的分析，试图探索增强产业链竞争力的关键点。霍夫曼（Wout J. Hofman，2001）强调信息交流技术（ICT）对提升农业产业链相关企业竞争力、寻找提高市场份额的市场机会方面的重要作用。罗斯（J. E. Ross，2005）提出为满足消费者需求的产业链全面质量管理（TQM）；西贝尔（Schiebel W.，2007）通过价值链案例分析，为农业产业链相关企业提供了估计有效客户反应的方法。

随着产业链的发展，产业链管理应运而生。产业链管理运用集成的管理思想，通过对产业链链条的管理，降低总交易成本，提高用户服务水平，以及寻求二者之间的平衡，最终目的是提高产业链链条的竞争力，使链条上的企业均能从中获益。1980 年美国哈佛大学的著名教授迈克尔·波特在《竞争战略》中提出了价值链理论及价值链（Value Chain），他认为企业进行生产等活动是获取效益及创造价值的过程，这个过程由价值链上互相联系的一系列增值活动组成，企业的价值链是这一系列增值活动的总和。20 世纪 90 年代，提高用户服务水平在用户体验中的重要性越来越受到企业重视，并开始逐渐成为产业链管理的目标，需求链作为一种新型的产业链应运而生。由美国安盛咨询公司（现埃森哲管理咨询公司）提出的"战略产业链管理"就是其中比较典型的运用了需求链管理思想的一种产业链管理。

总体来看，在西方经济学的发展中，产业链理论诞生于 20 世纪 30 至 40 年代，发展于 40 至 50 年代，80 至 90 年代成为研究的热点。在学者们的研究与企业家们的实践互相促进中，产业组织理论一步一步取得了长足发展。在概念和工具上，这些理论均提出了产业集中度、产业进入和退出壁垒、市场失灵状况、政府失灵状况等；从研究方法上，这些理论或者基于古典经济学或者基于新制度学派，具有较强的理论特色，大多数研究采用静态。西方学者产业链研究的各种理论也都只是提出了观点，针对产业链链条本身进行的相关研究较少。

二　国内关于产业链的相关研究

我国对产业链的研究始于农业产业链。国内专家学者对于产业链的研究，主要聚焦于产业链含义的探讨和实践经验的总结与叙述，而研究内容主要侧重于产业链的概念、形成要素、构成机制和优化整合方面。

在产业链的概念方面：曹芳和王凯（2005）、蔡宇（2006）认为产业链包含信息流、物流以及资金流，产业链既包括进行相关产品的生产或服务各主体，也包括进行技术等其他辅助性活动的其他主体，从而组成以企业或行业为单位的纵向关联集合体。郁义鸿（2005）研究表明，产业链是包含各个主体或环节的，由生产资料供给到产品的生产，最后到产品的销售过程构成的复杂有机系统。邹昭烯（2006）提出，产业链是对价值链的延展和深化，是由不同利益主体组成的空间组织形式，将各利益主体尤其是企业纳入价值系统，而企业价值系统通常简称为产业链。李心芹与李仕明（2004）等提出，产业链是在一定地域范围内，将具有关联的利益主体以技术、产品、资金、政策等各方面结合起来构成的具有增值潜力且复杂的战略联盟。姚平和梁静国（2007）等提出，产业链是在一定产业范围内具有潜质的各利益主体构成的战略联盟，其本质是以价值链理论为基础构建的战略产业集合体。杨公朴和夏大慰（2002）提出，产业链是具有密切关联的利益主体组成的网状结构，其本质就是具有紧密关系的产业构成的投入与产出关系。

在产业链的形成要素方面：刘富贵与赵英才（2006）研究表明，企业在产业链构建过程中占有主导地位，这主要是由于产业链中企业在信息搜集、资源整合以及筹集资金等方面具有其他主体不具有的优势，并详细分析企业如何强化对产业链各个节点的管理和控制。李丹和郑志安（2005）研究表明，产业链整体效益和价值主要体现在产业链最终产品上，产品生产是各利益主体紧密合作的基础，通过不断提升产品的质量和整体竞争力实现产业链价值的最大化；同时以河南省奶牛产业链为研究对象，筛选出市场、政策等21项指标进行实证分析，并根据研究结论提出具有针对性的对策和建议。

在产业链的构成机制方面：吴金明和邵昶（2006）提出，产业链是指供需、空间、产业以及价值增值四个维度有机组合构成的复杂链条。吴金明和黄进良（2007）等认为，产业链的构成机制具有自身的独特特征，通过不同产业的大力融合构成其链条，根据积极需求、汇聚创新以及双向传导等机制，最终形成各个链条分工合作的产业链。

在产业链的优化整合方面：孙理军和方齐云（2006）等研究表明，只有不断创新才能推动产业链附加值的持续增加，才能促进产业链的延伸和发展。这是一个动态过程，必须要经过各种不同视角下产品系列

化、集成化、模块化和网络化四个主要阶段。程晓涛（2007）提出，
只有社会经济发展到一定阶段才有产业链构建的可能性，产业链各利益
主体根据自身负责分工的不同彼此间加强合作和联系，按照一定结构组
成的网链式结构。杨蕙馨和纪玉俊等（2007）研究表明，产业链中各
主体之间具有明确的分工制度，制度的持续优化和产业链的高度稳定性
有着紧密联系。

第二节　草原畜牧业产业链研究综述

一　国外关于草原畜牧业产业链的相关研究

国外对草原畜牧业产业链的研究起步较早，主要基于产业链管理理
论和价值链的视角对于畜牧业产业链信息管理、影响因素及运行绩效和
应用进行了研究。

（一）草原畜牧业产业链信息管理的研究

在草原畜牧业产业链信息管理方面：马恩（R. D. Man，2001）认
为，可以通过产业链各个环节的信息交流推动产业链的整合。达姆
（F. V. Dam，2000）提出，畜牧业产业链的有效运行离不开信息化的有
效运行。霍夫曼（W. J. Hofman，2000）等根据不同的视角，对农畜产
业链的信息化和彼此间的合作交流进行了论述和分析。巴尔斯迈尔
（Balsmeier，1996）研究表明，信息化对产业链的有效运行具有至关重
要的作用，有利于加强彼此间的合作与交流，最终将不断提升整个产业
链效率，实现各利益主体利益最大化。此后帕特马纳班（Padmanabhan，
1997）、沃尔什（Walsh，1998）、孔波斯（KoMmpis，1998）、雷特勒
（Reutterer，1999）和阿维夫（Aviv，2001）分别对畜牧业产业链的信
息管理也进行了详细的分析阐述。

（二）草原畜牧业产业链影响因素和运行绩效的研究

在草原畜牧业产业链影响因素和运行绩效方面：罗伯特（Robert
B.，2002）等提出，畜牧业产业链各利益主体彼此间的合作性、互补
性以及信任感对畜牧业产业链运行绩效的整体提升具有十分重要的意
义。加内桑（Ganesan S.，2007）等认为，畜牧业产业链运行绩效评价
有短期效率和长期效率之分，长期效率主要用于评价各利益主体的合作

关系，短期效率主要用于评价各利益主体的行为状态。达斯（T. K. Das，2000）等认为，各利益主体构成的产业联盟会对产业链主体彼此间的紧密合作关系造成影响，最终会影响运行绩效和整体效率的作用发挥。

（三）草原畜牧业产业链的应用研究

草原畜牧业产业链的应用方面：霍布斯（Hobbs J. E.，1988）、拉姆（R. Lamb，1998）、肖尔（B. Shore，2003）分别运用各种方法，从不同视角详细研究不同因素对美国牛肉产业链的影响。德乔（Decio Zylbersztajn，1998）对牛肉产业链总体结构、流通销售、产业链成本控制以及如何确保产品质量进行了详细的阐述，并提出具有针对性的措施及建议。尼夫斯（Neves M. F.，1998）对牛肉产业链的组织体系、成本及安全控制等进行了详细的阐述，并提出完善组织体系、最大限度降低费用和成本以及加强安全控制等建议。

从以上文献综述可以看出，国外对草原畜牧业产业链的研究取得了较为丰富的研究成果，研究方向主要集中于运行绩效、信息管理和应用等方面，但还存在一定的不足之处：一，草原畜牧业产业链宏观层面的研究较为丰富，但对于草原畜牧业产业链的微观方面的研究较为缺乏；二，对草原畜牧业产业链的运行绩效方面的研究较多，对草原畜牧业产业链组织模式、利益分配及利益联结方面的研究基本属于空白。

二 国内关于草原畜牧业产业链的相关研究

与国外相比，国内专家学者对于草原畜牧业产业链的研究，主要是草原畜牧业产业链内涵的探讨或地区草原畜牧业实践经验的总结，而研究内容主要侧重于概念、构建优化整合、组织模式和应用方面。

（一）草原畜牧业产业链的定义

关于草原畜牧业产业链的概念，国内专家和学者从不同研究视角对草原畜牧业产业链的概念进行了论述，主要有四个观点：第一种观点是基于产业链角度的定义。如孙东升（1988）等认为，畜牧业产业链包含生产、加工、流通、运输和销售等环节。第二种观点是基于复合系统角度的定义。如吕萍（2012）等认为，草原畜牧业产业链是一个多链条组成的复合系统。第三种观点是基于供应链角度的定义。如邓蓉（2011）等认为，畜牧业产业链建立的基础是畜产品供应链，它是由畜牧业生产者、加工企业、经销商再到零售商以及相关物流企业等成员组成的网链状结构。第四种观点是基于产业关联的角度进行定义。如王桂霞（2006）等认为，产业链的最根本的实质就是产业的关联，草原畜牧业产业链是以相关联系的产业为主体组成产业集群。

（二）草原畜牧业产业链的构建和优化

在草原畜牧业产业链构建和优化方面：田春英和康静（1999）指出，畜牧龙头企业对于草原畜牧业产业链的运行是十分重要，并提出发展壮大畜牧龙头企业的具体措施；高雪峰（2001）认为，各个地区经济发展情况各有不同，草原畜牧业产业链的发展应该根据各地实际情况而定，这样才有利于各利益主体的发展壮大，提升草原畜牧业产业链整体效益和竞争力；在文章《安徽：延长畜牧业产业链》（1998）中提出，不断发展壮大畜牧龙头企业是草原畜牧业产业链构建的关键，使得畜牧业产业链不断得到优化调整，不断促进畜牧业专业化和集约化发展。

（三）草原畜牧业产业链的组织模式

在草原畜牧业产业链的组织模式方面：王建民（2008）以产业链理论为依据，详细阐述山东六和集团的产业链组织模式；李晓红（2005）在产业链整体视角下，以中高档猪肉为研究对象，详细研究主要组合模式的实施措施和建议；吕萍和王玉新（2012）以甘南州为研究对象，以产业链管理为理论基础，详细分析草原牧区三种主要的产业链组织模式，提出草原牧区之所以采取草原畜牧业产业链的发展模式，最重要的目的是促进牧民增收，并提出具有针对性的建议；赵明亮和李红等（2009）以新疆羊肉产业链为研究对象，详细分析羊肉产业链的三种主要模式，并对新疆不同地区羊肉产业链进行对比分析，同时对羊肉产业链运行绩效进行模型分析，并根据研究结论提出相应的建议；张立峰和张越杰（2011）从产业链整体视角，以吉林省生猪产业为研究对象，并根据研究结论提出完善其产业链的政策建议。

（四）草原畜牧业产业链管理和应用研究

在产业链管理和应用方面，叶玉莹（2006）详细总结乳品业三种主要模式，对乳品业的产业链进行详细的分析阐述，并提出具有针对性的建议和措施。阿依努尔·多力坤（2012）研究表明，可以通过信息化来降低由于信息不完全或信息不对称给草原畜牧业产业链带来的影响，并最大限度降低成本，同时对信息化提出具有针对性的建议。王雅春等（2009）通过对我国肉牛的产业链现状详细分析，并结合甘南州实地调研情况，总结其存在的各种问题，并提出具有针对性的建议和意见。秦春华等（2010）以宁夏的牛肉产业链为研究对象，详细阐述牛肉产业链各环节的主要特点与优势，为宁夏牛肉产业的发展提供参考与借鉴。吕萍（2014）以甘南州畜牧业产业链为研究对象，从生态的视角对产业链中养殖户和龙头企业进行详细论述，并结合实地调研对甘南州畜牧业产业链进行了实证分析。王传美（2014）深入分析内蒙古肉牛产业链发展现状和存在的问题，指出内蒙古肉牛产业链的未来发展趋势以及如何保持较高的经济效益和社会效益的对策建议。

通过以上文献可以看出，国内专家和学者主要对草原畜牧业产业链的构建、优化整合、组织模式和应用等方面进行了研究，这为后续的研究创造了条件，但仍存在一定的不足之处：一，草原畜牧业产业链构建、整合优化主体是畜牧龙头企业，对以牧民增收为目的进行草原畜牧业产业链的相关方面研究较少；二，对草原畜牧业产业链的组织模式的研究较为丰富，但对草原畜牧业产业链的各种模式绩效、对比研究以及利益方面的研究较少；三，针对草原畜牧业产业链政策、金融扶持以及信息化研究较多，而对如何构建草原畜牧业产业链制度约束机制方面的研究较为缺乏；四，对于草原畜牧业中单一种类的产业链的研究较为丰富，但对草原畜牧业产业链各环节合作关系和合作机制研究较少。

第三节　草原畜牧业产业链运行效率研究综述

一　国外对产业链运行效率的相关研究

国外关于产业链运行效率的研究较少，大多数学者都是基于供应链来研究效率的，主要的代表人物是休伊特（Hewitt）和克里斯托弗（Christopher），马科恩（M. A. Cohen），董力（Li D.），斯里尼瓦斯（Srinivas）和塔鲁里（Talluri）。休伊特和克里斯托弗认为，提高供应链过程的集成度，加快反应速度是提高供应链整体运行效率的关键因素。马科恩认为，应该从控制成本的角度来力求供应链利益最大化，且最主要的控制点在于库存成本的降低。董力则建立了供应链库存成本和时间模型，并提出影响供应链运行效率的四个指标。斯里尼瓦斯和塔鲁里从合作的角度入手，提出选择合理的合作伙伴、稳定整个供应链的合作关系对供应链的运行效率起着至关重要的作用。

在纵向一体化方面主要的代表人物是瓦伦丁（P. L. Valentine），克弗列特（Kerkviliet），林德格林（Lindgreen），苏库塔（Sykuta）。1982年瓦伦丁将美国 1972—1977 年发电企业与煤电企业纵向一体化的数据进行实证分析得出，实行纵向一体化后煤炭产业的生产效率逐渐提高。1991 年克弗列特通过煤炭企业自身所设发电厂的案例，提出了通过纵向一体化可以提高产业效率的理论。在食品产业链中，林德格林认为与单纯的市场关系相比，食品供应商、生产商和加工商之间的协调关系更能提高食品行业产业链的整体运转效率。农产品方面苏库塔认为信息技术和消费者需求的变化使得农产品产业体系垂直协作更加紧密，整个产业链的运行成本更低，循环时间更短，效率更高。

二　国内对产业链运行效率的相关研究

在合作效率方面，主要的代表人物是符少玲、王升、杨为民、谭涛、肖艳丽、李继宏和夏兆敏。大多数学者都是基于供应链来进行理论与实证研究。符少玲、王升（2008）提出，供应链相关环节各利益主体之间的合作意向、合作能力、合作风险和合作条件是关键影响因素；杨为民（2007）认为，蔬菜供应链的运行效率不仅与各环节本身有关，还与环节之间联结的紧密程度有关。谭涛（2004）在对农产品供应链合作效率的研究中利用相关数据建立实证模型，计算出合作能力是影响供应链整体运行效率的关键因素。肖艳丽（2012）通过对利益主体的合作倾向与现有的合作关系进行评价得出，各利益主体只有相互合作才能提高产业链整体的运行效率。李继宏（2013）以生态产业链的运转为例总结出网络节点之间的利益协同才是提高运行效率的关键。夏兆敏（2014）在对生猪产业链的研究中总结出，形成"利益共享、风险共担"的合作机制是我国政府和企业家们共同关注的问题。

在经济效率方面，主要的代表人物有郁义鸿、王志宏、吕涛。郁义鸿（2005）在对产业链类型的研究基础上提出了评价产业链效率的基准，所谓的产业链效率即是将产业链作为一个整体进行衡量的效率。王志宏（2012）认为产业链的效率即是经济效率，即产业链整体的投入与产出的比率。吕涛（2009）在对煤电产业链研究的基础上总结出产业链的运行效率就是经济效率，即投入产出比率。

第四节　草原畜牧业产业链利益联结机制研究综述

一　国外关于利益联结机制的研究综述

国外对草原畜牧业产业链各主体利益联结机制方面的研究，主要是以交易费用理论、产业链管理理论以及资产专用性理论等为基础，阐述其一体化的先决因素、产业链风险及利益分配和剩余控制权等各方面问题。克莱姆森（Clemson，1981）认为，市场力量能起到保证契约履行的作用。克雷普斯（Kreps DM，1982）等以声誉模型理论为基础，认为如果代理行为的存在具有长期性，则具有隐含性质的激励措施（如声誉、升职和竞争）对代理人具有十分重要的激励作用。特尔泽（Telser，1985）利用契约的不完全性理论，提出要发展"自我实施的契约"。马丁内斯（Martinez，2002）以交易费用理论为基础对不同农畜产品纵向的协调性进行深入阐述和对比分析，认为交易成本是不同畜产品利益联结机制的决定性因素。贝克（Baker，2008）对公司制、合作社和合同制等履约情况进行比较，认为公司制相对而言更具有稳定性。

国外专家学者对于草原畜牧业利益联结机制的研究较少，且研究多集中于宏观抽象理论方面，对产业链利益联结机制研究还存在较大的不足之处：第一，理论研究不够深入，理论研究和产业发展实际脱节，不具有较好的实践指导作用；第二，产业链利益联结机制的形成、构建、模式以及优化整合方面的研究基本属于空白；第三，产业链利益联结机制应用方面的研究，只针对生产过程中的费用和人的作用研究，且较为肤浅。

二　国内关于利益联结机制的研究综述

国内专家和学者对草原畜牧业产业链的利益联结机制进行了深入的理论和实证研究，主要集中于利益机制形成动因、利益联结模式和实践应用方面。

（一）利益联结机制形成动因方面的研究

在利益联结机制形成动因方面：曹利群与周立群（2001）以博弈论理论为基础，深入阐述各利益主体的行为表现。认为由于信息不完全性现象的存在，畜牧龙头企业必须积极利用各种方式和手段加强和牧民合作社的关系，以弥补自身在信息不对称方面遇到的问题。吴群（2003）指出，在市场经济条件下，任何经济体包括农牧户的经济活动都是以追求利益最大化为目的，畜牧业产业链各主体联合也是为了实现自身利益的最大化，只有如此，产业链主体的利益联结才有可能更紧密。唐润芝（2011）以交易费用为依据，深入分析利益联结机制产生的原因，认为降低交易费用有利于实现产业链资源的优化整合，实现各利益主体紧密联结，以及构建各主体间稳定高效的利益联结机制。

（二）利益联结模式方面的研究

在利益联结模式方面：庄丽娟（2000）通过对农畜产业化经营过程中利益分配机制的深入分析，认为降低交易费用是畜牧业产业化经营的动机和最终目标，因此利益分配就必然要经历深刻的制度优化和变迁。王丁宏（2000）以肃南为研究对象，认为草原畜牧业产业化的问题和矛盾焦点就是利益机制方面，主要体现在龙头企业和基地农牧户未形成利益共同体，由此提出发展农牧户与龙头企业的非市场制度安排，利用合同契约稳定双方的债权利益关系，从而达到强化畜牧业发展和牧民增收的目的。根据产业组织理论，认为由于企业、牧户、服务组织等多方利益主体有共同利益和目标的存在，农牧业产业化形成和发展成为可能，并深入分析"企业＋牧户"和"企业＋基地"两种主要的利益联结机制的形式和特点，并提出利益机制的实质是多方参与主体资源组成的利益共同体，并提出完善利益联结机制的政策建议；吴群（2003）、虞紫燕和孙琛（2007）、刘翔云（2010）、曾艳（2011）等学者认为，利益联结机制有五种形式，这五种形式经历了由初级到最高级不断演变的发展历程，最终的目的就是让牧户、龙头企业和合作社逐渐形成风险利益共担的命运共同体；董荣奎和董妍等（2015）提出了九种龙头企业和农牧户之间的利益联结模式，通过对主要模式的对比分析，从产业、市场、龙头企业、农牧户以及合作社等方面指出其利益联结模式存在的问题，指出利益联结机制的缺陷和障碍，并从政府、企业、合作社和农牧户方面提出具体政策建议。

（三）利益联结机制应用方面的研究

在利益联结机制应用方面：刘红斌和朱洁梅等（2003）以企业为研究对象，深入探讨草原畜牧业各主体的利益联结机制，认为"温氏模式"有利于实现产业链各利益主体的利益最大化，以此为广东畜牧业产业化政策制定实施提供有益的借鉴。运用格罗斯曼模型（Grossman Model）深入论证和分析草原畜牧业在产业化过程中各主体的行为，认为产业链利益联结主体畜牧业龙头企业和牧户之间的利益联结方式要根据实际情况而定；李兴莲（2006）通过对巴州畜牧业龙头企业现状的分析，对巴州牧企利益联结的基本方式和特点进行深入探讨，进而指出巴州畜牧业牧企利益联结机制存在的主要问题，并提出完善牧企利益联结机制的建议。洪冬星（2006）以内蒙古草原牧区为研究对象，深入阐述构建草原畜牧业产业链利益联结机制的目的和基本原则，提出了草原畜牧业利益联结机制的主要形式（包括收购、合同、合作、服务和返利形式），并进一步分析了影响草原畜牧业利益联结的主要因素，提出有针对性的对策与建议。刘丹（2007）认为畜牧业产业化有两个本质特征：产业链条和利益联结机制。其中最重要的就是利益联结机制，创新和完善草原畜牧业产业化利益联结机制，加强各主体利益关系，对形成紧密的利益联结共同体具有至关重要的作用。中国人民银行课题组（2009）对草原畜牧业的利益联结机制演变进行了详细的论述，深入分析内蒙古草原畜牧业的发展状况，并根据研究结论提出具有针对性的政策和措施。

从以上文献可以看出，我国目前对草原畜牧业产业链利益联结机制的研究总体上是宏观层面的定性研究较多，定量分析较少；理论研究较少且不完善，尤其是对草原畜牧业产业链各利益主体特殊性和针对性进行的分析缺乏，这制约草原畜牧业产业链利益联结机制的构建；系统性的分析较少。显然，通过定性与定量相结合的方法，从草原畜牧业产业链的角度对草原畜牧业利益主体利益联结机制进行研究，无论是对草原畜牧业产业链的建设还是对于牧民增收和促进牧区经济发展都具有至关重要的指导意义和实践意义。

第五节　牧民收入研究综述

一　国外关于牧民收入的研究综述

国外对于牧民收入情况的研究，主要在牧民收入的影响因素问题上，也有少数学者将牧民收入与农牧业产业化结合起来进行研究。克里斯托弗·法库泽、查尔斯·马切斯（Christopher D. Fakudze, Charles L. Machethe, 2015）研究了南非通过价值链融资提高畜牧小农户收入的情况，分析了一个畜牧业可以提高小农户现金收入的价值链金融产品的信贷方案。西肯塔·潘达（Sitakanta Panda, 2015）以印度农村家庭调查数据研究了农民教育对于农村家庭农业收入差异的影响。作者发现，农民的教育程度显著增加了耕地带来的家庭净收入，指出了农民教育对农民收入增长有影响。阿肖克·米斯拉、希沙姆·奥尔斯塔（Mishira A. K., El – Osta H. S., 2008）通过实证分析法，重点研究了政府在农民增收中的积极作用，包括政府对农民的生产经营给予的支持、保护及补贴，并提出政府应该重视农业补贴政策的制定，促进农民增收。西蒂·峇达丽雅、赛夫·内森、莫哈德·罗斯利（Siti Badariah, Saiful Nathan, M. Mohd Rosli, 2016）以马来西亚一个水稻种植业较发达的农村为例，研究了其家庭收入的结构，并且测算了家庭非农业收入对于农户收入的贡献度。研究表明，将近71%的农户家庭都有多种非农业收入来源，非农业收入平均占家庭总收入的33%，其中非农就业是最主要的非农收入来源。凯瑟琳·保罗、理查德·尼亨林和戴维·贝克（Catherine Paul, Richard Nehring, David Banker, 2004）从农民输入输出的角度，通过数据包络分析法和随机前沿生产函数论证了农业产业化要比小规模家庭式的生产经营方式对农民增收更有效。

二　国内关于牧民收入的研究综述

国内对于牧民收入的研究数量非常多，且较深入。研究对象多为内蒙古、新疆、青海、甘肃、西藏五大牧区的典型牧户，或偏远牧区的贫困牧户。国内学者的研究主要集中在牧民收入结构以及牧民收入的影响因素两个方面。

牧民收入结构方面的文献非常多，大多是对于收入结构内在原因的分析，也有学者进行牧民收入结构与农民收入结构，或地域间牧民收入结构的对比研究。何晓蓉、李辉霞（2003）对西藏人均收入较高的日土县农牧民的收入结构及牧民增收存在的问题进行了详细的分析与讨论，并提出高原农村经济发展的对策。齐艳梅（2009）采用灰色关联法对内蒙古农牧民收入结构进行了分析，得出农业收入是主要来源，为进一步提高农牧民的收入，须进行畜牧产业结构的调整。陈爱荣（2010）对内蒙古农牧民收入的水平、结构等问题进行了详细的分析，探索了牧民增收的有效途径。冉璐（2012）以阿坝州壤塘县南木达乡为例，着重分析了藏族牧民的收入结构，从而找到该地区牧民贫困的深层原因。高晓霞、侯智惠、薛玉梅等（2014）通过观察内蒙古农牧民人均纯收入的变化趋势，以及对其收入来源变化进行比较分析，发现工资性收入是内蒙古农牧民与发达省区的主要差距。李祥妹、刘键、钟祥浩（2004）分析了农区、牧区以及半农半牧区等不同地区及不同时段的农牧民收入结构的差异，为不同地区的牧民增收提供借鉴。王忠平、史常亮、杨月（2011）将阿拉善盟林改地区与非林改地区的牧民收入结构进行对比研究，发现国家限牧禁牧政策是两个地区牧民家庭收入差距扩大的重要因素。田聪颖、肖海峰（2014）在分析牧民收入整体水平及收入来源结构的基础上，对农民、牧民收入差距及我国五大牧区省份间的收入差距进行收入来源分析，认为农民、牧民收入差距主要源于工资性收入差距，而五大牧区省份间牧民收入差距主要源于家庭经营性收入差距。庄天慧（2016）分析了四川藏区不同地域及贫苦户、低保户的收入结构，提出应针对不同区域、不同类型的农牧民施行不同政策，以缩小四川藏区农牧民内部收入差距。文献将收入与支出一并研究的较少。包咏梅（2013）通过实地调研，在了解内蒙古农牧民收支现状的基础上，对牧民增收面临的困难进行了分析并提出了改进当地牧民收支结构的方法。黄伟（2015）构建了 ELES 模型来研究青海省农牧民收入结构与消费结构的关系，结果表明财产性收入与转移性收入对促进消费结构升级至关重要。

关于牧民收入影响因素问题，主要归结为牧民本身素质差、收入来源单一、惠牧政策力度小、牧区基础设施建设滞后、产业结构不合理等原因。邓小飞、马增林（2011）认为，农民收入的主要问题是纯收入水平低、收入增速慢、城乡差距大，造成这种现状的影响因素很多，包括农民本身文化素质低下、农业投入不足、产业结构不合理，农民增收成为难题。韩永梅（2014）选取白音杭盖嘎查为研究对象，对该区域全面禁牧以来的牧民收入变化情况进行了深入研究，认为全面禁牧政策实施以来没有解决牧民增收难、增收慢的问题，甚至出现牧民收入下降的趋势，从政策及牧民两方面的因素分析制约牧民增收的原因，并着重从调整和完善政策制度的角度提出了几点建议。宝兴安等（2011）以2009 年锡林浩特市牧户的调查数据为基础，结合统计学原理，利用经济分析软件，明确了当地牧业生产要素与牧民收入之间的影响关系。徐雪高等（2011）通过对牧民收入变化的分析发现，牧民收入总体增速较快，但仍不及农民和城镇居民，主要的制约因素包括畜牧生产方式落后、牧民转产转业困难、牧区基础设施建设滞后等。在此基础上，提出今后应该在提高城镇化水平、转变牧业发展方式、发展牧区非牧产业、完善补贴政策和发展牧区公共事业等加大力度。高娃（2012）以锡林郭勒盟阿巴嘎旗和镶黄旗牧户为研究对象，选择草场面积、户主学历、劳动力人数、机械价值、养畜经验年数、生产性支出、牲畜头数作为自变量，建立 logistic 回归模型，研究牧民收入的主要影响因素，通过对回归结果进一步分析得出研究结论，最后提出了牧民增收的对策建议。

目前已有学者将农业产业链与农民收入情况结合来分析，曲秉春（2010）分析了农户收入增长历程和收入结构变化，发现农业收入在农民总收入中持续降低，从外生性和内生性两个维度进一步分析了农户来自农业的收入增长缓慢的原因，指出当前农业产业化模式不合理，并提出了有利于农户增收的农业产业链商业模式。王祥瑞（2002）认为，拓宽、延长农业产业链才能促进农民的增收。也有学者从产业链的视角考虑牧民增收问题。吕萍、葛鹏飞（2014）认为，实现牧民增收的途径包括创新畜牧业生产经营体制，构建完整的草原畜牧业产业链，加强产业链各节点的组织建设与协调等。

可以看出，国内外学者系统地从草原畜牧业产业链建设这一角度提高牧民收入的研究很少，一般都是从其他角度出发研究牧民增收问题时，在增加牧民收入的对策中提出将草原畜牧业产业链建设好会增加牧民收入这一观点，但对草原畜牧业产业链如何建设会增加牧民收入进行系统、全面的研究很少。本书通过对前辈们研究成果的学习与研究，试图从草原畜牧业产业链建设这一角度入手，围绕牧民增收这一主题，以内蒙古、新疆、青海和甘肃的典型草原牧区为例，通过对牧民收入和草原畜牧业产业链的分析，从草原畜牧业产业链构成要素及组织管理两个方面来提升草原畜牧业产业链的建设，从而达到牧民增收的目的。

第三章 草原畜牧业发展的
经验与启示

第一节 国外草原畜牧业发展的
主要模式

一 国外草原畜牧业发展的四种模式

一个国家采取何种畜牧业发展模式，主要是看这个国家在发展畜牧业过程中土地、资本和劳动力三大生产要素的投入情况。受三大要素的制约，世界各国分别采取了不同的畜牧业经济发展模式：一是大规模工厂化畜牧业即为大农场模式，以美国和加拿大为代表；二是适度规模经营畜牧业即为家庭农场模式，以荷兰、德国和法国等畜牧业发达国家为代表；三是集约化经营畜牧业，以日本、韩国等国家和地区为代表；四是现代草原畜牧业模式，以澳大利亚、新西兰、阿根廷和乌拉圭等为代表。

（一）大农场模式

大农场模式是指以大规模生产、大量机械设备投入为特征的畜牧业发展模式。土地资源丰富而劳动力缺乏、资金和技术实力雄厚的国家一般采用规模化畜牧业发展模式。如美国和加拿大土地资源丰富，资金和技术实力雄厚，但劳动力资源紧缺，以大规模工厂化畜禽养殖业为主。美国作为畜牧业的大国，主要饲养牛、猪、鸡和火鸡，每年牛的存栏数在1亿头以上，猪的存栏数达到5000万—6000万头，牛肉和奶制品约占畜产品总量的70%以上（王洋，2008）。同时美国还是世界上重要的畜产品出口国，主要出口牛肉和猪肉。据权威资料统计，美国每个奶牛场的养殖规模都是在100头以上，生猪养殖场年出栏2000头以上，肉鸡养殖场的饲养量在 1000 万只以上，美国超过 1000 头规模的奶牛场占全部奶牛场的 36.4%（王济民，2012）。

产业化发展模式主要是"企业 + 农户"的合同模式，通过核心企业（如大型畜产品加工、流通企业）带动，与大批农场建立稳定的供销合同关系，形成产供销一体化经营。

（二）家庭农场模式

家庭农场模式（适度规模畜牧业发展模式）是指规模适度、种植业和畜牧业协调发展的畜牧业发展模式。大多数欧洲国家都采用此种畜牧业发展模式，其典型代表主要有法国、德国和荷兰。这些国家经济发展水平较高，人口规模相对稳定，劳动力资源紧缺，地理气候比较适合畜禽养殖业发展，倡导适度规模、农牧结合养殖，规定畜禽粪便输入田地和草地；对于过剩粪肥，制定粪肥运输补贴计划，生产加工成颗粒肥料。例如荷兰奶牛存栏规模主要以 50—100 头为主，生猪以 700 头为主，蛋鸡以 30000 只为主（金耀忠等，2017）。

产业化发展模式主要以"家庭农场 + 专业合作社 + 合作社企业"为主。欧盟主要奶业生产国 90% 以上的奶农都是各类奶业合作社的成员。

家庭农场模式，以德国最为典型。德国地处欧洲的心脏地带，国土面积 35.7 万平方千米，是欧洲最发达的畜牧业国家。根据德国动物养殖协会资料，德国土地 2/3 是农业用地，1/3 为林业用地。农业用地中 2/3 为农田，1/3 是绿地。当前德国的农业以畜牧业为主，畜牧业与种植业有机融合，实现了资源的优化配置，极大地提高了畜产品附加值，畜牧业产值占农业总产值的 60% 以上。在德国畜牧业中，养牛业产值在畜牧业中所占的比重最大，占 59.40%，养猪业产值所占比重为 31.70%，其他禽类产值比重占 8.90%。在养牛业的收入中，73.70% 收益的来源于牛奶，26.30% 收益来源于牛肉。农民的收入主要来源于畜牧养殖和种植业，其所占比重分别为 61.90% 和 38.10%。农民收入的 61.90% 来源于畜牧养殖，38.10% 来源于种植业（苏雪梅，2004）。1961—2014 年德国肉类的比重在 20% 左右，奶类的比重在 70% 以上，其中肉类中牛肉的比重最大，占比在 60% 以上（见表 3 - 1）。根据权威资料，1999 年，德国牛肉总产量 600 多万吨，世界排名第五；奶类 2800 万吨，世界排名第四。肉类总产量中，年产牛肉 140 多万吨。近年来，德国的肉类总产量（肉类包括牛肉、羊肉、猪肉和禽肉）和牛肉总产量在欧盟成员国中均居前三位，猪肉的生产占欧盟猪肉市场的30%。（翟桂玉，2012）。德国畜牧业的高速发展主要得益于德国畜牧企业以私有化和中小型化为主，不断向产业化和集约化方面发展，积极利用现代生产和检测技术，不断扩大畜牧业规模，优化畜牧业生产结构，同时充分发挥畜牧业协会等民间组织的作用，实现政府管理间接化，从而实现德国畜牧业的健康发展。

表 3 - 1 德国畜产品结构 单位:%

畜产品	1961 年	1980 年	1990 年	2000 年	2007 年	2008 年	2009 年	2014 年
肉类	14	17	18	19	20	21	21	23
牛肉	64	64	62	65	68	66	67	69
羊肉	1	1	1	1	0	0	1	1
奶	84	80	79	80	78	77	77	79

资料来源：根据经济合作与发展组织（OECD）和联合国粮食及农业组织（FAO）共用数据库（FAOSTAT）历年数据整理所得。

（三）集约化经营畜牧业模式

集约化经营畜牧业模式是指在畜牧资源较少、土地资源相对贫瘠的情况下，通过采取资源节约、资本技术密集的方式生产出高附加值畜产品的畜牧业发展模式。其中，日本是最典型的代表，韩国也采取此种畜牧业发展模式。这些国家和地区的共同特点是劳动力资源丰富、土地资源贫瘠、经济与科技水平较高、畜牧业资源相对贫乏，适用于发展集约化、小规模的畜牧业经营。例如，日本农户养畜规模多为中小型，1995年饲养规模在100头以上的农户数占饲养户数的比重仅为4.7%（汤洋、李翠霞，2013）。

产业化发展模式主要是"企业 + 农协 + 农户"的形式，农民协会对农户畜产品生产、流通方面给予指导，并采取统一购买生产资料、统一销售产品的方式。

集约化经营畜牧业发展模式的国家，以日本为例。由于日本国土面积狭小，自然资源匮乏，畜牧饲养所需的原料主要依赖进口，其畜牧业以小规模家庭农场经营和兼业经营为主，主要饲养猪、鸡等，而农场经营和兼业经营为主，主要饲养猪、鸡等，而牛、羊等资源消耗多的大型品种发展缓慢。近年来，日本畜牧养殖户数、畜禽存栏数量呈下降态势，但其规模化水平却不断提高，总体产量基本保持平稳。通过政府重视扶持、广泛运用科技、发挥畜牧专业农业协会作用、提升农民素质、注重畜产品质量安全等多项举措，日本畜牧业的规模化、集约化、组织化程度得到不断提高。

如表3-2所示，1961—2014年，日本的畜产品以肉类和奶为主，其中肉类中牛肉占比不到30%。肉类所占比重较1961年增长了12.5倍，肉类需求不断增加，奶制品需求却不断降低，牛肉、奶虽有所下降但仍占有重要地位，尤其是2008年以来肉类（牛肉）占比和奶占比维持稳定水平，这说明日本在畜牧业方面采取的措施取得了效果，畜产品结构不断优化。这主要得益于以下两个方面：一方面，日本在第二次世界大战后，提出并实施"一杯牛奶强壮一个民族"战略，将畜牧业与种植业置于同等重要的地位，不断提升畜牧业的自给程度，实施畜牧业基础设施补贴制度，落实畜牧业低息贷款，解决畜牧业资金短缺问题；另一方面，加大科研投入，不断提高畜牧业机械化、集约化程度，充分发挥畜牧行业协会组织作用，着力提升牧户素质（张亚伟、朱增勇，2014），而且政府和畜牧业协会注重对牧户的生产技术培训和指导，不断提升牧户的素质（王杰，2012），从而促进日本畜牧业集约化高速发展。

表3-2　　　　　　　　日本畜产品结构　　　　　　　单位:%

畜产品	1961年	1980年	1990年	2000年	2007年	2008年	2009年	2014年
肉类	2	8	10	9	10	23	24	27
牛肉	30	14	16	18	16	16	16	18
羊肉	0	0	0	0	0	0	0	0
奶	95	89	87	88	88	58	58	60

资料来源：根据经济合作与发展组织（OECD）和联合国粮食及农业组织（FAO）共用数据库（FAOSTAT）历年数据整所得。

（四）现代草场畜牧业模式

现代草场畜牧业模式是指以草场为中心，采取以围栏放牧为主、补饲为辅，以及资源、生态与生产协调发展的畜牧业发展模式。以大洋洲的澳大利亚、新西兰，以及南美洲的阿根廷、乌拉圭等国家为典型代表。这些国家和地区具备丰富的畜牧业资源，自然草场或人工草场资源丰富、牧场辽阔、气候温和、雨量充沛，适宜牛、羊等草食畜禽生长。以澳大利亚为例，澳大利亚畜牧业在国民经济中占有十分重要地位，尤其以养羊业和养牛业为主，羊毛、牛羊肉、奶制品为主要产品；澳大利亚国内约有一半的土地用于牧羊，被称为"骑在羊背上的国家"。2009年，澳大利亚肉类总产量407.0万吨，其中羊肉67.6万吨、牛肉214.8万吨，均排在世界前列；羊毛产量则达到37.1万吨，占全球羊毛总产量的1/5；牛存栏数为2791万头，比20世纪五六十年代的数量增长了接近60%；羊存栏数为7600万只，虽不及澳大利亚羊存栏量峰值的50%（朱继东，2014），但从畜牧业可持续发展的角度考虑，这种羊存栏规模能够兼顾资源、生产、生态、效益的平衡，是一种相对合理的状态。

产业化发展模式主要是"专业合作社企业 + 农业协会 + 家庭牧场"的形式，专业协会的服务功能十分完善，例如澳大利亚国内的肉类畜牧协会、全国羊毛协会以及羊毛销售经纪人协会等。采用现代草场畜牧业模式的国家的畜产品特点，以澳大利亚为例进行说明。澳大利亚作为世界重要的农产品生产国和出口国，其羊毛和肉类的出口分别占世界的第一位和第二位。由于缺乏劳动力资源，澳大利亚畜牧业从起步之初，就积极采用机械化生产方式，在提高生产规模、降低生产成本、提升产品效益的同时，促进了许多新技术、新工艺的推广运用。经过多年的发展，澳大利亚畜牧业已步入了现代化、系统化，实现了畜牧业养殖与生态环境的可持续发展。

澳大利亚的畜产品结构主要以牛肉、奶、羊肉和肉类为主，其中牛肉和奶占有绝对的主导地位，分别占50%和70%左右（见表3-3）。1961—2014年，澳大利亚的肉类、牛肉分别增长了1倍以上且有进一步增加的趋势，羊肉和奶制品虽然有所下降，但总量却缓慢增长，这与澳大利亚畜牧业的发展趋势是吻合的。这主要因为：一方面，澳大利亚畜牧业有良好的政策环境，政府积极采取各种优惠补助措施，注重提升科研水平，发挥合作组织作用，保证畜牧业结构的不断优化；另一方面，重视农牧民教育培训，科研和推广紧密相连。澳大利亚由于人口少，用工成本高、饲养规模大，加上近年来老龄化问题严重，畜牧产业的各个环节都必须依靠机械化，以提高生产效率，降低用工成本，缓解适龄劳动力不足。不断提升畜牧业机械化程度，使得畜牧业生产效率得到大幅度提升，同时严格把控质量安全，促使肉类和奶制品供给量不断增加，从而促进畜牧业的长期健康发展。

表 3 - 3 　　　　　　　　　澳大利亚畜产品结构　　　　　　单位:%

畜产品	1961 年	1980 年	1990 年	2000 年	2007 年	2008 年	2009 年	2014 年
肉类	18	31	31	25	31	31	30	31
牛肉	46	59	55	54	54	54	54	53
羊肉	42	21	21	19	16	17	17	17
奶	80	66	67	74	68	68	69	70

资料来源：根据经济合作与发展组织（OECD）和联合国粮食及农业组织（FAO）共用数据库（FAOSTAT）历年数据整所得。

二　国外草原畜牧业发展模式的主要经验

（一）推进草原畜牧业规模化发展

草原畜牧业规模化与效益化并行是欧美国家的主要做法。美国畜牧农场规模越来越大，并且工业化程度逐步增强，生产成本逐步下降。特别是养猪业，专业农场的数量不断减少，但平均规模却日益扩大。由于对养猪专业农场进行大量投资，报酬率很高，足以抵消成本上涨的费用。美国每个奶牛养殖户一般养奶牛 100 头以上。全国有 42000 个肉牛育肥场，其中 200 个最大的肉牛育肥场集中了美国肉牛总数的 50%。美国养鸡场平均饲养鸡的数量已超过 10 万只，规模 100 万只以上的养鸡场约 70% 采用一体化经营。（周应恒、耿献辉，2003）

（二）提升草原畜牧业的组织化程度

草原畜牧业发展的组织化程度是一个国家畜牧业发达状况的重要标志。提高草原畜牧业的组织化程度，就是要发挥现代市场组织功能，以实现畜牧业生产与大市场的有效对接。国外农业合作经济组织、各类农业协会发达，能将农牧民有效地组织起来，有利于畜牧业生产技术的普及和提高，同时也提高了畜牧业管理能力和管理水平。

（三）强化畜产品质量安全

草原畜牧业发达的国家通常都有专门的质量安全管理体系以保障产

品安全。在畜产品质量安全方面，美国已建立了包括养殖、加工、运输、贮存诸环节在内的全过程的畜产品质量安全控制体系。以生猪生产为例，早在 1989 年，美国国家猪肉生产者委员会制定了猪肉质量保障体系（PQA）。目前，90% 的生产者和占年屠宰量 85% 的生猪均已纳入PQA（汤洋、李翠霞，2013）。

（四）优化畜产品结构

近年来，发达国家国内畜禽产品结构不断优化。在肉类中，牛肉、羊肉的比例呈现下降局面，禽肉所占比重快速上涨；发达国家奶类产量所占比重近年来快速下降，但仍在各国畜禽产品产量中占据绝对优势，基本维持在 70% 左右；各国蛋类比重维持在 1%—3% 水平，相比于肉类与奶类产品，比重极小。

（五）强化立法保障体系

发达国家都具备较为完备的畜牧业法律法规体系，通过立法保障畜牧业可持续发展。美国国会通过了大量关于畜牧业的法律法规，规范畜牧业发展行为，推动畜牧业可持续发展。同时，各项畜牧业法律还明确界定了政府干预畜牧业的合理范围。日本政府通过制定《租税特别措施法》《批发市场法》等法律法规合理规定畜产品市场交易的税收方式及经营规则，同时通过制定《食品卫生法》《家畜传染病预防法》等一系列法律法规，对畜产品的检疫及卫生防疫制度进行严格设定。澳大利亚畜牧业一体化主要以专业合作社作为桥梁，澳大利亚国内各州均制定了有关合作社的法律法规，合作社的一切经营行为都在法律法规的有效监督下。因此，澳大利亚合作社的规范运行是国内畜牧业成功发展的主要推动因素。

第二节　发达国家草原畜牧业的发展趋势

一　世界畜产品供需前景预测

根据联合国（UN）的预测，估计到 2050 年，世界人口将达到 91亿，并且世界人口的 70% 以上将生活在城市，城市化将带来生活方式和消费模式的改变，加上收入水平提高等因素，预计到 2050 年对动物蛋白的需求几乎翻番（刘志颐等，2014）。

（一）畜产品生产量的增长预测

1961—2011 年，草原畜牧业生产日益受到人们饮食习惯和食品消费模式转变的影响，呈快速发展势头，并且发展中国家增速明显快于发达国家。多数发展中国家的肉类、蛋类和奶类产量分别增长了 5 倍、8 倍和 3 倍以上，发达国家的增长则分别在 2 倍、0.5 倍和 0.5 倍以下。其中，在世界人口增长较快的亚洲发展中国家，肉类的消费量以每年约 3% 速度增长，乳制品消费量以约 5% 速度增长。1961—2011 年畜牧业生产结构也正在发生着重大变化，禽肉大幅增长，比重快速上升，成为仅次于猪肉的第二大肉类，而牛羊肉比重正逐步下降（见表 3 - 4）。

表 3 - 4   1961—2011 年世界肉类产品产量的增长情况   单位：万吨、%

年份	牛肉		羊肉		禽肉	
	产量	比重	产量	比重	产量	比重
1961	2876	40.3	603	8.4	895	12.5
1970	3966	39.4	683	6.8	1510	15.0
1980	4717	34.5	734	5.4	2595	19.0
1990	5532	30.8	969	5.4	4094	22.8
2000	5773	25.6	1118	5.0	6643	29.4
2005	6078	24.3	1229	4.9	7849	31.4
2010	6478	22.6	1310	4.6	9605	33.5
2011	6462	22.2	1330	4.6	9938	34.2

注：（1）牛肉包含水牛和肉牛，羊肉包含山羊和绵羊；（2）资料来源：根据经济合作与发展组织（OECD）和联合国粮食与农业组织 Nations（FAO）共用数据库（FAOSTAT）历年数据整理所得。

根据经济合作与发展组织和联合国粮食及农业组织（FAO）秘书处统计预测，到 2022 年全球畜产品产量持续增长，但由于饲料和能源成本的增加，以及其他价格相对较高的作物与其竞争土地、水和人力资源等，全球畜产品产量增速减缓，预计未来 8 年肉类生产年均增长率将达到 1.6%，低于上个 10 年的 2.3%（见表 3 - 5）。但发展中国家，由于现有技术的推广应用、规模经济、产业链管理的改善、生产率的提高，畜产品产量仍将迅速增长。预计 2022 年肉类产量增量中的 80%、奶类产量增量中的 74% 都来自发展中国家。

表 3 - 5　　　世界肉类产量、出口和人均消费的年均变动率　　　单位:%

年份	所有肉类			牛肉和小牛肉			羊肉		
	产量	出口	人均消费	产量	出口	人均消费	产量	出口	人均消费
2003—2012	2.3	4.3	1.3	1.2	1.7	0.2	2.1	0.3	1.0
2013—2022	1.6	1.6	0.6	1.5	1.6	0.5	1.3	1.3	0.3

资料来源:根据经济合作与发展组织（OCED）和联合国粮食及农业组织（FAO）共用数据库（FAOSTAT）历年数据整所得。

（二）畜产品消费量和需求结构的变动趋势

自 20 世纪 60 年代以来，世界人均畜产品占有量不断提高，尤其是蛋类和肉类增速较快，畜产品消费结构发生较大的变化（见表 3 - 6）。从肉类产品消费结构看，世界人均禽肉消费比重显著上升，从 1961 年的 13.1% 增长到 2011 年的 34.95%，而牛羊肉消费比重显著下降，从 50.7% 下降到 27.43%。另外，蛋类人均消费占有量在整个畜产品消费结构中的比重从 1961 年的 4.5% 上升到 2011 年的 6.34%，而奶类人均消费量所占比重较高，但其所占畜产品消费比重维持稳中有降的趋势。

表 3 - 6　　　　　　世界人均年畜产品占有量　　　　单位：千克、%

年份	所有肉类			蛋类	奶类
	猪肉	牛羊肉	禽肉	产量	出口
1961	80	11.2	2.9	4.6	75.2
1970	9.6	12.6	4.1	5.1	75.6
1980	11.9	12.2	5.8	5.6	76.9
1990	13.2	12.1	7.6	6.4	77.4
2000	14.1	11.4	10.9	8.1	77.6
2005	14.5	11.4	12.0	8.4	82.4
2010	15.6	11.4	14.1	8.9	89.1
2011	15.5	11.3	14.4	8.9	90.3
增长率%	93.75	0.89	396.55	93.48	20.08

资料来源:根据经济合作与发展组织（OCEO）和联合国粮食及农业组织（FAO）共用数据库（FAOSTAT）历年数据整理所得。

　　根据1961—2011年世界人均畜产品占有量，选择回归预测法和趋势外推预测法，分别用指数模型、对数模型、线性模型、增长模型进行模拟，建立世界人均肉类、蛋类、奶类等指标发展趋势模型，得到2015—2022年世界人均肉类、蛋类、奶类占有量预测值（见表3-7）。

表3-7　2015—2022年世界年人均畜产品占有量发展趋势预测值

单位：千克

年份	肉类	蛋类	奶类
2015	42.67	9.79	91.55
2016	43.04	9.94	92.47
2017	43.41	10.09	93.40
2018	43.78	10.24	94.34
2019	44.15	10.39	95.29
2020	44.52	10.54	96.25
2021	44.89	10.70	97.22
2022	45.26	10.86	98.20

　　资料来源：根据经济合作与发展组织（OECD）和联合国粮食及农业组织（FAO）粮农组织共同数据库（FAOSTAT）历年数据整理所得。

　　根据经济合作与发展组织和联合国粮食及农业组织（FAO）秘书处统计预测，从2015—2022年世界人均肉类、蛋类、奶类占有量预测值可以看出，未来人均畜产品需求仍会不断增加，到2022年世界人均肉类、蛋类、奶类占有量年均增长率分别达到0.78%、1.54%、0.91%。联合国粮食及农业组织（FAO）认为，全球对畜产品需求持续增长，其中发展中国家的需求是未来畜产品生产与消费增长的主要动力（刘志颐等，2014）。

二　国外畜牧业发展的趋势

　　从畜牧业产出供需趋势来看，不仅需要增加牲畜生产，还需要加强饲料作物供应环节等畜牧业相关产业链的生产联动，来支撑和保障世界畜产品供需平衡。

　　（一）构建大规模专门化商品生产服务体系

　　伴随全球畜产品市场需求的持续增长，大规模生产单位比小规模生产单位具有明显的比较优势，体现了现代畜牧业集约使用投入品、技术和资金的大规模经营和专业化生产的特点和趋势。

（1）大力推进规模化、工厂化饲养，是国外现代化畜牧业建设最主要也是最直接的方式和途径。国外畜牧业比较发达的国家都十分注重推进畜禽养殖的规模化和工厂化，以此来加速传统畜牧业向现代畜牧业的转变。以美国为例，近年来，因大量新技术的采用和设施投入的增加，美国养殖场的数量减少，但规模却越来越大，并且越来越工业化、专业化和集约化。例如，美国规模在 5000 头以上的养殖场所饲养的生猪占全国生猪总产量的 55%，三家最大的肉鸡公司已能生产美国 42% 的肉鸡（现代畜牧业课题组，2006）。

（2）草原畜牧业发达的国家都建立了相当完善的畜牧业社会化服务体系。美国、欧盟、日本等国家和地区的畜牧业社会化服务体系由国家、集体（合作社）和私人组织共同承担，各国的服务组织形式不同，但真正的主角是合作社和私营涉农工商企业，服务内容包含了从良种引进、品种选育到疾病防治、检疫监测、灾害预测防范、产品保险供应等各个方而，有力地支撑着畜产品规模化生产，促进了畜牧业的一体化经营。

（二）强化科研技术的研发与推广

畜牧业发展的动力有来自市场的拉动，也有政策的引导，但关键是科技的推动。高度重视畜牧科技的研究、扩散与推广工作是发达国家加强畜牧产业发展的核心环节和主要经验。近年来，国外发达国家通过科研机构和推广部门的相互配合，形成了农业技术研发、推广网络，使一大批高新技术得到有效示范、推广和应用，大大提升了畜牧业发展水平。

（1）品种改良和良种普及化程度的提高，大大提升畜禽的总体生产能力。值得借鉴的是，国外整合资源形成了联合育种范式和产学研合作的利益联结机制。发达国家在政府和协会的统筹协调下，实施全国范围的联合育种，充分挖掘利用优秀种质资源，实施统一的遗传评估，建立统一的育种信息共享发布机制，从而加快遗传改良速度。同时，利用跨国育种公司，在全球范围内整合资源，寻求伙伴开展联合育种。发达国家育种体系不仅包括相关高校和科研机构，公司和生产者等市场主体在育种过程中也高度参与，美国就以大育种公司为主导，与高校和科研机构进行合作,建立以市场为导向的产学研利益联结机制(李冉,2014)。

(2)高度重视畜牧业科技推广,促进畜牧业科技成果的普及和利用。国外发达国家政府注重加强畜牧业技术推广的队伍建设和科技推广经费支持,辅助畜牧业推广机构建立全国性计算机信息推广网络平台,通过建立以政府为主导,农场、企业和个人等多元化的畜牧业技术推广体系,确保更广范围的人们接受培训并加以实践,极大地推进了世界畜牧业的发展。如,美国通过教育、科研、推广"三位一体"的农业推广体系,使美国畜牧业科技成果推广率达80%,农业科技对畜牧业总产值的贡献率达到75%以上。

(三)加强畜产品质量安全和动物疫病防疫

随着经济全球化的不断推进,各国畜产品贸易往来频繁,但畜产品产地环境的恶化、养殖过程中滥用药物、生产过程中大量使用添加剂以及动植物疫病的传播等,都为畜产品安全问题埋下了隐患。与发展中国家相比,发达国家对食品安全、动物疫病防疫问题的重视程度高,管理机制完善,检测技术手段先进,有力地保障了本国的食品安全和疫病的防控。

(1)畜产品安全追溯是一种国际经验举措,也是世界农业发展的必然趋势。建立食品信息的可追踪系统等,包括从原材料的产地信息,到产品的加工过程,直到终端用户的各个环节,逐步起到了以统一标准为中心的畜产品质量安全配套管理体系。

(2)畜牧业标准化是加强畜产品质量安全的国际发展趋势,是规范畜产品市场经济秩序,保障畜禽产品质量和消费安全的基本前提。在发达国家,畜牧业生产环境、生产过程与工艺、产品质量的标准化在内容和形式上已经相对成熟,通过产前、产中、产后各环节标准体系的建立和实施,达到高产、优质、高效的目的。

(3)注重提高动物疫病防疫控制能力。建立健全兽医防疫和监测预报体系,鼓励卫生专业人员和其他学科之间的跨部门和机构合作,加强国际和区域合作与协调,确保动物健康,提高产品质量并确保消费者的健康。

第三节　发达国家草原畜牧业
发展对我国的启示

当前，我国草原畜牧业发展正处于生产方式、经济增长方式和产业结构的转型阶段，借鉴国外畜牧业发展经验，推动草原畜牧业的现代化和健康可持续发展是中国牧区和牧业经济结构调整的战略选择，是牧业增效、牧民增收、加快草原畜牧业现代化进程的重要途径和重要动力。

一　我国草原畜牧业发展潜力巨大

我国畜牧业发展较快。中国农业科学院《中国农业展望报告（2014—2023）》中指出 2013 年，人均肉类占有量 62.7 千克，超过世界平均水平；人均禽蛋占有量 21.1 千克，达到发达国家水平；人均奶类占有量 26.8 千克，约为世界平均水平的 1/4，肉类和禽蛋产量位居世界第一，奶类产量位居世界第三。数量扩张已不再是首要任务，而且出现了阶段性、结构性供给过剩，买方市场特征明显。未来中国每年新增 700 万人口、新增 1000 万城镇人口，加上居民收入水平的不断提高，以及农村居民对畜产品消费能力的提高，我国畜产品消费增长趋势明显。

我国畜产品消费增长的空间还较大。当前，我国畜产品生产水平与发达国家尚有一定差距，以禽肉生产为例，我国肉鸡上市比发达国家长 5—8 天，体重低 0.3 千克，成活率低 8%—10%，生产效率是欧美的 10%（中国农业科学院农业信息研究所，2014），这意味着我国畜产品生产能力尚有较大的上升空间。预测未来几年内我国要着重提高畜牧业的生产效率，优化畜产品生产和消费结构，为城乡居民提供有质量保证的肉蛋奶等主要畜产品将是中国草原畜牧业发展的首要任务。

二　加强畜牧业的科技支撑体系建设

国外发达国家由科研院所、农场、企业及政府等构成的多元化畜牧业科研及成果推广体系，大力提升了其饲料生产、育种、畜产品加工等方面的科技含量和贡献率。目前，我国畜牧业科学技术虽取得了不少成果，但我国是二元经济发展结构，农村还是以传统的农业生产为主，无论是生产技术还是生产条件尚不适应现代养殖业的发展。与国外畜牧业发达国家相比，我国现有的科技成果转化率仍较低，许多领先科技没有得到有效推广利用，制约了畜产品生产水平和综合竞争力的进一步提升。为此我们要从以下几个方面做起：

第一，要加强对畜牧业科技的投入力度，掌握一批关键性技术。畜牧业不仅需要高新技术的引领，还需要基础应用技术的支撑。围绕我国畜牧业发展的关键领域、环节、技术，依托资金、人才投入，组织科技攻关，力争取得一批突破性重大科研成果，提升畜牧业的科技引领和支撑能力。

第二，加快畜牧业科技推广体系建设。要不断提升各级畜牧兽医技术推广机构的服务能力，支持和鼓励应用型畜牧业科研机构科技成果的推大与转化，支持合作社、专业技术协会、专业服务公司、涉农企业和科研教学单位等多元主体参与技术推广服务，加快推广优质饲草料生产、舍饲半舍饲、品种改良、疫病防控、产品加工等先进适用技术，提高养殖者生产技术水平。

三 强化动物疫病防控和食品质量安全保障

动物疫病和食品安全问题危害消费者身体健康，冲击和影响行业发展，损害政府公信力，直接或间接地影响着中国畜牧业生产及其在国内外市场中的竞争力。与我国相比，国外发达国家对动物疫病和食品安全的高度重视、完善的疫病防疫和食品安全管理机制给了我们有益的启示。一是建立健全动物疫病监测防控体系，包括兽药研制、基层兽医防疫体系构建、疫病监测预报网络等。二是应制定标准统一的畜产品质量安全追溯系统，整合现有追溯系统，按照猪、牛、鸡等品种特点或企业特点改进现有的可追溯技术，并予推广和示范，建立全国统一的畜产品安全监测体系。三是大力发展和推广标准化养殖。标准化养殖能有效避免或控制产地环境污染、养殖源头污染和动物疫病。美国的危害分析和关键控制点（HACCP）和欧盟的良好农业规范（GAP）对我国推广和发展标准化养殖提供了有益借鉴。四是实施严格的市场准入制度。借鉴国外市场准入制度，强制要求从事畜产品生产、销售的相关企业必须通过 ISO9000、HACCP 认证，限制企业数量的盲目增长，规范和提高政府监管（白裕兵、浦华，2013）。

四 建立健全商品化社会生产服务体系

从发达国家看，草原畜牧业商品化社会生产服务体系是随着草原畜牧业生产力和商品经济的发展及其规模的扩大而不断扩大的，直接从事草原畜牧业生产的劳动者却越来越少，越来越多的人专门从事为草原畜牧业生产劳动者提供所必需的产前良种繁育，产后畜产品收购、储存、加工和销售以及生产过程中疾病防治、检疫监测、灾害预测防范、产品保险供应等各种生产性服务。当前我国畜牧业产业化水平还比较低，商品化程度不高，私营涉农部门发展薄弱，畜牧业商品化社会生产服务体系中养殖、加工、经营、销售等环节不配套，家庭经营制度下的小规模生产与大市场流通的矛盾不能得到有效解决，制约了整个产业协调发展。为此，我国应加强草原畜牧业商品化社会服务体系的建设。一是大力发展适度规模的商品化生产。以市场为导向，应把发展畜牧业生产的重点放在提高劳动生产率和畜产品商品化率上，从我国区域资源禀赋特征出发，发展适度规模化养殖，符合条件的地区扩大商品化生产规模。二是构建产前、产中、产后一体化发展格局，鼓励合作社和私营涉农工商企业参与畜牧业商品化社会生产服务网络分工体系，加强畜产品运销和加工等畜牧业社会化服务体系中最薄弱环节建设。

五　实施畜牧业"走出去"开发战略

随着工业化、城镇化的深入推进，我国草原畜牧业的快速发展对自然资源的压力正在日益增加，带来了不容忽视的资源和环保问题。根据《中国农业展望报告 2014—2023》预测，目前养殖业每年消耗 3.2 亿吨配合饲料，其中 65% 左右是饲料粮，折合 2.15 亿吨谷物，粮食安全压力主要在饲料粮。为了满足人们日益增长的多样化畜产品需求，亟须加快畜牧业"走出去"战略开发，立足国内国外两个市场、两种资源，统筹资源、环境、人口、技术等因素与畜牧业的发展相协调。一是加强顶层设计，抓紧研究制定中国草原畜牧业"走出去"的开发战略规划，并制定重点产品和重点国家的投资合作规划，加强对国内企业赴境外无疫区开展草原畜牧业投资合作的宏观指导与引导；二是充分利用多双边农业合作机制，立足草原畜牧业生产资源和市场互补性要求，发挥我国畜牧业发展的比较优势，支持国内企业境外投资畜牧业育种、生产、加工、物流、贸易等产业链开发；三是建立草原畜牧业合作专项促进基金，以补贴或贴息等形式对一些重大合作项目，尤其是对草原畜牧业科技合作领域的合作项目给予资金支持，促进国内外畜牧资源更好地配置，实现我国与合作国草原畜牧业的优势互补，共同提升草原畜牧业生产力和竞争力，优化畜牧业产业结构。

第四章　我国草原牧区牧民收入分析

鉴于实地调研的困难，本书选取了四大草原牧区即内蒙古锡林郭勒盟、新疆阿勒泰地区、青海海北州、甘肃甘南州开展研究。这些地区是少数民族聚居地，受文化、科技、服务、交通运输、国家政策及自然环境等的影响较大。因此，对它们进行研究可以更好地探索贫困草原牧区畜牧业产值增长缓慢的原因。

第一节　四大牧区草原畜牧业基本情况简介

一　内蒙古草原畜牧业的基本情况

锡林郭勒盟位于内蒙古中部，境内锡林郭勒大草原是世界驰名的四大天然草原之一。锡林郭勒盟草地总面积达 19.3 万平方千米，可利用草地面积达 18 万平方千米，占土地总面积 20.16 万平方千米的 89.3%，占草地总面积的 93.3%。

锡林郭勒盟的主要畜牧产业是肉羊业，品种主要是乌珠穆沁羊、苏尼特羊和察哈尔羊，全盟 2013 年牧业产值达到 126.8 万元，羊类畜种占主要畜种的 90% 左右，2013 年全盟牲畜存栏数达到 1469 万头（只），其中羊存栏 1332 万只，大牲畜存栏 137 万头，年出栏加工牲畜 850 万头（只），生产肉类 26.3 万吨，牛奶 59.2 万吨，马奶 1.4 万吨，羊毛 1.02 万吨，山羊绒 177 吨。2013 年全盟牧民的人均纯收入达到 10109 元，同比增长了 13.3%；2014 年农牧民人均纯收入为 11306 元，同比增长了 11.8%。

截至 2013 年年底，农牧民合作社已经达到 991 个，合作社成员占总农牧户的 24%，达到产销一体化程度的合作社共计 119 家。2013 年，锡林郭勒盟年销售收入在 500 万元以上的农牧产品加工企业达到 181

家，实现销售收入 136.3 亿元，年均从业人员达到 1.9 万人，先后引进了小肥羊、奈伦、伊利、元盛等一批龙头企业，国家级、自治区级和盟级企业分别达到 3 家、48 家和 38 家。锡林郭勒盟全年的销售收入在 500 万元以上的畜牧产品加工企业达到 26 家，有力推动了锡林郭勒盟的经济发展。

二　新疆草原畜牧业的基本情况

阿勒泰地区位于我国西北部的阿尔泰山中段南部，以牧业为主，总人口 66 万，少数民族人口 37 万，共有牧户 3.9 万户，牧民人口约 15.49 万。阿勒泰地区自然资源丰富，可利用草场面积占整个新疆维吾尔自治区面积的 15.0%。

阿勒泰地区的品牌畜牧产品是阿勒泰羊、青格里绒山羊和沙吾尔牛，全地区 2013 年牧业总产值 28.44 亿元，农牧民人均纯收入 8211 元，2014 年牧业总产值达到 30.44 亿元，同比增长 7%，农牧民人均纯收入 9404 元，同比增长 14.5%，其中来自牧业的贡献达到 3500 元，占农牧民人均纯收入的 37.2%，比重较高。2014 年全年肉类总产量 7.93 万吨，奶产量 25.73 万吨，年末牲畜存栏 295.58 万头（只），年末出栏 193.34 万头（只）。

在龙头企业的带领下全区推进"企业+合作社+农牧户"的经营模式，截至 2014 年 6 月，全区共有畜牧养殖专业合作社 414 家，其中牛羊类 263 家，奶牛类 31 家，生猪类 28 家，发展社员 6000 余人。全区拥有乳制品加工企业 9 家，年加工鲜乳 20 万吨；拥有肉类加工企业 7 家，年加工肉制品 5000 吨；拥有绒制品加工企业 2 家，年生产加工能力为 300 吨。

三　青海草原畜牧业的基本情况

海北州位于我国青藏高原东北部，天然草场面积为 2.63 万平方千米，占全州总面积 3.41 万平方千米的 77.73%。海北州是一个以牧业为主、农牧结合的自治州，全州共有 29.66 万人口，少数民族居多，约占全州总人口数的 66.8%，全州农牧业总户数 5.13 万户，涉及人口 22.51 万，其中牧业 1.54 万户，涉及牧业人口 6.39 万人。

截至 2014 年年末，全州各类牲畜存栏数量共计 327.39 万头（只），出栏牛羊数量共计 196.47 万头（只），同比增长 3.9%；各类肉产量达 5.19 万吨，同比增长 8.6%；牛奶产量达 4.4 万吨，同比增长 4.8%。2014 年，农牧民人均纯收入达到 9726 元，较 2013 年增长了 12.4%。

2014 年海北州的农牧业产业化龙头企业发展到 36 家。组建农牧民专业合作社累计达到 737 家，参与带动农牧户 28754 户，参与率达到 54%。经调查发现，海北州合作社主要的组建形式有企业带动型、种养大户带动型、农牧业经济技术部门及村党委牵头组建型和农牧户自发组织型。其中，企业带动型占合作社总数的 3.87%，种养大户带动型占总数的 9.7%，农牧业经济技术部门及村党委牵头组建型占 2%，农牧户自发组织型占 23.21%。合作社主要的经营形式有股份经营型、租赁经营型、专业服务型三种，其中，股份经营型占 34.82%，租赁经营型占 14.51%，专业服务型占 8.12%。参与合作社的成员各种生产费用比非成员低 10%，劳动力费用低 20%，总收入水平比全州农牧民人均纯收入高 12% 以上。

四　甘肃草原畜牧业的基本情况

甘南州位于甘肃省南部与青海、四川两省的交界处，是牧区与农区相结合的地带。甘南全州总面积 4.5 万平方千米，常住居民 70.18 万人，有 23 个少数民族，其中藏族人口居多，达 40.81 万，占全州总人口的 54.70%。全州草场面积 2.72 万平方千米，占土地总面积的 70.28%，可利用草场面积 2.57 万平方千米，占全州草场总面积的 94.22%。

畜牧业是甘南州的主导和特色产业，甘南州也是甘肃省的主要畜牧业生产基地，主要畜牧产品有牦牛、欧拉羊、河曲马等。2014 年全州各类牲畜存栏数量总计 318.13 万头（只），其中绵山羊存栏数量达 222.39 万只，生猪存栏数量达 24.04 万头。2014 年全州肉类产量达到 6.88 万吨，较 2013 年增长了 5.2%。其中，牛肉产量 3.42 万吨，同比增长 5.6%；羊肉产量 2.01 万吨，同比增长 5.8%；猪肉产量 1.40 万吨，同比增长 3.7%。2014 年全州牛奶产量 8.70 万吨，绵羊毛产量 0.21 万吨，全州各类牲畜出栏 172.11 万头。2014 年全州牧业总产值达到 63538 万元，同比增长 4.2%；全州农牧民人均纯收入 4589 元，较 2013 年的 4090 元增长了 12.2%。

2014 年全州畜牧产品加工企业 26 家，其中龙头企业达到 12 家，发展合作社 381 家，其中国家级 6 个，省级 14 个，州级 40 个，在四大牧区中处于落后水平。

第二节　四大牧区牧民收入现状分析

近几年牧民纯收入水平有所上升，但增速迟缓。多位学者对牧民纯收入的水平和结构进行了详细的分析，为牧民增收提供了很多建议。但仅分析纯收入结构并不能了解牧民纯收入低的原因。牧民纯收入主要受两部分影响：总收入和总成本。为了更细致地了解牧民收入情况，本书分别对牧民总收入和总成本进行结构分析。

一　牧民总收入结构

（一）牧民总收入的整体水平

牧民收入主要由四部分构成：工资性收入、经营性收入、财产性收入和转移性收入。近年来国家加大对草原畜牧业的扶持力度，补贴政策涉及畜牧良种补贴、动物防疫补贴、草原生态保护补贴等多个方面。笔者将补贴性收入单独列出，以便观察补贴性收入对于牧民收入的贡献程度，最终将牧民收入分为工资性收入、经营性收入、财产性收入、转移性收入和补贴性收入。其中：工资性收入为牧户家庭成员外出务工的劳动所得；经营性收入是牧户从事农业、牧业、草业等方面生产经营的劳动所得；财产性收入为牧户存款获得的利息及其他投资活动带来的收入；转移性收入是国家、单位、社会团体对牧户的各种转移支付和牧户家庭间的收入转移，包括救济金收入、救灾款及亲友赠送、家庭非常住人口带回的收入等方面；补贴性收入为牧户收到的国家各项补贴款项。

根据实地调查数据计算得出，牧户家庭平均每年总收入为108332.79元，牧户家庭总收入分布情况如表4-1所示。

表4-1　　　　　　　　牧户家庭年均总收入分布情况

总收入	5万元以下	5万—10万元	10万—20万元	20万—40万元	40万—60万元	60万元以上
牧户数量（户）	171	228	211	93	37	5
占比（％）	22.95	30.60	28.32	12.48	4.97	0.67

注：资料来源于调查问卷的整理汇总。

通过表4-1可以看出，被调查牧户中，年均总收入处于5万—20万的最多，约占总调查数量的60%。问卷统计结果显示，牧户家庭人口数较多，平均每户家庭人口在5人及以上的约占总调查数量的70%。对每家牧户的人均总收入进行平均后可得，被调查对象的人均总收入为20780.39元。据《中国统计年鉴》，2014年、2015年各地区农村居民的人均总收入为16414.9元和17969.9元，牧民的人均总收入超过该收入水平，可见牧民总收入在农牧民群体中处于较高水平。

（二）牧民总收入的内部结构

1. 收入性质结构

据实地调查数据统计，牧民各项人均收入及其在牧民总收入中的占比如表4-2所示。

表4-2 牧民收入性质分析表

收入性质	工资性收入	家庭经营性收入	财产性收入	转移性收入	补贴性收入
人均年收入（元）	3077.82	13405.65	400.31	1397.54	2499.07
占比（%）	14.81	64.51	1.93	6.73	12.03

注：资料来源于实地调查研究统计数据。

家庭经营性收入的影响程度最大，说明牧户主要从事农牧业经营生产活动，家庭的主要收入来源于农牧业产品的生产。工资性收入的关联度次之，说明工资性收入对于牧民收入具有一定的影响。通过实地调研可以看出，牧户平均劳动力人口为3人，其中2.5人从事畜牧业经营，牧民外出务工情况较少。据《中国统计年鉴》，2014年全国农村居民人均可支配收入中人均工资性收入为4152.2元，占39.6%。相比较而言，牧民由于受多方面因素影响，外出务工情况较少，工资性收入占比较低。牧民的补贴性收入为2499.07元/人，占12.03%。国家为了鼓励农牧业发展，给予育成牛补贴、退牧还草补贴、草原灭鼠补贴以及牧民培训补贴等多种补贴。其中退牧还草补贴力度最大，约占总补贴数的36.89%。转移性收入与财产性收入对于牧民收入的贡献很低，两部分收入在总收入中的占比不足10%。

2. 收入来源结构

从各项收入的来源来看，牧民收入的主要来源是家庭经营性收入，包括农业、牧业、草业及其他几个方面的来源。调查结果显示，各项来源占比为：牧业经营收入（78.42%）＞草业经营收入（9.65%）＞农业经营收入（6.63%）＞其他家庭经营收入（5.29%）。可见，牧业收入是牧民家庭经营性收入的主要来源，绝大多数牧民以畜牧业经营为主业，牧业经营的好坏对牧民收入影响最大。因此，促进牧民增收首先应促进牧民畜牧业收入的增长。

通过分析调查数据可知，牧民在从事牧业的同时也会进行草场的建设，从事小范围的牧草和饲料种子的经营活动，一方面牧草饲料的费用逐年增高，牧民自营草场可以在一定程度上降低生产成本中的饲料费用；另一方面，牧民为了增加家庭收入，在经营畜牧养殖生产的同时，进行牧草饲料生产与销售活动。但整体看来，牧民从事草业生产带来的收益较低，对于家庭经营性收入的影响不大。

调查发现，牧民进行农业经营的较少，农业经营收入对牧民收入影响非常小。原因主要有两方面：一是牧民大多生活在牧区，当地地理环境不适合大面积进行农业种植，进行农业生产所需要的土地等方面生产资料较为欠缺，所以牧民会种植小面积的庄稼作物和蔬菜，供日常生活使用；二是牧民从事畜牧业生产耗费人力资源较多，牧民家庭劳动力数量有限，没有更多精力和资源进行农业生产。

二 牧民总成本结构

（一）牧民总成本的整体水平

牧民成本主要有两个部分构成：生产成本和生活成本。生产成本为从事家庭经营性生产所发生的成本支出，生活成本为牧民用于满足家庭日常生活消费的全部支出。根据笔者实地调研可以看出，多项费用占比较小，如牧民进行生产大多是自繁自育，仔畜费发生较少；生产用水多为井水，无须考虑水费；燃料动力费、技术服务费、工具材料费等多项费用占比很小。因此，最终确定选取饲草料费、医疗防疫费、死亡损失费、固定资产折旧、人工费五项指标。生活成本包括中食品、衣着、居住、生活用品、交通通信、教育文化娱乐、医疗保健、其他用品及服务八个方面的支出。

问卷统计结果显示，牧民的人均总成本为12543.9元，人均生产成本约为7948.58元，占63.37%；人均生活成本约为4595.32元，占36.63%。由于养殖规模的差异性，单独的生产成本不具备可比性，较大的养殖规模往往意味着高水平的生产成本；而人们在生活上的支出无外乎八个方面，牧民生活成本的高低可以看出当地的经济发展情况和当地居民的生活质量水平。根据《中国统计年鉴（2015）》，农村居民人均生活成本为9222.6元，牧民人均生活成本相对较低，侧面反映了牧民生活质量不高。实地调研中发现，牧区由于地理位置偏远等多方面因素，在交通、教育、医疗保健等方面难以获得完善的服务。

（二）牧民总成本的内部结构

生产成本在牧民总成本中占比最大，而牧民从事的主要家庭经营生产活动就是畜牧养殖，所以畜牧养殖所耗费的成本费用较高。由于生活环境相似，牧民家庭的生活成本差距不大，变动较小，对牧民总成本的变动影响不显著。由于本书重点关注牧民生产中的成本消耗，故对生活成本未进行详细分类，仅对生产成本进行结构分析。根据调研所得数据进行计算，可以得知各项生产成本占比情况如下：饲草料费（26.97%）＞人工费（12.75%）＞固定资产折旧（12.50%）＞医疗防疫费（7.13%）＞死亡损失费（4.01%）（见表4－3）。

表4－3 牧民成本结构分析表

成本结构	生产成本					生活成本
	饲草料费	医疗防疫费	死亡损失费	固定资产折旧	人工费	生活消费
人均年成本（元）	3311.79	894.30	503.19	1587.62	1599.26	4595.32
占比（%）	26.97	7.13	4.01	12.50	12.75	36.63

注：资料来源于实地调查研究统计数据。

通过表4－3可以看出：饲草料费对牧民经营成本影响最大，这与牧区可利用草场面积、饲草料购买途径及养殖规模等方面密切相关。牧民为了获取更多的利益而过度放牧造成草场退化的现象严重，由于饲草料需求增加，养殖所需的饲草料主要是从市场直接购买，这就在一定程度上影响牧民增收。人工费的影响程度次之，牧民自身多从事畜牧养殖，雇佣工人的情况较少。由于工价较高，养殖周期较长，家庭劳动用工的机会成本较高。固定资产折旧主要是指畜棚建设及经营生产所需设备的购置，体现了牧民扩大生产的需求和机械化代替手工的诉求。医疗防疫费和死亡损失费影响程度相对较低。原因是优良育种技术和科学卫生的养殖技术能有效降低牲畜的病死率，从而起到降低这两部分成本的重要作用。

三　牧民纯收入现状

牧民纯收入是指牧民当年从各个来源得到的总收入相应地扣除所发生的成本支出后的收入总和。据调查问卷统计结果可得，牧民人均纯收入约为 8236.49 元。《中国统计年鉴（2015）》显示，2014 年、2015 年城镇居民人均可支配收入和农村居民人均纯收入分别为 29042.00 元和 10577.80 元（见图 4-1）。

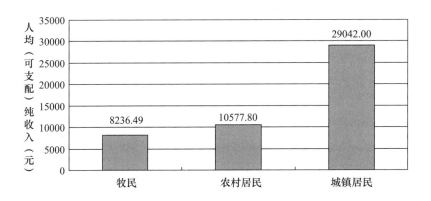

图 4-1　2015 年牧民、农村居民、城镇居民人均纯（可支配）收入

通过对比发现，牧民人均总收入高于农民，人均纯收入却低于农民，与城镇居民相比差距更大。最主要的原因就在于牧民从事牧业养殖所需的生产成本较大，挤压牧民的收益空间。

牧民纯收入水平普遍较低，且内蒙古、新疆、青海、西藏四大牧区之间存在很大差距。通过调查问卷所得数据的统计与观察发现，四大牧区牧民人均纯收入与当地牧民合作社的数量成正比（见表 4-4）。

表 4-4　　　　　　牧民人均纯收入与牧民合作社数量统计表

	内蒙古锡林郭勒盟	新疆阿勒泰地区	青海海北州	甘肃甘南州
牧民人均纯收入（元）	11706.15	9569.13	7567.46	4840.50
牧民合作社数量（个）	991	808	737	381

注：资料来源于调查问卷的整理汇总。

牧民合作社最多的内蒙古，当地农牧民人均纯收入达 11706. 15 元，说明牧民加入合作社一定程度上可以促进牧民增收。合作社可以统一收购牲畜，收购价较高，且存在按交易量分红的情况，给牧民带来收入的进一步提高；同时合作社还可以提供较低价格的畜种、饲草料、养殖技术指导等，对于牧民控制成本支出起到有力的支持作用。

第五章 我国草原畜牧业产业链的建设现状分析

本章以四大牧区牧户、牧民合作社以及畜牧龙头企业实际问卷调查、部门访谈资料以及统计数据为依据，详细分析草原畜牧业产业链的构成情况、产业链建设现状及其各利益主体的现状，为进一步研究草原畜牧业产业链的运行机制和牧民增收问题奠定基础。

第一节 草原畜牧业产业链建设的必要性与可行性分析

一 四大牧区可利用草场基本情况

我国是世界上第二草原大国，拥有各类草原近4亿公顷，占陆地国土面积的40%左右，西部地区省区草原面积3.31亿公顷，内蒙古、新疆、青海和甘肃四大牧区省区草原面积2.63亿公顷，约占全国草原面积的66.96%。根据权威资料统计，截至2014年，四大牧区平均草原牲畜的超载率达到15.2%，同比下降1.6%。四大牧区所辖牧区半牧区县（旗、市）平均牲畜的超载率达到19.4%，同比下降1.9%，其中，牧区县平均牲畜的超载率达到20.6%，半牧区县平均牲畜的超载率达到15.6%。牧区鲜草总产量达到57750.76万吨，约占我国鲜草总产量的56.50%，相当于14365.60万只羊单位的载畜能力，同比下降了5.02%。四大牧区虫害面积达到1388.1万公顷，约占总面积的3.5%，牧区草原的鼠害危害面积达到3481.2万公顷，约占我国草原面积的8.8%（《中国畜牧业统计年鉴》，2014）。这些因素的影响使得四大牧区80%以上的草原均出现严重退化，可利用的草场面积大大降低，见图5-1。此外，由于这些草原牧区大都属于少数民族地区，经济发展较落后，而且牧民文化程度较低，超载过牧，加之干旱少雨、鼠害等多方面条件的限制，在一定程度上都严重制约了草原牧区的经济发展和牧民增收。

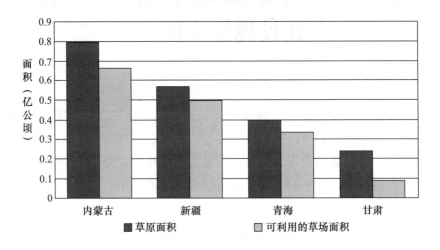

图 5 - 1 2014 年四大牧区草原和可利用面积分布情况

注：根据 2014 四大牧区相关统计数据汇总整理所得。

二 草原畜牧业产业链建设的必要性

草原畜牧业产业链建设的必要性可以概括为以下几点：（1）草原畜牧业产业链建设有助于满足我国人民日益增长的牛羊肉需求。（2）草原畜牧业产业链建设有助于发展地方经济。（3）草原畜牧业产业链建设有助于增加牧民收入。

首先中国人对于牛羊肉的需求一直在增加，这不仅使牛羊肉价格不断提高，也促使了中国牛羊肉进口量增加。仅从 2011 年到 2014 年，中国牛肉价格就上涨了 49%，羊肉价格上涨了 40%。据澳大利亚和新西兰银行集团有限公司预测，从 2013 年到 2030 年，中国牛肉的销售量至少会增加 70%。2014 年中国牛肉的进口量约占总需求量的 19%，在接下来的几年里进口量仍会继续增加。[①] 这说明牛羊肉仍存在很大的消费空间，可以刺激畜牧业的进一步发展，但同时需要保障畜牧业产业链安全高效地运行。逐渐扩大的市场与分散小农户养殖间的矛盾日益凸显，

---

① 《境外媒体认为中国牛羊肉年缺 200 万吨》，《肉类工业》2014 年第 11 期。

如何解决好分散养殖与社会化大市场的衔接以适应经济发展的要求，是现代畜牧业发展的重要课题。通过畜牧业产业化发展则可以解决这一难题，把产、加、销融为一体，通过规模养殖和多层次加工，实现产品增值，改变原始产品供应状况，从而有效地提高畜牧产业的经济效益。畜牧业产业链的建设可以使牛羊的养殖、屠宰与销售等环节的效率进一步提高，以满足日益增加的肉类需求。

其次，四大牧区都把畜牧业作为发展地方经济、增加当地收入的重要依托。据调查，牧区人口持续增长，平均每户家庭有 5 个成员，但每户牧民家庭从事畜牧业的劳动力数量一般为 2 人，这就会存在大量的剩余劳动力。剩余劳动力一般外出务工，赚取工资收入，对于当地草原畜牧业的发展显然是不利的。畜牧业产业链的建设可以使畜牧业养殖更加规模化、专业化、科技化，吸引更多的人才，而合作社等经济合作组织的设立以及大型屠宰加工龙头企业的成立会给当地提供更多的就业岗位。

最后，近几年畜牧业的发展较快，牛羊肉价格攀升，但是牧民的收入并没有相应的增长，增长速度十分缓慢，追根究底是整个畜牧业产业链链条上的几大主体之间的利益分配不协调造成的。虽然牛羊肉价格处于上涨趋势，但牧民的养殖成本则上涨幅度更大，比如，草原的环境恶化使得饲料用量大幅增加，人工成本也逐年增长，这些都造成了养殖户的效益低下。近几年牛羊出栏数下降，说明养殖户积极性较弱。如果调动养殖户的积极性，首要办法就是建设利益分配更为合理的草原畜牧业产业链。利益分配格局合理的草原畜牧业产业链可以使广大牧民受益，增加牧民收入，改善牧民生活环境。

三 草原畜牧业产业链建设的可行性

(一) 政策和资金支持

党中央和政府把畜牧业，尤其是以牛、羊为主的草食性畜牧业，作为现阶段实现农业增效、农民增收、农产品有效供给的重要产业。中央一号文件持续聚焦"三农三牧"，彰显了"三农三牧"工作"重中之重"地位。2013 年"中央一号文件"首次提出，按照规模化、专业化、标准化的发展要求，引导农户加快转变农业生产经营方式，扶持联户经营、专业大户、家庭农场，向农业规模化、集约化发展。

近几年国家对于草原畜牧业各方面政策很多，涉及农机购置补贴、生猪（牛羊）调出大县奖励、粮改饲、畜牧良种补贴、畜牧标准化规模养殖、草原生态保护补助、退耕还林还草、动物防疫、种养业废弃物资源化利用以及农业保险等诸多方面。国家不仅出台政策很多，支持力度也很大。例如，畜牧良种补贴政策中肉牛良种补贴标准为每头能繁育母牛 10 元；羊良种补贴标准为每只种公羊 800 元；牦牛种公牛补贴标准为每头种公牛 2000 元。畜牧标准化规模养殖支持政策中中央财政投入 3 亿元支持内蒙古、四川、西藏、甘肃、青海、宁夏、新疆以及新疆生产建设兵团肉牛肉羊标准化规模养殖场（小区）建设。动物防疫补贴政策中重大动物疫病强制免疫疫苗经费由中央财政和地方财政按比重分担，大大降低了养殖户在养殖环节动物防疫所花费的费用。草原生态保护补助奖励政策以非常大的补贴力度执行。2015 年，中央财政对草原生态保护投入的补奖资金达到了 169.49 亿元（杜慧婵，2016）。

资金方面，畜牧业发展一直坚持多渠道融资的原则。第一，农村小额贷款。小额贷款是在邮政储蓄银行和农村信用社办理，农户保证贷款和农户联保贷款单户的最高贷款额度为 5 万元，商户保证或联保贷款最高金额为 10 万元。农户小额信用贷款主要用于低收入农户种植业和养殖业的简单再生产和小规模扩大再生产的资金供给，这为农户扩大生产规模提供了资金支持。第二，招商引资。乡镇和部门引进的大规模奶牛和肉牛养殖项目，为地方畜牧业的迅速发展提供了机会。目前畜牧业前景良好，各地区积极宣传与引导，使当地大规模的畜牧养殖与加工企业的发展得到契机。第三，申请国家项目资金。国家对于畜牧业的支持力度很大，据统计，2015 年中央财政对畜牧业的各项奖励及补助资金达 200 多亿元。其中：①中央财政安排生猪和牛羊调出大县奖励资金 35 亿元，对生猪调出大县前 500 名、牛羊调出大县前 100 名给予支持。②中央财政投入资金 3 亿元，在全国 10 个省区选择 30 个牛羊养殖基础好、玉米种植面积较大的县开展以全株青贮玉米收储为主的粮改饲试点工作。2016 年粮改饲试点项目资金投入和实施范围都进一步增大。③中央财政对于畜禽标准化规模养殖也投入了 13 亿元的资金进行支持。④中央财政对草原生态保护投入的补奖资金达到了 169.49 亿元。⑤中央财政安排 1.8 亿元，在河北、内蒙古、江苏、浙江、山东、河南、湖南、福建、重庆 9 省（区、市）开展畜禽粪便资源化利用试点项目。随后又投入 1.4 亿元，继续实施农业综合开发秸秆养畜项目，带动全国秸秆饲料化利用2.2亿吨（杜慧婵，2016）。根据国家和省对规模化养殖的扶持政策，牧区应积极争取项目资金，扶持畜牧业发展。这形成了推进畜牧业产业化发展的良好基础，为草原畜牧业产业链建设提供了良好的机遇。

（二）科学技术的推动

近几年，畜牧养殖技术与互联网信息技术的迅速发展，解决了限制畜牧业产业链建设的关键问题。畜牧业肉牛快速育肥、生猪直线育肥、奶牛群体高产、绵羊肉毛增重、蛋肉鸡高产这五项综合高产技术得到全面推广。牛冻配改良技术的普及推广，牛冻配改良站点仪器设备数量的增加以及功能的日趋完善，大幅度提高了肉牛和水牛的良种覆盖率。专业人员编制的养牛实用手册、养羊实用手册被广泛发放给养殖户，实用手册从圈舍的建造、品种的选购、饲料配比及一些注意事项等方面做了详细的讲解，养殖户普遍养殖技术水平得到明显提高。养殖科技的发展使畜牧业的集中饲养和养殖效率增长提供了助力。

信息技术的迅猛发展使畜牧业产业链各主体间的沟通与合作更加便捷有效。依托互联网、云计算和大数据建立的信息化管理平台 RFID 质量追溯体系记录所有牲畜饲养、防疫、加工、销售等每个环节的详细情况，让畜牧生产更加标准化、现代化。互联网技术同时促成了畜牧产品的 O2O 模式，为畜产品外销提供了渠道。

（三）日趋完备的畜产品安全管理体系的支撑

对于任何产品尤其是食品，产量是我们关注的重点，但质量更是重中之重。畜牧业产业链成功建设的前提就是确保食品质量安全。尤其近两年牛羊肉的消费量呈现持续增长的局面，大批国内和进口的牛羊肉涌入市场，其食品质量安全问题需要引起我们的重视。

目前我国畜产品质量安全管理体系已经日趋完备。第一，加大了检疫监督力度，严密构筑产地检疫、屠宰检疫和批发市场检疫三道防线。先做好动物产地检疫，严把畜禽出栏源头关。对交易、运输和屠宰的畜禽严查产地检疫证明，做到无检疫证明、证件不符的畜禽不进入加工流通领域。然后派检疫人员入驻各屠宰点依法检疫，严厉打击各种经营染疫畜禽及其产品的违法行为。最后批发市场检疫人员对肉类必须重新进行检查，确保流入市场的肉类的安全性。第二，完善了畜禽外购申报制度。严格检查从外地引进的畜禽及其产品，禁止从疫区引进畜禽及其产品，从境外引进畜禽的单位和个人，必须办理检疫申报登记手续，并报省、市动物检疫监督机构备查，防止外疫传入。第三，提高了疫病防控能力。各地区加强了对流行病和免疫抗体的监测工作，对检测出的阳性牲畜坚决进行捕杀，做无害化处理，保证畜牧业健康发展。

（四）规模养殖的发展

规模化养殖可以大大提高畜禽养殖效率，形成专业化、标准化的养殖。规模化养殖不仅可以增加养殖的数量，提高畜禽的出栏数，还利于科学合理的饲养，特别是饲料的搭配和营养水平可以得到科学的控制。许多养殖户在小额贷款的助力下开展了畜禽规模化养殖，畜禽养殖户对于规模化养殖的认可和支持使得全国范围内的畜禽标准化规模养殖成为可能。

国家对于规模养殖方面也给予了很大支持，2015 年中央财政投入13 亿元支持标准化规模养殖场（小区）建设。目前看来，国家规模化养殖有了很大的发展，以肉牛养殖场为例，2007 年，肉牛出栏为50 头以上的规模养殖场占出栏数全部出栏总数的比重仅为15.90%，发展到2013 年，这一比重上升到27.30%（见图5–2）。这说明规模养殖的推广已经收获一定的成效，畜牧养殖的规模化标准化成为未来的养殖趋势。

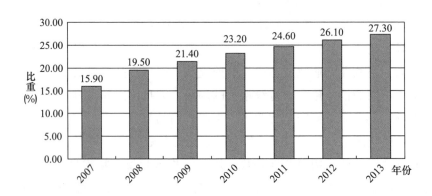

图 5－2 2007—2013 年我国肉牛规模化养殖的变化情况

资料来源：《2014—2015 中国肉牛业报告》，2015。

规模化养殖对于养殖环节之后的交易、运输、屠宰加工等各环节都具有良好的带动作用，使畜牧业产业链的整个链条各环节彼此分工更专业又合作紧密。规模化养殖的发展无疑为草原畜牧业产业链的建设奠定了坚实的基础。

第二节 草原畜牧业产业链的构成及利益主体分析

一 草原畜牧业产业链的构成

我们所构建的草原畜牧业产业链主要是指屠宰及肉类加工行业，排除液态乳及乳制品制造行业。原因是：根据调查，乳制品制造业没有与牧户或者合作社产生直接的关联，他们的组织模式一般是"基地 + 加工企业"，基地中的员工并非来自牧户，而是由企业自行培养员工，由于涉及鲜乳的保鲜质量问题，对物流输送有很高的要求，因此基地一般建立在以加工企业为核心的极小的辐射范围之内，因此我们将乳制品制造业排除。

从产业链视角分析牧民增收困境，首先要厘清草原畜牧业产业链的主要架构。如前所述，草原畜牧业产业链主要包括生产资料的供给、畜牧业生产、畜产品的加工和收购、畜产品的销售四个环节，在整个产业链的运行过程中参与各个节点运行的主体分别是牧户、畜产品加工企业、畜产品销售企业，即畜牧业的生产主要由牧户来完成的，畜产品的加工和收购主要由畜产品加工企业完成，畜产品的销售主要由畜产品销售企业完成。随着畜牧业产业化、规模化的发展，畜牧业专业合作社作为联系企业和牧户之间的桥梁和纽带得到了迅速的发展，其作用也越来越明显，因此合作社组织贯穿产业链运行的全过程。同时，草原畜牧业产业链的稳定运行也离不开相关服务机构的大力协助和服务支持，只有这样才能保证草原畜牧业产业链的健康运行，进而促进畜牧业发展和牧民增收（见图 5-3）。

在草原畜牧产品整个产业链条中，牧户、加工企业、经销商、专业合作组织及服务机构是构成链条的基本节点，通过产业链建设可以使链条的整体利益最大化，以确保牧户及其他节点组织的收益最大。

二 草原畜牧业产业链的主要利益主体现状分析

课题组在 2014 年 7 月和 8 月进行第一次和第二次实地调研，于

2015 年 8 月进行第三次实地调研，发放问卷共计 600 份，全部收回，有效问卷共计 495 份。其中，牧户问卷发放 400 份，有效问卷 345 份；合作社问卷发放 100 份，有效问卷 91 份；加工企业问卷发放 100 份，有效问卷 59 份。

根据对四大牧区的实地走访调查，我们分析后得知，我国的畜牧业产业链主要包括生产资料供给、畜种养殖、畜产品加工和畜产品销售四个环节（见图 5-3）。对于链条上的节点单位，由于供给环节并没有单独的执行者，一般的供给饲料都是从市场上购买，而销售环节一般都是由加工企业自行销售，并没有单独的经销商或者分销商，因此在这里我们不予考虑。所以，提炼出链条上的节点单位主要有三个，即牧户、合作社和加工企业，这三个节点单位构成了产业链条上最主要的利益主体。

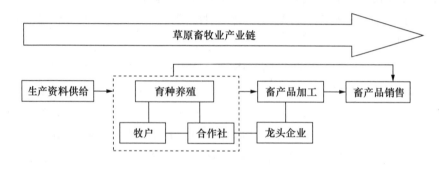

图 5-3　草原畜牧业产业链的构成

（一）四大牧区牧户的现状分析

牧户是草原牧区最基本的经济决策单位，是产业链最底层的利益主体。粗放的经营方式仍然是当下牧民畜牧业生产的主要特征，少数民族地区劳动力文化程度低下、信息交流不发达等因素都制约着牧民在产业链中的参与度，无法使牧民从产业链中获得更高的收益。

1. 牧户的受教育程度

问卷调查结果显示，牧户家庭成员的最高文化程度以小学和初中为主，高中文化程度牧户占 10.43%，大专及以上文化程度牧户占 7.54%（见表 5-17）。这说明草原牧区的文化教育程度偏低。牧户受教育程度低不仅对于自身收入增长不利，而且对于利益联结机制的形成具有阻碍作用。因此，草原牧区的可持续发展需要牧民不断提高自身的整体竞争力和素质。

根据实地调查发现，草原牧区牧户受教育程度越高越能够及时关注畜产品各方面的信息，易于接受草原畜牧业的新品种和新技术，不断完善自身的经营状况，以保证自身收益的不断提升。相比较而言，牧户受教育程度越低则倾向于采取跟风的做法，对于各方面的信息难以做出正确的判断，不敢有自己的想法，只能跟随其他牧户进行畜牧业的生产经营活动。

表5-1　　　　　　　　　牧户的最高文化程度　　　　　单位：户、%

项目	牧户的文化程度					
	不（很少）识字	小学	初中	高中	大专及以上	合计
牧户数	57	84	142	36	26	345
比重	16.52	24.35	41.16	10.43	7.54	100

注：根据牧户调查问卷相关数据整理汇总所得。

2. 牧户的家庭人口数量和劳动力数量

问卷统计结果显示，牧户家庭人口数量以5人及以上为主，占总牧户数的78.55%（见表5-2），而每户畜牧业劳动力数量基本都是2—3人，占75.36%（见表5-3），牧户的家庭人口数量与牧户的劳动力数量是两个非常相关的变量。由于草原牧区计划生育等政策的宽松和牧户受传统生育思想观念的束缚，牧区的家庭人口数量大多在5人及以上，多则达到9人，牧户呈现聚居的特征。从事畜牧业的劳动力方面，拥有2个劳动力的达到53.04%。这是由于草原牧区经济的发展和各种新技术不断优化完善，在一定程度上解放了草原牧区的劳动力。本次调研的地区为典型牧区，牧户均属于纯牧户或半牧户，牧户外出务工比重仅为14.34%，绝大多数牧户仍在草原其他行业从事相关活动。这表明草原牧区牧户总人数与家庭劳动力对牧户经营状况和利益联结机制的影响并不是主要的。

表5-2　　　　　　　　　牧户的家庭人口数量　　　　　单位：户、%

项目	家庭人口数					
	1人	2人	3人	4人	5人及以上	合计
牧户数	6	14	16	38	271	345
比重	1.74	4.06	4.64	11.01	78.55	100

注：根据牧户调查问卷相关数据整理汇总所得。

表 5 - 3 牧户的畜牧业劳动力数量 单位：户、%

项目	畜牧业劳动力数量					
	1 人	2 人	3 人	4 人	5 人及以上	合计
牧户数	64	183	77	17	4	345
比重	16. 20	53. 04	22. 32	4. 93	3. 51	100

注：根据牧户调查问卷相应数据整理汇总所得。

3. 牧户的生产规模

通过对牧户调查发现，草原牧区牧户从事畜牧业生产具有长期性和连续性，72.66%的牧户都有 15 年及以上的畜牧业养殖经验，这说明草原畜牧业是其主业，也是其收入的主要来源。但仅有 16.24%的牧户倾向于采用新技术和新方式，这表明草原牧区牧户经营的传统性。相比较新的方式或模式而言，草原牧区牧户更愿意相信自己的实际经验。

从表 5 - 4 可以看出，75.27%牧户的牧业收入占家庭总收入的比重在 75%以上，大部分地区基本都达到 90%以上，牧户的家庭草场面积平均为 700—1400 亩，这就为牧户从事草原畜牧业生产奠定了坚实的物质基础，同时畜产品出售比重在 50%以上的牧户占总牧户数的77.39%。随着草原牧区各种政策制度的不断完善，草原牧区劳动力从束缚中得到很大程度的解放，极大地调动了草原牧区牧户的生产积极性和热情。随着自身规模的不断扩大和受教育程度的提高，有些牧区的一些牧户开始专业化和规模化生产，而且也在探索各利益主体产业链的构建。这些数据表明，随着草原牧区经济发展水平逐渐提升，牧户为保证自身收益的持续性，更加注重对各方面信息的分析汇总和发挥自身资源等优势，从而做出相应的生产决策。

表 5 - 4 牧户的收入结构和畜产品出售结构 单位：户、%

项目	25%以下		25%—50%		50%—75%		75%以上	
	户数	比重	户数	比重	户数	比重	户数	比重
牧业收入占总收入的比重	10	2. 99	25	7. 25	50	14. 49	260	75. 27
畜产品出售比重	32	9. 28	46	13. 33	163	47. 25	104	30. 14

注：根据牧户调查问卷相关数据整理汇总所得。

4. 牧户的生产规模

市场本身具有信息不完全和不完善的特征。由于在市场上从事生产经营的主体间竞争非常激烈且是无序的，同时市场有效机制没有形成或充分发挥作用，这就导致信息等传递过程中会出现失真或发生扭曲的现象。因此，这就会导致草原牧区牧户要想掌握各方面信息，那将会付出大量的成本代价。

根据实际问卷调查可以看出，畜产品价格的波动较大时，牧户对于后期畜产品的市场行情就会处于"说不准"和"下降"的状态，82.61%和79.71%的牧户就会倾向于以市场为纽带松散的利益联结方式（见表5-5），这样就会大大降低牧户搜集相关信息的成本。

畜产品价格较为稳定时，牧户对于后期畜产品的市场行情持看好的状态，74.78%牧户就会倾向于与牧民合作社和畜牧龙头企业之间采取以合同为纽带的半紧密的利益联结方式。

当市场价格非常平稳时，牧户对于后期畜产品的市场行情持非常乐观的状态，62.61%牧户愿意加强与其他利益主体紧密的关系。因为这样牧户可以获得更大的收益，在一定程度上降低牧户搜集信息等方面的成本。

表5-5　　　　牧户对市场行情的认知与利益联结方式的关系　　单位：户、%

牧户对市场行情的认知		利益联结方式		
		松散型	半紧密型	紧密型
市场价格说不准时	牧户数	285	48	12
	比重	82.61	13.91	3.48
市场价格下降时	牧户数	275	67	3
	比重	79.71	19.42	0.87
市场价格稳定时	牧户数	40	258	47
	比重	11.60	74.78	13.62
市场价格上涨时	牧户数	20	109	216
	比重	5.80	31.59	62.61

注：根据牧户调查问卷相关数据整理汇总所得。松散型、半紧密型、紧密型指的是利益联结方式。

5. 牧户畜产品的销售渠道

销售渠道的选择对于保证牧户畜产品的销售和生产资料的供给具有至关重要的作用。根据问卷调查结果可以看出，80.87%牧户畜产品的购销渠道是批发市场和统一销售，其中38.26%为批发市场，42.61%为统一销售（见表5-6）。随着草原牧区畜牧业产业链发展的不断完善，草原牧区的基础设施建设不断得到发展，一大批畜产品批发交易市场逐渐发展起来，同时牧户通过与牧民合作社、龙头企业的紧密合作，根据其他相关主体传递的信息等安排自身的畜牧业生产，从而在很大程度上解决了牧户的"买难"和"卖难"问题，保证了销售的及时性和保证率。因此，销售渠道对于利益联结具有重要的影响作用，为草原畜牧业的持续发展和牧民增收奠定了基础。

表5-6　　　　　　　　　　牧户畜产品的销售渠道　　　　　　单位：户、%

项目	企业订单	连锁超市	批发市场	统一销售	其他
购销渠道牧户数	11	22	132	147	33
比重	3.19	6.38	38.26	42.61.	9.56

注：根据调查问卷相关数据整理汇总所得。

6. 牧户参与合作社或企业经营的缘由

从调查研究的结果来看，牧户参与合作社首先是为了保证自身收益，即经济合理性，其次是更能够保证牧户畜产品的及时销售，其他原因如获得各种服务支持以及得到政府资助等也是牧户参与的主要因素（见表5-7），而对于能够获得各种资助和辅助服务影响微乎其微。

表5-7　　　　　　　　牧户参与合作社或龙头企业的原因　　　　单位：户、%

项目	价格有保证	获得各种服务支持	得到政府资助	保证畜产品的销路	其他	合计
牧户数	159	20	10	122	34	345
比重	46.09	5.80	2.90	35.36	9.85	100

注：根据调查问卷相关数据整理汇总所得。

7. 牧户参与合作社或龙头企业经营的绩效

牧户参与牧民合作社、畜牧龙头企业的目的，就是保证自身收益。根据实地调查和访谈可以看出：最主要的原因是稳定或提高畜产品的销售价格，比重为45.51%；其次是有利于提高畜产品的质量，比重为34.78%（见表5-8）。随着草原畜牧业发展，畜产品彼此之间的差异性越来越小，要想获得更多收益首先要保证自身的质量，这就要求畜牧龙头企业和牧民合作社在草原畜牧业生产过程中加强与牧户的紧密合作，严格按照相关要求生产高标准的产品，才能保证自身经营持久性，并不断改善自身收益。

表5-8　　　　　　　牧户参与合作社或龙头企业的绩效　　　　单位：户、%

项目	降低生产成本	规避市场风险	稳定或提高销售价格	降低运输费用	提高产品质量	合计
牧户数	23	10	157	25	120	345
比重	9.56	2.90	45.51	7.25	34.78	100

注：根据调查问卷相关数据整理汇总所得。

（二）四大牧区合作社的现状分析

合作社是市场竞争中弱小生产者按照平等、自愿原则建立的互助组织，这是一种兼有企业和共同体双重性质的社会经济组织。合作社与成员之间并不是简单的市场交易关系，而是介于两者之间的产业组织关系。社员既是合作社的所有者或投资者，又是合作社的业务伙伴，这是合作社与其他经济组织的根本区别。目前我国的合作社总体发展水平较低，大多数依托个人、专业大户等组织创办，成员参与合作的积极性不高，参与程度普遍较低。一个结构合理、运行规范的合作社可以带给单个牧户所无法实现的功能，例如提高在市场中的话语权，提高谈判能力，降低市场风险和生产成本，保障产品的销路等，但是目前的合作社还没有达到这个效果。

通过对四大牧区合作社的实地访谈和问卷调查，了解到了合作社的建立基础、注册资金等基本情况，具体分析如下。

1. 合作社建立的基础

根据调查研究结果显示，草原牧区合作社建立的基础。主要体现在带头人的个人能力和亲戚朋友的关系，各占 39.56% 的比重；节约成本占 10.99%（见表 5 - 9）。这也说明合作社的成立的目的是大家形成合力，提高自己话语权和谈判权，从而获得最大的收益，当收益的增加幅度大于成本的增长幅度时，合作社及其成员都会得到自身的收益。同时可以看出，合作社建立的基础不是影响草原畜牧业产业链利益联结机制的重要因素。

表 5 - 9   合作社建立的基础   单位：户、%

项目	带头人的能力	亲戚朋友关系	抵抗市场风险的能力	信息获取能力	节约成本	合计
牧户数	36	36	7	2	10	91
比重	39.56	39.56	7.69	2.20	10.99	100

注：根据合作社调查问卷相关数据整理汇总所得。

2. 合作社的注册资金

根据调研问卷的结果，草原牧区牧民合作社成立的注册资金大多以 200 万元以下为主，占 60.44%（见表 5 - 10）。95% 以上的资金都是入社成员自筹，在合作社成立时均摊到入社社员身上，这就对合作社的经营状况起到了非常重要的作用，能够激起参与合作社社员的积极性。但总体上合作社的规模较小且带动牧户的数量都较少，少则十几户，多则上百户，这都在一定程度上限制了牧民的增收和草原畜牧业的发展。

表 5 - 10   合作社的注册资金   单位：户、%

项目	200 万元以下	200 万—500 万元以下	500 万—5000 万元以下	5000 万元—1 亿元	1 亿元以上	合计
牧户数	55	32	4	0	0	91
比重	60.44	35.16	4.4	0	0	100

注：根据合作社调查问卷相关数据整理汇总所得。

3. 合作社建立的规范性

从实地调研统计结果看，四大牧区合作社的成立 79.12% 以上都是由牧户亲戚邻里、能人带头成立的。83.52%的牧户都要出资（见表5－11），在此过程中政府仅仅起到技术指导、政策监督等辅助作用。87.91%的合作社都会成立合作社理事会，81.32%理事会的成员都是由牧户大会一人一票制选举产生，以此保证合作社运行以及利益分配的公平性，只有利益分配透明化，才能做到和牧户具有紧密的利益联结关系。同时，有理事会的合作社都会有监事会，以保证理事会正常行使职权，但由于草原牧区合作社的负责人大多都是牧户出身，自身的文化程度不高，还存在组织制度不健全、规章制度执行不力以及利益分配不均的问题。总体看来，合作社作为新兴的经营主体，尚处于不断发展完善之中。

表5－11　　　　　　　　　　合作社建立的规范性　　　　　　　单位：户、%

项目	是		否	
	数量	比重	数量	比重
社员加入合作社是否出资	76	83.52	15	16.48
合作社是否有理事会	80	87.91	11	12.09
合作社是否有监事会	80	87.91	11	12.09
理事会成员是否由社员代表选举	74	81.32	17	18.68

注：根据合作社调查问卷相关数据整理汇总所得。

4. 合作社畜产品的销售渠道

畜产品的销售渠道不仅关系到合作社经营的好坏，而且还关系牧民的生计和草原牧区生活的稳定，从实际调查研究结果可以看出，合作社的销售渠道主要是批发市场和统一销售分别占37.36%和32.97%，企业订单只有16.48%（见表5－12）。这说明合作社和企业之间没有很好的合作关系，草原牧区合作社和企业之间紧密的利益联结机制亟待建立，从而保证草原畜产品的顺利销售，最大限度地降低合作社畜产品经营费用等成本，从而实现自身利益的最大化。

表5－12　　　　　　　　　合作社畜产品的销售渠道　　　　　　单位：家、%

项目	企业订单	连锁超市	批发市场	统一销售	其他
合作社数量	15	5	34	30	7
比重	16.48	5.49	37.36	32.97	7.70

注：根据合作社调查问卷数据整理汇总所得。

5. 合作社畜产品的物流方式

畜产品的物流方式对于畜产品的销售具有重要影响，由于畜种养殖的周期性较长，且畜产品的价格价格变动较快，物流方式的及时性对于合作社经营状况的好坏具有重要影响。从问卷调查结果来看，合作社的物流方式都多以第三方物流为主，占50.55%；由自营物流的合作社仅占8.79%（见表5-13）。这说明当前合作社的发展处于起步阶段，发展规模较小，与牧户、合作社的利益联结程度不够，在一定程度上制约了合作社的经营状况的好坏和牧民增收。

表5-13　　　　　　　　　合作社畜产品的物流方式　　　　　　　单位：家、%

项目	自营物流	对方物流	第三方物流	其他
合作社数量	8	5	46	32
比重	8.79	5.49	50.55	35.16

注：根据合作社调查问卷相关数据整理汇总所得。

6. 合作社信息来源渠道

信息具有不完全和不对称的特征。信息不完全使合作社由于所掌握的信息不全面而导致决策的失败。信息的不对称会导致合作社在畜产品生产资料及销售方面处于劣势地位。从统计调查结果来看，合作社的信息来源主要是面谈和电话两种途径，分别占23.08%和41.76%，使用电邮和网上交易平台的信息仅为10.99%（见表5-14），这与实地调查结果一致。这主要还要归结于合作社负责人文化程度偏低以及思想观念的陈旧。大多数合作社负责人只相信"眼见为实"的传统想法，认为通过网上得到的消息大多都不是真的，从而错过较好的交易机会，有时间会出现供求双方"一方有需求，另一方无信息"的情况，从而也说明信息来源的渠道对于产业链主体之间利益联结机制的重要性。

表5-14　　　　　　　　　合作社信息来源渠道　　　　　　　　单位：家、%

项目	面谈	电话或传真	电邮或网上交易平台	参考资料	其他
合作社数量	21	38	10	15	7
比重	23.08	41.76	10.99	16.48	7.69

注：根据合作社调查问卷数据整理汇总所得。

7. 合作社现有合作方式

产业链各主体之间合作方式的不断完善和提升，对于草原畜牧业产业链的利益联结机制的构建具有十分重要的作用。合作方式的不断提升，一方面说明各主体之间的信任程度加深，另一方面说明彼此之间的利益分配处于比较合理的范围。从问卷调查结果来看，合作社与牧户、龙头企业的合作方式主要以口头协议和短期合同或契约为主的占79.12%，其中口头协议占57.14%，短期合同或契约占21.98%（见表5-15）。根据调查情况得知，牧户和合作社之间主要以口头协议为主，龙头企业与合作社都是短期合同或契约，因为龙头企业对产品的质量、技术等方面具有严格的要求，所以企业一般都采用短期合同，从而对合作社形成一定的约束机制。

表 5-15　　　　　　　　　　合作方式　　　　　　　　　单位：家、%

项目	口头协议	短期合同或契约	长期合同或契约	年度订单	彼此紧密合作
合作社数量	52	20	15	2	2
比重	57.14	21.98	16.48	2.20	2.20

注：根据调查问卷相关数据整理汇总所得。

（三）四大牧区畜牧龙头企业的现状分析

加工企业是转化畜牧产品、大幅度增加畜牧业产品附加值的有效组织形式，在畜牧业产业链的建设与发展中具有举足轻重的地位。第一，加工企业可以加快畜牧产品的转化，提高附加价值，增加牧民收入；第二，加工企业可以推动畜牧产品的标准化生产；第三，加工企业可以转移牧区剩余劳动力，提高牧民的整体素质；第四，可以协调城乡发展，加工企业既不能脱离农村牧区，也不能离开城镇，因此不仅能活跃城市经济，还能促进牧区的发展，二者具有相互促进作用。

2014年，内蒙古农畜产品龙头企业1790家（500万元以上），其中国家级38家，区级556家（见表5-16）。龙头企业上市公司达到12家。实现产值3847亿元，增长10.7%；实现销售收入3780亿元，增长9.4%；实现增加值1126亿元，增长9%，带动农牧户数达到213.4万户；实际上缴税金100.4亿元，增长8.2%（内蒙古农牧业厅，2015）。

新疆产业化经营组织共有 9300 家，企业固定资产规模达到 1153 亿元。区级以上龙头企业 390 家（其中国家级 33 家），订单带动农牧户达 150 万户，年经营收入达 708.90 亿元，净利润达 32.9 亿元。年经营收入在 1 亿元以上的达到 223 家企业，年经营收入在 10 亿元以上的有 23 家企业（新疆维吾尔自治区畜牧厅，2015）。

青海畜牧龙头企业共 394 家，省级以上 93 家（其中国家级 17 家），年经营收入 60 多亿元，带动周围农牧户达 50.9 万户（青海省农牧厅，2015）。

甘肃省畜牧加工企业共 771 家，其中国家级的畜牧龙头企业 9 家，省级 84 家，市级的龙头企业达到 152 家，企业的固定资产规模达 140.60 亿元，实现年经营收入达 325.33 亿元，净利润 93.79 亿元，辐射带动牧户 50 万户（甘肃省农牧厅，2015）。

表 5-16   四大牧区畜牧龙头企业情况

项目	内蒙古	新疆	青海	甘肃
畜牧龙头企业总数（家）	1790	9300	394	771
其中：国家级（家）	38	33	17	9
省区级（家）	556	357	76	84
带动牧户数量（万户）	213.4	150.0	50.9	50.0
实现销售收入（亿元）	3780.00	708.90	60.00	325.33

注：根据四大牧区经济社会发展公报相关数据整理汇总所得。

通过以上数据可以看出，四大牧区畜牧龙头企业近年来得到了一定程度的迅猛发展，但龙头企业的规模小且辐射带动能力较小，同时还存在地方政府部门扭曲的政绩观，导致畜牧龙头企业发展存在各种问题和矛盾，这都在一定程度上制约了产业链各利益主体利益联结的构建和草原畜牧业产业链的有效运行。

第三节 草原畜牧业产业链建设对牧民增收的重要性和可行性

促进牧民增收不仅是"三牧"问题的核心，也是统筹城乡、区域和民族之间和谐发展的重要环节。我国草原牧区牧民收入问题在表象上看是牧民收入增长缓慢、城乡差距日渐扩大的问题，但其在本质上却是牧户盈利模式的困境。在工业产业链与农业产业链逐渐融合的前提下，牧民逐渐被甩在了产业链的末端，成为被工业化忽略的群体，被排挤到了社会经济大循环中的边缘地带。在此背景下，将畜牧业产业链建设作为生产经营体制创新的突破口，将建立市场化取向的规模化、专业化、标准化的草原畜牧业产业链运行机制作为解决牧民增收问题的出发点和着力点，对于解决牧业收入增长乏力、牧民生产动力不足、要素配置效率不高、集约经营水平低下、牧民合作组织松散等现实困扰问题，将具有重要的现实意义。

一　草原畜牧业产业链建设对牧民增收的重要性

从产业链的角度出发，加强草原畜牧业产业链的建设，是提高牧民收入的重要途径。

（一）草原畜牧业产业链建设可以提高草原畜牧业的产业化水平

甘南州作为一个以草原畜牧业为主的大州，近几年草原畜牧业取得了长足的发展，饲草料加工、养殖、畜产品加工等各项技术取得了较大突破，畜产品的品质也是逐年提高。但是草原畜牧业具有农业生产中最明显的弱质性特点，即依赖自然气候和市场，同时自然灾害难以避免，市场风险时时存在，加上人们生活水平提高，对肉类、奶类的消费需求增加，尤其是品质要求随之提高，这与畜产品及其生产资源有限的矛盾日益突出，草原畜牧业畜产品与传统畜牧业畜产品，以及其他农业经济作物相比，竞争力明显不足。

甘南州应更快更好地进行草原畜牧业产业链建设，充分发挥产业链管理优势，提高草原畜牧业产业运作的效率与效益，促进草原畜牧业产业的健康有序发展。组织饲草料加工和畜产品生产的专业化、规模化、产业化，解决州内牧民自古以来靠天吃饭、按户生产的小农经济局面；加大开放步伐，努力引进外资，组建一批技术水平高、生产能力强的饲草料加工及畜产品加工企业，带动饲草料加工产业及畜产品加工产业规模化生产，稳定市场；减少企业与牧户、市场各方信息不对称造成的损失，精简生产到消费过程的中间环节，降低产业链运行成本，提高产业链效率，增加牧户的养殖效益，促进牧民增收。

（二）加快草原畜牧业产业链的发展可以促进牧民增收

对比国内畜牧业发达地区，我们可以发现，地区畜牧业产业链建设得越好，牧民收入相对也越高。在四大牧区里，草原畜牧业产业发展最好的当属内蒙古。据内蒙古农牧业产业化龙头企业协会公布的数据，到2013年2月，内蒙古获农业部认证的国家级重点龙头企业就有38个，省（区、直辖市）级556个，产业龙头实力雄居四大牧区之首，对农牧民增收的带动作用不容小觑。全区农牧民人均纯收入8596元，是甘南州的2.10倍。乌海市、包头市、鄂尔多斯市更是分别以14062元、12801元和12800元位居内蒙古自治区前三位，远超2013年全国人均水平8896元（《内蒙古统计年鉴（2014）》）。

内蒙古为了推进草原畜牧业产业链的发展，促进牧民增收，打造规范化、规模化的草原畜牧业产业链，引导并帮扶养殖能力强的牧户向养殖专业大户、养殖专业合作社等形式转变，发展"企业＋牧户""企业＋基地""企业＋专业合作社"等生产组织模式，有效地提升了中小规模牧户的组织化程度，推进了牧区草场的流转，整合了草原畜牧业生产资料，使其更规范更有效率。全区有牛肉大县（年产3000吨以上）53个，羊肉大县（年产3000吨以上）73个，奶类生产大县（年产万吨以上）72个，禽蛋大县（年产过2000吨）39个，产绒大县（年产量50吨以上）32个。全区有超过3.5万个生态家庭牧场，生猪规模化养殖率达42.9%、奶牛规模化养殖率达52.9%、肉牛规模化养殖率达39.6%、肉羊规模化养殖率达55.9%、肉鸡的规模化养殖率达73.6%，蛋鸡规模化养殖率更是高达93.5%，创造了连续9年实现保持年牲畜存栏量超过1亿头的稳产态势，肉品年生产能力240万吨、奶品年生产能力达900万吨、绒毛年生产能力达12万吨、蛋类年生产能力达50万吨。产量在全国最大的有牛奶、细（山）毛绒、羊肉四类产品。畜牧业产值占到全自治区第一产业产值的45.9%，总产值超过1123亿元（《内蒙古统计年鉴（2014）》），在四大牧区的畜牧业综合生产能力排序中遥遥领先，稳居榜首。

对比内蒙古自治区畜牧业的发展程度，甘南州还有很长的路要走。坚持抓住草原畜牧业产业链建设这一方向不放手，增加配套设施建设，合理配置资源，对牧民的增收乃至于整个地区经济的发展具有重大意义。

二　草原畜牧业产业链建设对牧民增收的可行性

破解牧民收入低、增收难问题的一个基本思路，就是要加快打造完整的草原畜牧业产业链，使广大牧民更多分享激活现代生产要素、产业链建设所带来的更高附加值。如前所述，草场与牧户、加工企业、经销商、专业合作组织及服务机构是构成草原畜牧业整个产业链条的基本节点，通过加强各节点组织的建设及其协调运行是促进牧民增收的新途径，从而使牧民分享更多收益，最终促进牧民增收。

（一）加强草场的流转和保护，促进牧民增收

草原是畜牧业生产的基础，也是牧民的基本生活保障。草场流转和保护不仅是改善草原生态的重要举措，而且有利于畜牧业的产业化、规模化经营，拓宽了草原畜牧业产业链的宽度，即通过草场流转可以使租出牧户获得一定的转让或租赁费，使租入牧户草场面积的增加，通过规模效应增加收入，同时草场的流转也可以转移部分牧民到其他行业，增加工资性收入。基于此，应做好两方面的工作：一是把草原生态恢复和保护与人工草场种植有机结合，逐步改善牧区草原退化等问题；积极实行禁牧、轮牧和休牧政策，积极推进围栏封育，推广暖棚、舍饲半舍饲等养殖方式，优化牲畜的畜种结构，促进规模化养殖；促进草原牧区的饲养方式由天然放牧逐步转变为以围栏舍饲半舍饲为主，天然放牧为辅的产业链方向发展。二是把草场流转制度纳入到畜牧业产业链的建设中来，积极推动草场的有序流转和规模化经营，草场的流转可以借鉴现在农村宅基地流转的有关政策，赋予牧民草地的使用和流转自主权，积极探索草场租赁、置换、入股等利益分配方式，促进畜牧业的专业化、规模化生产，健全草场流转制度，改变传统生产方式，通过拓宽草原畜牧业产业链的宽度来促进草原畜牧业产业链的建设。

（二）推动牧户的规模化养殖，促进牧民增收

牧户是草原畜牧业产业链上的一个重要节点，推动牧民规模化养殖对草原畜牧业产业链的建设具有重要的辅助作用。具体措施包括：一是加大对牧民的宣传，提高牧民的市场化意识，改变传统畜牧业生产观念，推动牧民规模化养殖。据统计，截至2013年6月，甘肃的标准化规模养殖场（小区）为7472个，其中牛和羊养殖场（小区）为3626个（吴晓燕，鲁明，2013），规模化养殖达到40%，标准化规模养殖场（小区）的建立，对推进畜牧业产业链的建设具有重要的作用。二是将

牧民的规模化养殖与牧区城镇化、工业化进程紧密结合，积极引导牧民向企业、草原旅游业、畜产品加工业等转移，把草原牧区变为草原特色风景区，使牧民转变为产业工人，通过牧民的转产转业既可拓展牧区就业渠道增加牧民收入，又可拓展畜牧业的发展空间，促进草原畜牧业产业链的建设。

（三）培育壮大畜牧产品龙头企业，促进牧民增收

畜产品龙头企业在畜牧业产业链中具有至关重要的地位，畜产品龙头企业的不断壮大，能够使草原畜牧业产业链不断得到优化和延伸。为此，我们建议：一是在保持和完善牧区基本制度基础上，政府部门应积极制定针对牧区的招商引资政策和培育壮大龙头企业的优惠政策，加强对龙头企业、牧户、合作社等利益的协调，以促进畜牧业产业链的建设和牧民增收；二是要通过优化畜产品的产出结构，促进畜牧业龙头企业竞争力的提升和产出布局的优化。目前甘肃畜产品加工能力占生产总量比重仅为2%—3%，说明畜牧业的增效空间巨大；三是加强龙头企业的技术研发和创新能力，提高畜产品深加工的能力，使畜产品质量得到优化，拓展产业链的长度，最终通过股份制、转让、兼并和租赁等形式，促进龙头企业向集团化、专业化的方向发展。

（四）积极发展畜牧业合作社组织，促进牧民增收

畜牧业合作社作为畜牧业新型经营单位和联系牧民和企业的纽带，其贯穿了畜牧业产业链的全过程。因此，要大力发展畜牧业专业合作社，积极采取签订合同契约、保底价收购、入股分红等利益分配方式，引导龙头企业、牧民、专业合作社建立利益分配约束制度，以达到龙头企业、专业合作社、牧民共赢的局面，同时可以推动畜牧业的生产和畜种结构的调整，让牧民更多地分享加工、流通等畜牧业产业链环节的利润。通过"企业＋合作社＋牧户""企业＋合作社＋基地＋牧户"等多种经营形式，增强畜牧业专业合作社的组织化水平，转变畜牧业现有经营方式，促进草原畜牧业产业链的协调运行，最终促进牧民增收。

（五）完善畜牧业相关服务体系，促进牧民增收

畜牧业的相关服务贯穿整个畜牧业产业链的全过程，畜牧业相关服务体系的不断完善，能够保证草原畜牧业产业链的更好运行，从而促进草原畜牧业产业链运行环境的不断优化，因此在畜牧业产业链建设过程中要注重各个节点的相关服务体系的建设。加强牲畜品种改良、饲料的

高效率利用、牲畜暖棚养殖、牲畜养殖废物处理、市场流通和销售网络等服务，以牧民增收为根本，积极推进专业技术人员培训，从而促进畜牧业产业链的建设。

第六章　草原畜牧业产业链与牧民收入的量化关系

不同种类畜牧业产业链的协调水平对牧民收入的增加影响程度必然不同，作为本书研究的核心，拟以四大典型牧区为研究样本，分别比较研究草原畜牧业产业链的运行要素对牧民收入的影响和草原畜牧业产业价值链的协调性，以寻求加强草原畜牧业产业链建设使牧民增收的途径。

第一节　草原畜牧业产业链运行要素分析

一　草原畜牧业产业链运行要素的界定

现有文献中对于运行要素这一概念应用较少，王朝辉、叶祥松（2013）将运行要素解读为构成要素，即农产品流通体系的运行是该体系的各个组成部分支持的，其构成要素即为运行要素。杨萌（2014）从系统工程"输入—转换—输出"的运行模式角度出发，将城市物流系统的构成要素与运行要素区别开，将运行要素定义为辅助物流系统运行的物流设备和技术。畜牧业产业链也可以看成是一个系统，畜牧业产业链运行要素可以理解成为产业链运行提供支持的诸多要素，如畜牧业养殖、销售等各环节其支持作用的各要素，但由于其系统中主体众多，且各牧区主体发展情况差异比较大，对牧民收入的影响不能忽略，故本书将草原畜牧业产业链运行要素定义为草原畜牧业产业链的运行不可缺少的要素，包括运行主体和运行环境，即草原畜牧业产业链运行主体和其他为产业链运行起支持或促进作用的运行环境。由于运行环境较复杂，根据与产业链关联度的密切程度将运行环境进一步分为产业链内部运行环境和产业链外部运行环境。因此本书草原畜牧业产业链运行要素主要分为三大类：畜牧业产业链运行主体，畜牧业产业链内部运行环境和畜牧业产业链外部运行环境。通过对相关文献的查阅、对其他研究成果的借鉴，以及对实地调研结果的考量，本书对比较宽泛的三大类运行要素进行了细分。因为研究目的是分析产业链运行要素对牧民收入的影响，所以研究倾向于关注对牧民收入有直接影响的各项要素。

二　产业链运行的主体要素

(一)　产业链运行主体的确定

如图 5 - 3 所示，草原畜牧业产业链包括的环节有：生产资料的供给、育种养殖、畜产品屠宰与加工及畜产品销售。生产资料的供给指的是养殖所需的饲草料供应，但是饲草料供给环节没有单独的完成者，饲草料产业本身形成一条产业链，牧民所需的饲草料一般通过市场购买获得；育种养殖环节分为自繁自育和专门育肥两种方式，自繁自育方式中育种和养殖大多由牧户全部完成，生产成本相对较低，更有利于牧民增收，故将育种与养殖放入同一环节；畜产品的加工环节包括牲畜的屠宰和肉类的进一步加工，由畜牧业龙头企业完成；畜产品的销售环节一般为龙头企业执行，没有单独的畜牧产品经销商。随着畜牧业产业化、规模化的发展，畜牧业专业合作社作为联系企业和牧户之间的桥梁和纽带得到了迅速的发展，其促进产业链各主体紧密联合的作用也越来越明显。因此，草原畜牧业产业链的运行主体提炼为：牧户、合作社和龙头企业，它们构成产业链运行的重要节点，其发展情况对于产业链运行具有非常大的影响。

(二)　产业链运行主体要素的细分

调研发现四大牧区的产业链运行主体的发展程度相差较大，无论是基本素质、规模或其他方面都存在一定的差异。本书旨在研究产业链运行要素对牧民收入的影响，因此对运行主体现状要素的细分会侧重于牧民这一主体的发展现状。文明等（2016）分析草原畜牧业经营主体现状时侧重于牧户的规模、家庭经营活动所需的大型器械等固定资产，合作社或龙头企业的数量、规模及带动周围牧民数量。宋启良（2014）主要从数量、素质、辐射带动能力三方面阐述草原畜牧业经营主体的发展现状。孙筱（2015）对草原畜牧业产业链构成主体的相关因素提取中，对牧民劳动投入、牧民文化程度，合作社注册资金、合作社销售额等因素较为重视。但前人研究中对主体的基本情况较为关注，对主体的经营状况，特别是牧民的经营状况关注较少。牧民经营状况与牧民收入息息相关，牧民经营过程中的每个小环节都会影响整个养殖过程的效率。因此，本书将运行主体要素细分为两部分：第一部分为主体基本情况，主要包括牧民受教育程度、家庭牧业从业人数占比、牧民参与的合作社或龙头企业的规模；第二部分为主体经营状况，主要包括畜种来源、养殖规模、牲畜病死率以及牧民参与合作社或龙头企业的盈利情况见表6-1。

表6-1 产业链运行主体要素的细分

一级指标	二级指标	三级指标
产业链运行主体	主体基本情况	牧户受教育程度
		家庭牧业从业人数占比
		参与的合作社或龙头企业规模
	主体经营状况	畜种来源
		养殖规模
		牲畜病死率
		合作社或龙头企业盈利情况

三 产业链内部运行环境要素

学者对于产业链运行影响因素的研究较为丰富。王凯、韩纪琴（2002）从产业链管理角度分析，将产业链分为价值链、组织链、信息链、物流链四部分，认为影响产业链运行的主要因素为价值增值、组织合作、信息沟通和物流系统。高水练等（2014）在对茶叶产业链运行绩效的研究中认为产业链运行的影响因素主要有六个方面：沟通因素、关系因素、质量因素、管理因素、政策环境因素、技术因素。因素提炼的逻辑性较差，但其中强调了主体间合作关系有利于产业链的高效运行。李偲婕等（2014）在对有机蔬菜产业链运行绩效的研究中，从产业链环境和产业链环节两方面对影响因素进行划分，由于每个环节存在某些相同的影响因素，因此按产业链环节进行划分较为混乱。

通过对前人研究成果的借鉴和实地调查研究，本书认为产业链的运行依赖于各大主体及其相互间的往来关系。产业链内部运行环境指的是产业链主体间对产业链运行起支持作用的内部往来关系。三大主体间的关系基本表现在三个方面，首先是表象的畜产品的流通，其次是实质的利益的分配，最后是在不断往来中建立的长期的合作关系。将产业链内部运行环境要素细分为三部分：主体间产品流通、主体间利益分配和主体间合作关系。

主体间产品流通是草原畜牧业产业链中产品的空间转移。曹利群（2009）提出整个流通体系以买卖双方为流通主体，以畜产品为流通客体，以流通渠道和流通方式为流通载体，流通载体对于产品流通的效率具有重大作用。畜产品在主体间的流通包括活体的运输和半成品、产成品的运输，活体占据空间大，半成品或产成品对保鲜、冷藏等要求较高，造成物流成本比较大。物流方式究竟选择自建还是第三方外包，需考量自身资金实力和安全高效性。不可忽视的是，产品流通的前提是信息流的存在，所以信息流与物流是产品流通的必要条件。唐柳（2007）在对西藏农畜产品流通的研究中认为，主体间信息传递渠道不畅和信息处理手段落后严重影响了当地畜产品流通市场的扩张。因此，主体间产品流通这一要素主要包括销售渠道、物流方式和信息来源三个方面。

主体间利益分配是草原畜牧业产业链中实质的价值增值与分配过程。利益分配方式的合理对于产业链的稳定至关重要，产业链运行主体对利益分配的不满情绪会促使其采取行动改变现状，为自身争取更大利益。因此，选取利益分配方式和近三年利益分配评价来作为主体间利益分配这一要素的具体指标。

主体间合作关系是草原畜牧业产业链运行主体在长期的产品流通和利益分配的过程中形成的紧密的关系。李随成、张哲（2007）在对供应链合作关系水平进行研究时得出结论：供应链合作关系水平的提升有利于提高供应链绩效。草原畜牧业产业链运行主体间的合作关系对于产业链的高效运行同样重要。田露、张越杰（2010）运用结构方程证实，产业链主体的合作意愿、组织强度、合作能力直接影响产业链的运行效率。产业链运行主体间的合作方式反映出由牧民、合作社以及龙头企业构成的产业链组织的紧密性，如果稳定性和紧密性不强，可能会造成主体间合作效率的下降，影响整个产业链的运行。主体对于合作关系的认知有益于引导完善进一步的合作。只有合作意愿较强的产业链主体才会努力维系彼此间的合作关系，使各环节衔接更稳定，提升整个产业链的运行效率。因此，主体间合作关系这一要素中选取合作形式和合作关系认知评价为具体指标.

产业链内部运行环境对产业链的正常运行起支持作用,产业链运行主体间的往来关系的紧密性与稳定性对产业链的高效运行起促进作用。研究产业链内部运行环境要素对牧民收入的影响有利于从产业链优化的角度促进牧民增收,产业链内部运行环境要素细分如表6-2所示。

表6-2 产业链内部运行环境要素的细分

一级指标	二级指标	三级指标
产业链内部运行环境	主体间产品流通	信息来源
		销售渠道
		物流方式
	主体间利益分配	利益分配方式
		近三年利益分配评价
	主体间合作关系	现有合作形式
		合作关系认知评价

四 产业链外部运行环境要素

产业链的运行不仅受内部环境的影响,也受外部国内大环境的影响,也就是平时所说的宏观环境。李偲婕等(2014)在对有机蔬菜产业链运行绩效的研究中,选取了政策环境因素、市场环境因素和社会环境因素为产业链环境要素。管理学上对于企业外部宏观环境通常采用PEST模型进行分析,即政策环境、经济环境、科技环境、社会环境。后期也有研究者对该模型进行补充,将生态因素、法律因素等纳入。生态因素对草原畜牧业具有一定的影响作用,但草原生态破坏程度难以量化,故此处不再考虑生态因素,仅用政策、经济、技术、社会四大环境来作为产业链外部运行环境要素。

政策环境要素方面,国家近几年对于畜牧业出台了多项利好政策,对于整个畜牧业产业链的运行给予了很大扶持,而且加大了对牧户的补贴力度,对牧民收入产生直接影响,所以采用牧户获得的补贴数额作为具体指标;经济环境要素方面,畜产品生产者价格指数是反映一个时期内畜产品生产者出售农产品价格水平变动趋势及幅度的相对数,一定程度上可以客观反映出畜牧农产品的销售末端的变化,对于畜牧业产业链运行可以产生积极或消极的影响，对牧民收入也起到间接影响作用；农产品生产资料价格指数可以反映牧民养殖所需的各项生产资料的价格变动，对牧民收入造成逆向影响，所以采用畜产品生产者价格指数与农产品生产资料价格指数作为经济环境要素的具体指标；技术环境要素方面，引进优良畜种可以使养殖效率大大提升，推动整个产业链的运行速度，且可以减少牧民的养殖周期，有利于提高牧民收入，所以技术环境要素以引进优良畜种的数量作为指标；社会环境要素方面，四大牧区均分布在少数民族聚居的地区，从事畜牧养殖的牧户也以少数民族为主，故以民族作为社会环境要素的具体指标。

四大方面较为全面地概括了草原畜牧业产业链运行所面临的外部环境，具体指标细分汇总如表6-3所示。

表6-3　　　　　　　　　产业链外部运行环境要素细分

一级指标	二级指标	三级指标
产业链外部运行环境	政策环境	牧民人均年补贴性收入
	经济环境	畜产品生产者价格指数
		农业生产资料价格指数
	技术环境	引进优良畜种数量
	社会环境	民族

五　草原畜牧业产业链运行要素差异

（一）产业链运行主体方面

内蒙古、新疆、青海、甘肃是我国草原畜牧业发展的主要区域，各牧区草原畜牧业产业链都在积极地建设与完善中，但目前产业链三大运行主体发展程度差异较大。首先是各牧区的产业链运行主体的数量存在一定差异。

如图6-1、图6-2、图6-3所示，可明显地看出，内蒙古锡林郭勒盟的草原畜牧业产业链运行主体在数量上占据非常大的优势，牧民数量庞大为草原畜牧业产业链的大力发展带来可能，牧民合作社和龙头企业的数量众多给草原畜牧业产业链的整合优化提供渠道。

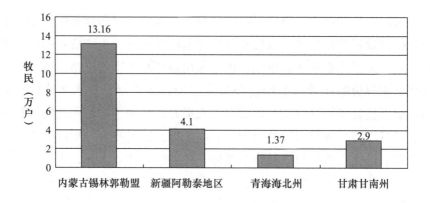

图 6-1　四大牧区牧民数量对比

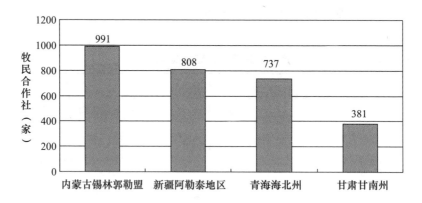

图 6-2　四大牧区牧民合作社数量对比

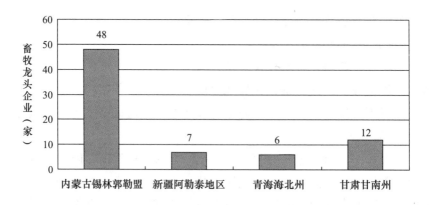

图 6-3　四大牧区龙头企业数量对比

不同地区牧民的畜种来源也存在一定差异。畜种来源主要分为三种：自繁自育、市场购买、合作社或订单企业提供。新疆阿勒泰地区的牧民采用自繁自育模式的较多，约占50.43%。内蒙古锡林郭勒盟的牧民大部分专门从事牲畜育肥，锡林郭勒盟的牧民合作社和畜牧龙头企业与牧民的合作较多，有约占35.38%的牧民畜种来源于存在合作关系的牧民合作社或畜牧龙头企业。甘肃甘南州牧民的畜种仅有约10%来源于牧民合作社或龙头企业，更多的是来自于市场购买，这造成了牧民从事畜牧业的家庭经营性活动中生产成本高，不利于牧民进一步增收。青海海北州的牧民合作社数量并不少，但牧民以自繁自育获取畜种的占46.03%，合作社或龙头企业提供的畜种仅占15.87%（见表6－4），说明合作社与牧民之间的合作紧密性较差，牧民合作社在当地畜牧业发展中发挥的作用不够。

表6－4　　　　　　　　　四大牧区牧民畜种来源差异对比　　　　　　　　单位:%

畜种来源	内蒙古锡林郭勒盟	新疆阿勒泰地区	青海海北州	甘肃甘南州
自繁自育	33.85	50.43	46.03	35
市场购买	30.77	30.43	38.10	55
合作社或订单企业	35.38	19.13	15.87	10

注：根据调研资料整理而得。

（二）产业链内部运行环境方面

通过实地调研发现，四大牧区的产业链内部运行环境中，首先是销售渠道的差异（见表6－5）。四大牧区都存在上门收购的情况，而且因为牧民可节省时间成本与运输成本，不少牧民选择上门收购的销售渠道。内蒙古锡林郭勒盟的牧民合作社与畜牧龙头企业与牧民的合作较多，有29.23%的牧民选择由合作社进行统一销售，有23.08%的牧民与畜牧龙头企业签订了订单，直接销往龙头企业。新疆阿勒泰地区的畜牧龙头企业发展情况较弱，牧民的主要销售渠道是合作社统一销售。青海海北州以上门收购和合作社统一销售两种销售渠道为主，市场状态良好时，上门收购的收购商给出的收购价格较高，可以给牧民带来短期的盈利，但销售渠道不稳定，牛羊肉市场价格走低时对牧民收入缺少保护性措施，不利于牧民的长期增收。甘肃甘南州的牧民选择上门收购和批发市场这两种销售渠道的比重达到65%，可以看出，当地牧民主要还是自行销售为主，草原畜牧业产业链的三大运行主体间合作不紧密。

表6-5　　　　　　　　　　四大牧区销售渠道差异对比　　　　　　单位:%

销售渠道	内蒙古锡林郭勒盟	新疆阿勒泰地区	青海海北州	甘肃甘南州
上门收购	29.23	35.65	38.10	45
批发市场	18.46	15.65	19.05	20
合作社统一销售	29.23	42.61	34.92	30
企业订单	23.08	6.09	7.94	5

注：根据调研资料整理而得。

四大牧区的牧民合作社与畜牧龙头企业的发展状况差距较大，合作社或龙头企业与牧民之间的利益分配方式也存在一定差异。在畜牧业产业链较发达的内蒙古锡林郭勒盟和新疆阿勒泰地区，主要以按交易量分配为主，少数合作社和龙头企业存在二次分红情况；除了按交易量分配的利益分配方式以外，股利分配的利益分配方式所占比重相对于其他牧区而言较多，为13%左右。青海海北州与甘肃甘南州两大牧区的大多数牧民合作社和畜牧龙头企业在与牧户的合作中倾向于按交易量进行分红，甘肃甘南州普遍存在二次分红情况。由于养殖周期长，考虑时间成本情况下的牧民收益处于较低水平。二次分红是对合作社或龙头企业所获利润的进一步分配，对于牧民增收起到一定的促进作用。

四大牧区牧民与牧民合作社或龙头企业合作关系差异较大。据调查问卷统计：内蒙古锡林郭勒盟的牧民对合作关系的满意度最高，约为94%；其次是新疆阿勒泰地区，约为89%；然后是甘肃甘南州，约为75%；最后为青海海北州，约为74%。牧民对彼此间合作关系的满意程度在一定程度上反映了草原畜牧业产业链三大运行主体间互相合作的方式、频率以及紧密性，松散的合作关系不利于草原畜牧业产业链的运行与优化。

（三）产业链外部运行环境方面

内蒙古、新疆、青海、甘肃四大牧区的草原畜牧业产业链外部运行环境中存在差异的主要是经济环境。国家对于牧民的各项补贴优惠政策对于四大牧区均适用，从国家政策方面上看，四大牧区草原畜牧业产业链运行的政策环境是一样的，但各牧区资源禀赋不同，发展现状不同，影响了最终牧民的补贴性收入。尤其是国家对于草原补贴的力度非常大，对于标准化规模生产给予大力支持，但各牧区因草场面积不同，规模化生产的能力不同，影响获取国家补贴的数额。畜牧养殖技术水平对于当地畜牧业发展有非常大的作用，优良的畜种可以大大提高养殖效率，提高牧民收入。内蒙古、新疆、青海、甘肃四大牧区的畜牧养殖技术，特别是从优良畜种的引进量占比上看，虽然存在一定差距，但差距并不是很大。

　　除了国家经济环境的变动，草原畜牧业产业链运行的经济环境更易受本地市场现状的影响，各牧区牛羊肉市场价格的变动存在差异。从表6-6中可以看出，内蒙古锡林郭勒盟与新疆阿勒泰地区的畜产品生产者价格都处于增长状态，农业生产资料价格指数走低，这意味着牧民销售收入的增加和生产成本的降低，对于牧民增收有促进作用；而青海海北州的畜产品生产者价格与农业生产资料价格都走高，且生产资料价格增幅较大，这就造成当地牧民生产成本增高，利润空间减少；甘肃甘南州的畜产品生产者价格和农业生产资料价格都有所降低，但畜产品收购价格降幅较大，使得牧民销售收入减少，利润空间更小。

表6-6　　　　　　　　　　四大牧区经济环境差异对比

经济指标	内蒙古锡林郭勒盟	新疆阿勒泰地区	青海海北州	甘肃甘南州
畜产品生产者价格指数	101.5	100.9	100.7	98.2
农业生产资料价格指数	98.7	98.6	100.8	98.6

注：根据调研资料整理而得。

第二节　草原畜牧业产业链运行要素对牧民收入的影响分析

　　牧民纯收入主要受总收入和成本的影响，产业链各项运行要素分别影响着牧民总收入和成本，通过进一步分析产业链各运行要素对牧民收入的影响途径，可为改善牧民收入结构提供依据，有利于通过采取针对性措施来提高牧民纯收入。

一 产业链运行主体要素对牧民收入的影响

(一) 主体基本情况

诸多研究表明，牧户受教育程度与牧民收入呈正相关关系。其对牧民收入的正向影响主要表现在两个方面：一方面，随着牧民文化素质的提高，其对畜牧养殖技术的掌握程度越高，越有利于畜牧生产活动的高效进行。牧户受教育程度的提升，使得草原畜牧业养殖中的人力资本投入更优，有利于增加家庭经营性收入。另一方面，随着牧户受教育程度的提高，牧民从牧区走向城区的可能性更大，有更多机会进入第二、第三产业务工，扩宽了牧民的增收渠道，有利于增加工资性收入。

多数研究认为，工资性收入对牧民收入影响较大，家庭牧业从业人数占比与牧民收入呈负相关关系。家庭牧业从业人数占比的减少意味着剩余劳动力得到释放，工资性收入增加，牧民增收滞后现象得以改善，因此家庭牧业从业人数占比与牧民收入呈负相关关系。也有学者认为二者呈正相关关系。胡伟华等（2013）认为，牧区人口密度低，简单地将牧民从牧区转移出去可能造成畜牧养殖生产受到影响，并不能促进增收，甚至造成牧民收入下降。据实地调研了解，大多数家庭从业人数占比较低的牧户在保证畜牧养殖生产活动正常进行的同时，可以得到更多的工资性收入，人均纯收入普遍较高。

牧民参与的合作社或龙头企业规模与牧民收入呈正相关关系。随着当地畜牧业的不断发展，牧民合作社或畜牧业龙头企业也在发展壮大，企业规模成为判断其发展程度的重要标准。牧民收入的增长与当地畜牧业的发展程度息息相关。本书认为，各大主体的壮大使畜牧业产业链更加成熟完善，从而间接影响牧民收入。目前四大牧区超过50%的牧民都加入了牧民合作社，规模较大的合作社各项规章制度更为完善，拥有更强的议价能力，在畜产品价格走高时，可以为牧民争取到更高的收购价，在畜产品价格走低时，可以为牧民提供相对较高的收购价，从而保证牧民的家庭经营性收入的稳定。也有牧民选择直接与畜牧龙头企业签订年度订单，规模较大的龙头企业可以为牧民提供价格低廉的仔畜或其他生产资料，减少牧民的生产成本，同时稳定的收购价格降低了牧民生产经营的风险，确保家庭经营性收入的实现。

（二）主体经营状况

不同的畜种来源直接影响牧民的生产成本，进而影响牧民纯收入。牧民的畜种来源主要是自繁自育和市场购买，也有牧民合作社或畜牧龙头企业提供的情况。自繁自育的养殖方式更有利于提高牧民纯收入，但自繁自育投资较大而且从母畜配种到产幼畜整个周期时间长，所以有很多牧民选择单独育肥。近几年幼畜价格持续走高，牧民生产成本持续攀升，利润空间不断降低，而牧民合作社和畜牧龙头企业可以为牧户提供相对低价的幼畜，有利于适当降低牧民购买幼畜的成本费用。

规模化经营可以使各生产要素达到最优组合和提高效率，取得最大的经济效益，有利于牧民增收，养殖规模与牧民收入呈正相关关系。多数学者认为规模化经营有利于农牧民增收，如兰熊（2004）在对农民增收问题的研究中认为实行规模经营对农民增收具有显著正向影响。东童童（2012）研究了三峡库区农民增收问题，认为种植规模化对农民收入增长在很大程度上具有显著作用。中央财政下拨了经费对内蒙古、新疆、青海、甘肃、西藏、四川等地的肉牛肉羊标准化规模养殖场给予补贴，一定程度上可以促进牧民增收。

牲畜病死率与牧民收入呈负相关关系。实地调查发现，牲畜病死情况很少在多家牧户同时发生，但同一牧户的牲畜之间疾病传播可能性大增，一旦发生牲畜病死，该户牧民将会经受很大的经济损失，大大增加生产成本，对于牧民收入影响很大。

合作社或龙头企业盈利情况越好，越有利于牧民增收，两者呈正相关关系。参与牧民合作社或与畜牧龙头企业有合作关系的牧民，一般通过按交易量分红的方式直接从合作社或龙头企业取得利益分配，合作社或龙头企业的盈利情况直接影响到牧民分红所得。

二　产业链内部运行环境要素对牧民收入的影响

（一）主体间产品流通

销售渠道的整合有利于牧民的持续增收。牧民畜产品的销售渠道主要有四种：上门收购、批发市场、合作社统一收购、企业订单。不同的销售渠道影响牧民畜产品销售的稳定性和价格。前两种销售渠道受市场价格波动的影响较大，后两种销售渠道收购价格较为稳定，而且收购合同或年度订单的签订有利于推动牧民大规模养殖。在市场价格波动时，销售渠道对牧民收入的影响并不确切，但从长远发展角度去看，合作社和龙头企业收购的销售渠道更有利于形成完整而紧密的产业链条，进而提高牧民的家庭经营性收入。

物流方式的选择影响了牧民的生产成本，对牧民收入存在一定影响。物流方式主要分为自营物流、对方物流和第三方物流三种。自营物流需要的投入资金较大，适合于大规模饲养与销售。对于大部分中等饲养规模牧民来说，物流成本使生产成本进一步增加，一定程度上影响牧民增收。对方物流则是由畜产品收购者负责产品运输，牧民可以节省物流成本。第三方物流的介入可以使物流体系更加专业便捷，有利于草原畜牧业产业链的进一步整合，也会间接影响牧民增收。

信息来源间接影响牧民收入。牧民对于市场信息反应的及时性，信息来源的多样性，有利于加强产业链主体间的紧密程度，增强产品流通的效率，使草原畜牧业产业链得到进一步优化。牧民收入也会因为草原畜牧业产业链的优化而得到提高。

（二）主体间利益分配

利益分配方式直接影响牧民收入水平。通过对牧民合作社和龙头企业的调查了解到主要有两种利益分配方式：股利分配和按交易量分配。其中，按交易量分配的方式还存在年底二次分红的情况。不同的利益分配方式直接关系到牧民家庭经营性收入，与牧民增收关系密切。

牧民对于近三年利益分配的评价表达了牧民对于利益分配现状的满意度，侧面反映了牧民合作社或畜牧龙头企业的盈余分配是否合理，从利益分配方式上能否改善牧民收入现状。

（三）主体间合作关系

主体间现有合作的紧密性与牧民的收入关系密切。草原畜牧业产业链主体间合作形式主要分为三种：市场交易、口头协议和订单合同。市场交易方式缺少约束，主体间联系松散，合作性差，不利于畜产品的正常流通。口头协议加强了主体间的合作，但没有合同作为依托，违背协议约定行为频发。对牧民而言，订单合同方式构建的主体间合作关系更为紧密和稳固，相较于前两种，对牧民合作社及畜牧龙头企业起到约束作用，能保障牧民畜产品的正常销售，确保牧民的畜产品销售收入。

牧民对合作关系的认知评价，反映了当地牧民与合作社及龙头企业间的合作状态。牧民对合作关系越满意，说明当地畜牧业产业链主体间的合作关系越密切，稳定的合作关系对于牧民增收起到推动作用。

三 产业链外部运行环境要素对牧民收入的影响

（一）政策环境

畜牧产业政策环境的利好在很大程度上可以改善牧民收入低的现状。曹芳（2005）指出，无论国家发展程度如何，国内对农业的支持政策能够起到对农民增收的作用。尤其是近几年国家出台了很多关于牧业的补贴政策，有力促进了我国畜牧业的健康发展。补贴涉及面广，包括标准化规模养殖、良种繁育、草原生态补贴、退耕还草、动物防疫补助等多个方面，补贴力度较大，牧民普遍得到实惠。一方面，牧民的补贴性收入直接得到增加，王欧（2010）研究发现政府财政转移支付对减缓贫困作用显著，但是不具有持续性；另一方面通过政策导向，牧民改善了生产条件、提高了生产效益，家庭经营性收入也得到一定程度的增加，这种增长更能保障牧民持续增收。

（二）经济环境

畜产品生产者价格指数指的是生产者出售产品价格的变动趋势和幅度的相对指数，反映着产品生产价格水平和结构的变化。畜产品生产者价格指数与牧民收入呈正相关关系。但是畜产品生产者价格指数的上升也有可能是生产资料的成本上升造成的，只有当畜产品生产者价格指数的上升幅度大于生产资料价格指数时，牧民纯收入才会增加。

农业生产资料价格指数指的是从事农牧业生产所需的生产资料的价格变动趋势和幅度，这与牧民的生产成本息息相关。胡伟华（2013）研究表明，农业生产资料价格指数与牧民收入呈负相关关系。生产资料价格指数越高意味着生产成本越高，牧民纯收入越低。

（三）技术环境

畜牧养殖技术的不断改进可以有效提高牲畜的养殖效率，运用冻精、胚胎移植等技术手段将优良种引入到牧区，有利于提升当地畜产品的市场竞争力，有效促进了畜牧业增效和农民增收。聂海明（2012）通过研究赤峰市巴林右旗的农牧民增收问题，发现目前科技没有发挥应有的作用，对于农牧业的贡献力不足，畜牧养殖科学技术应该得到更好的应用与发展。

（四）社会环境

草原畜牧业产业链的运行面临的社会环境问题就是民族问题，我国牧区主要分布在少数民族聚居区，牧民也多为少数民族。对于少数民族群体，国家对少数民族的保护政策或者社会对畜牧产业的认可度会影响其畜牧生产经营。但是否具有显著影响及具体的影响程度还需进一步研究。

第三节　草原畜牧业产业链运行要素对牧民收入影响的实证分析

一　问卷设计和数据来源

（一）问卷设计

本书是以国家自然科学基金项目为平台，所用数据均来自课题实地问卷调研、统计数据和部门访谈等资料。首先根据研究角度的不同，确定研究区域，通过对文献资料、统计数据以及资料的搜集分析，基本了解和掌握所选定区域具有代表性的典型牧区基本情况，逐步对产业链三大运行主体牧户、合作社、龙头企业展开电话和部门访谈，最终确定产业链运行要素由运行主体及内外部运行环境构成，并形成了包含主体基本情况、主体经营状况、主体间产品流通、主体间利益分配、主体间合作关系等内容的牧户调查问卷、畜牧业产业链状况和合作关系调查问卷（合作社）、畜牧业产业链状况和合作关系调查问卷（龙头企业）、畜牧业产业链状况和合作关系调查问卷（经销商）。问卷设计完成后，2014年6月课题组对新疆、内蒙古、青海和甘肃四省区所选牧区进行试调研，根据初次调研掌握的实际情况，废除畜牧业产业链状况和合作关系调查问卷（经销商），同时对牧户、合作社和龙头企业调查问卷进行修改和完善，最终完成调查问卷，实地调研和访谈分为三个阶段，分别在2014年7月和8月以及2015年8月完成。

（二）数据来源

以牧民收入为研究对象的数源主要来自针对牧户的调查问卷。通过对内蒙古锡林郭勒盟、新疆阿勒泰地区、青海海北州以及甘肃甘南州牧户的调查和访谈，采用随机抽样调查方式，调研共发放问卷800份，剔除个别关键因素缺失、雷同以及填写不完整的问卷55份，实际有效问卷745份，占问卷总数的93.13%（见表6-7）。

表 6 - 7 四大牧区问卷调查分布情况

调研地区	发放份数	有效份数	比重（%）
内蒙古锡林郭勒盟	200	189	25.37
新疆阿勒泰地区	200	190	25.50
青海海北州	200	185	24.83
甘肃甘南州	200	181	24.30

二　变量设定及说明

以牧民人均纯收入为因变量，对其进行描述性统计发现，牧民人均纯收入的峰度为 6.16，偏度为 1.76，与正态分布差异明显，进一步进行正态性检验，P < 0.05，拒绝原假设，即牧民人均收入不服从正态分布，不能进一步开展拟合分析，因此对牧民纯收入采取对数变化。变化后的数据峰度为 1.78，偏度为 -0.41，进行正态性检验，P < 0.05，仍然不服从正态分布。前后对比情况见表 6 - 8。

表 6 - 8 牧民纯收入取对数前后正态性检验对比

	Kolmogorov – Smirnov 检验			Shapiro – Wilk 检验		
	统计量	自由度	P 值	统计量	自由度	P 值
Y	0.119	345	0.000	0.870	345	0.000
lnY	0.096	345	0.000	0.954	345	0.000

最终选取牧民人均纯收入的对数，即 lnY 为因变量，选取了草原畜牧业产业链各项运行要素为自变量。所构建指标体系如表 6 - 9 所示。

表 6 - 9 各级指标体系变量的说明

一级指标	二级指标	三级指标	代码	研究假设
产业链运行主体现状	主体基本情况 X_1	牧户受教育程度	X_{11}	+
		家庭牧业从业人数占比	X_{12}	–
		参与的合作社或龙头企业规模	X_{13}	+
	主体经营状况 X_2	畜种来源	X_{21}	+
		养殖规模	X_{22}	+
		牲畜病死率	X_{23}	–
		合作社或龙头企业盈利情况	X_{24}	+

续表

一级指标	二级指标	三级指标	代码	研究假设
产业链内部运行环境	主体间产品流通 X_3	销售渠道	X_{31}	+
		物流方式	X_{32}	+
		信息来源	X_{33}	+
	主体间利益分配 X_4	利益分配方式	X_{41}	+
		近三年利益分配评价	X_{42}	+
	主体间合作关系 X_5	现有合作形式	X_{51}	+
		合作关系认知评价	X_{52}	+
产业链外部运行环境	政治环境 X_6	牧民人均年补贴性收入（对数）	X_{61}	+
	经济环境 X_7	畜产品生产者价格指数	X_{71}	+
		农业生产资料价格指数	X_{72}	−
	技术环境 X_8	引进优良畜种数量	X_{81}	+
	社会环境 X_9	民族	X_{91}	?

注：研究假设中，"＋"表示正向影响，"－"表示反向影响，"?"表示不确定。

三 问卷信度和效度分析

由于本书所用的大部分数据都是由调查问卷统计整理而来的，为保证样本数据质量，需要对调查问卷的信度和效度进行分析。

信度用于判定实证检验结果是否具有有效性和可靠性。利用SPSS17.0，得到信度检验的克朗巴哈系数（Cronbach's α，以下称为α信度系数），如表6-10所示，α信度系数大于0.8，调查问卷通过了信度检验。

表6-10　　　　　　　　　　信度检验

α信度系数	基于标准化项的α信度系数	项数
0.817	0.851	19

效度即有效性，是指测量工具能够正确测量所需要特征的正确程度。对于效度的检验，本书选择KMO值作为指标，使用SPSS17.0通过因子分析得出的KMO值为0.856（见表6-11），调查问卷通过了效度检验。

表 6 –11　　　　　　　　　　　　　　　KMO 值

KMO 值和 Bartlett 检验		
取样足够度的 Kaiser – Meyer – Olkin 度量		0. 856
Bartlett 球形度检验	近似卡方	2435. 157
	自由度	190
	P 值	0. 000

四　研究方法

经典回归是基于自变量来估计因变量的条件期望值，其中两个假设是正态性假设和方差齐性假设。而收入一般不是正态的，并且存在异方差的问题，若选择普通最小二乘法（OLS）进行回归分析则存在较大误差，而分位数回归放松了这些假设。通过观察调研数据及地方政府统计数据，发现四大牧区牧民的纯收入存在很大差距。如果可以观察到影响因素在不同收入水平下的影响程度，将有利于更有针对性地采取促进牧民增收的措施。因此，本书选取分位数回归方法进行实证分析。

凯恩克（Koenker）和巴西特（Bassett）于 1978 年提出了分位数回归思想，将条件分位数模型化为预测变量的函数。分位数回归模型是线性回归模型的自然扩展。随着协变量的变化，线性回归模型描述了因变量条件均值的变化，而分位数回归模型则强调条件分位数的变化。因而，研究人员可以选择特定研究主体的分位数进行研究。例如，有些研究人员主要研究低收入人群，如美国人口普查局研究发现 2000 年 11. 3% 的社会底层人口生活在贫穷状态中（郝令昕等，2012）。

分位数回归依据因变量的条件分位数对自变量进行回归，这样可以得到所有分位数下的回归模型。该方法相比普通最小二乘回归，只能描述自变量对于因变量局部变化的影响，能更精确地描述自变量对于因变量的变化范围以及条件分布形态的影响。分位数回归能够捕捉分布的尾部特征，当自变量对不同部分的因变量的分布产生不同的影响时，例如出现左偏或右偏的情况时，它能更加全面地刻画分布的特征，从而得到全面的分析。

分位数回归对于异方差、极端值、分布的偏态等都具有包容性，所以位数回归系数估计比 OLS 回归系数估计更稳健。

在分位数回归中，参数估计一般采用加权最小一乘方法（Weighted

Least Absolute，WLA），估计第 θ 个分位数回归的目标函数表达式为：

$$V_n(\beta;\theta) = \frac{1}{n}\Big[\theta \sum_{t:y_t \geqslant x_t'\beta} |y_t - x_t'\beta_\theta| + (1-\theta) \sum_{t:y_t < x_t'\beta} |y_t - x_t'\beta_\theta|\Big]$$

$$(6-1)$$

其中，y_t 和 $x_t(t = 1, 2, \cdots, n)$ 分别为因变量和自变量，n 为样本量，θ 既是给定的权重，也是估计中所取的各分位点值（$0 < \theta < 1$），β_θ 为权重为 θ 时分位点估计系数值，其基本含义是在回归线上方的点（残差为正），其权重为 θ，在回归线下方的点（残差为负），其权重为 $(1-\theta)$。当 $\theta = 0.5$ 时，即为中位数回归。估计的参数值 β_θ 将随 θ 值的变化而有所不同。

估计 β_θ，即目标函数 $V_n(\beta, \theta)$ 的最小化。最小化 $V_n(\beta, \theta)$ 的一阶条件是：

$$\frac{1}{T}\sum_{t=1}^{T} x_t(\theta - I_{\{y_t - x_t'\beta < 0\}}) = 0 \qquad (6-2)$$

式（6-2）中 I 为指示函数（Indicator Function），

$$I(y_t - x'\beta) = \begin{cases} 1, y_t - x'\beta < 0 \\ 0, y_t - x'\beta \geqslant 0 \end{cases} \qquad (6-3)$$

通过线性规划方法对一阶条件求解可得到分位回归参数估计值 β_θ。

五　模型构建及实证结果的分析

由于回归模型涉及的变量很多，首先用 SPSS17.0 软件对指标体系中的所有变量进行相关性检验，防止多重共线性的出现。结果显示，所有变量的相关系数均小于 0.75，所有变量都适合进行回归分析。

分位数回归涉及数量众多的回归系数，且存在多个回归系数不显著的问题，所以先通过 OLS 回归进行变量剔除。通过多次拟合，共剔除 7 个变量：X_{12}，X_{23}，X_{32}，X_{41}，X_{42}，X_{81}，X_{91}。

本书以 lnY 为因变量，以 X_{11}，X_{13}，X_{21}，X_{22}，X_{24}，X_{31}，X_{33}，X_{51}，X_{52}，X_{61}，X_{71}，X_{72} 为自变量，设定的分位数回归模型如下：

$$\ln Y = \beta_0 + \beta_{11}X_{11} + \beta_{13}X_{13} + \beta_{21}X_{21} + \beta_{22}X_{22} + \beta_{24}X_{24} + \beta_{31}X_{31} + \beta_{33}X_{33} +$$
$$\beta_{51}X_{51} + \beta_{52}X_{52} + \beta_{61}X_{61} + \beta_{71}X_{71} + \beta_{72}X_{72} + \varepsilon$$

运用 Stata11 进行分位数回归模型拟合，计算结果见表 6-12。

表 6 - 12　　　　　　　　　牧民人均年收入分位数回归系数

变量	OLS	QR_ 5	QR_ 25	QR_ 50	QR_ 75	QR_ 95
X_{11}	0. 0428 ***	0. 0560 **	0. 0677 ***	0. 0549 ***	0. 0414 ***	0. 0166
X_{13}	0. 0769 ***	0. 0593 ***	0. 0644 ***	0. 0594 ***	0. 0788 ***	0. 1006 ***
X_{21}	0. 0251 ***	0. 0150 *	0. 0217 **	0. 0141 *	0. 0355 ***	0. 0293 ***
X_{22}	0. 0651 ***	0. 0406 **	0. 0282 *	0. 0530 ***	0. 0629 ***	0. 1193 ***
X_{24}	0. 0479 **	0. 0246 *	0. 0265 *	0. 0377 **	0. 0515 **	0. 0755 ***
X_{31}	0. 0185	0. 0263 **	0. 0156 **	0. 0043	0. 0065 *	0. 0105 *
X_{33}	0. 0201 ***	0. 0056	0. 0062 *	0. 0088 *	0. 0204 ***	0. 0192 **
X_{51}	0. 0483 ***	0. 0405 *	0. 0497 ***	0. 0435 ***	0. 0557 ***	0. 0550 ***
X_{52}	0. 0469 ***	0. 0384 *	0. 0417 *	0. 0552 ***	0. 0635 ***	0. 0619 ***
X_{61}	0. 2593 ***	0. 4357 ***	0. 3234 ***	0. 2603 ***	0. 2090 ***	0. 2180 *
X_{71}	0. 1193 ***	0. 1935 ***	0. 1956 ***	0. 1618 ***	0. 1057 ***	0. 0284
X_{72}	- 0. 0363 **	- 0. 0431 **	- 0. 0401 **	- 0. 0451 ***	- 0. 0417 **	- 0. 0296
常数项	- 2. 5439	- 10. 5081 ***	- 10. 1822 ***	- 5. 8158 ***	- 0. 1641	6. 1700 *
R^2	0. 8967	0. 8151	0. 7335	0. 6869	0. 6674	0. 7154

注: *** 为在 1% 检验水平下显著，** 为在 5% 检验水平下显著，* 为在 10% 检验水平下
显著。

　　为了更清楚地表明采用分位数回归模型比 OLS 回归更有效，下面
对不同分位点系数进行一致性检验，采用的是凯恩特与巴西特于 1982
年提出的 Wald 检验方法，选取 q5、q50、q95 三个分位点进行斜率系数
一致性检验。结果如表 6 - 13 所示。

表 6 - 13　　　　　　　不同分位点斜率系数的 Wald 检验

假设 [q5 = q50 = q95]：X_{11}，X_{13}，X_{21}，X_{22}，X_{24}，X_{31}，X_{33}，X_{51}，X_{52}，X_{61}，X_{71}，X_{72}

$F_{(24, 340)} = 3. 36$

$P = 0. 0000$

　　如表 6 - 13 所示，Wald 检验的 P 值为 0. 0000，所以不能接受不同
分位数斜率一致性假设，即分位数回归模型的运用是合理并有效的。
　　通过观察实证结果数据，可以得出：

　　在不同分位数水平下，牧户受教育程度的系数随收入水平上升呈先稳定后下降趋势，即牧户受教育程度对中低收入牧民收入的影响更大，原因可能是随受教育水平的提高，外出务工的机会增加、工作质量提升，从而带来工资性收入的增加，而高收入牧民更多地依赖于畜牧业经营产生的家庭经营性收入，因此牧民受教育程度对其影响相对较低。

　　在不同分位数水平下，参与的合作社或龙头企业规模的系数呈先稳定后上升的趋势，说明合作社或龙头企业的规模状况与高收入牧民的收入状况关联度更大。原因可能是，中低收入牧民与合作社或龙头企业的交易量基数较小，其生产经营活动受合作社影响较小，而高收入牧民与合作社或龙头企业的交易量较大，合作社或龙头企业的规模扩大可以增加其议价权，即使在当前交易量不变的情况下，也可以给高收入牧民带来更多的利益。

　　在不同分位数水平下，畜种来源与牧民收入的相关性呈先小幅度波动后上升的趋势，即畜种来源对于高收入牧民增收来说更为重要。主要是因为中低收入牧民的养殖规模较小，且大多为自繁自育，该因变量对其生产成本影响较小，即使改由合作社或合作企业提供畜种，其增收效果可能并不明显，而中高收入牧民资金较为宽裕，很多会采取只育肥的养殖模式，需要从市场购进畜种，畜种来源的变化带来的成本控制非常重要，因此，畜种来源对于中高收入牧民来说影响很大。

　　在不同分位数水平下，养殖规模对牧民收入的影响程度，随收入水平上升呈先稳定后上升趋势。说明中低收入水平的牧民随着养殖规模的增加，生产成本也同比例增加，又达不到可以实现规模效应的养殖数量，故收入水平增速缓慢，而高收入牧民的经营规模较大，养殖规模的变化足以形成一定的规模效应，使生产成本得到一定程度上的有效控制，收入增长较为明显。

　　在不同分位数水平下，合作社或龙头企业盈利情况对收入的影响程度呈上升趋势，说明合作社或龙头企业与高收入牧民的利益联结关系更为紧密，与中低收入的牧民利益联结度不强，中低收入牧民从合作社或龙头企业的盈利中赚取的利益占比较低。为了改善低收入牧民的现状，应该引导合作社或龙头企业对中低收入牧民的扶持。而高收入牧民在合作社或龙头企业中入股或投资较大，相应获取的利益也相对较多，合作社或龙头企业的盈利情况与高收入牧民的关系更为密切。

在不同分位数水平下，销售渠道对收入的影响程度呈下降趋势，原因可能是高收入牧民的销售渠道已经相对完善，进一步扩宽和优化销售渠道对于高收入牧民的影响并不是很大；而中低收入牧民的销售渠道相对单一，更需要销售渠道上的进一步完善，通过销售渠道的拓宽可以给中低收入牧民的增收带来更大助力。

在不同分位数水平下，信息来源呈上升趋势，说明牧区信息传递的不畅通使牧民的收益增长受到限制，而由于中低收入牧民本身与合作社或龙头企业的交易量较小，高收入牧民的交易量较大，所以信息来源的优化给高收入牧民带来的增收效果更为明显，而对中低收入牧民增收的影响相对较弱。

现有合作形式和合作关系认知评价同属于主体间合作关系要素的指标。在不同分位数水平下，随收入水平上升呈平缓上升趋势，说明对各个收入水平的牧民来说，加强主体间合作关系，采用更稳定的年度订单或签订合同的合作方式，对于所有牧民增收均起到重要的促进作用。

在不同分位数水平下，牧民人均年补贴性收入对牧民收入的影响程度呈下降趋势，说明国家对于牧民的补贴力度较大，补贴性收入在中低收入牧民的总收入占比较大，国家补贴对于中低收入牧民的收入保障作用明显。

在不同分位数水平下，畜产品生产者价格指数与收入的相关性随收入水平上升呈下降趋势，说明高收入牧民对销售价格不如中低收入牧民敏感，原因可能是其与合作社或龙头企业合作更紧密，往往通过签订合同的方式规定了收购价格，所以高收入牧民受市场价格的影响相对较小。

在不同分位数水平下，农业生产资料价格指数与收入的相关性随收入水平上升呈下降趋势，说明中低收入牧民的生产成本受价格影响更大，对生产资料价格更敏感。可以通过草原畜牧业产业链向上延伸，将生产资料供应者整合进产业链系统等措施，来减少交易费用，并在一定程度内控制生产资料价格的大幅上涨，从而使中低收入牧民的生产成本保持相对稳定，减少因生产成本上涨带来收入大幅下降的可能性。

六 研究结论

通过以上研究，得出如何结论：

（1）对于中低收入牧民，影响程度从大到小依次为以下六个因素：

X_{61}（牧民人均年补贴性收入），X_{71}（畜产品生产者价格指数），X_{11}（牧户受教育程度），X_{72}（农业生产资料价格指数），X_{51}（现有合作形式），X_{31}（销售渠道）。

（2）对于中高收入牧民，影响程度从大到小依次为以下四个因素：X_{52}（合作关系认知评价），X_{51}（现有合作形式），X_{21}（畜种来源），X_{33}（信息来源）。

（3）对于高收入牧民，影响程度从大到小依次为以下三个因素：X_{22}（养殖规模），X_{13}（参与的合作社或龙头企业规模），X_{24}（合作社或龙头企业盈利情况）。

第四节　草原畜牧业产业价值链协调性的实证分析

畜牧业价值的创造和实现取决于畜牧业产业链整体运行形成的价值链的实现及其共享。本书提出将效率协调度和公平协调度作为价值链协调性的评价指标，运用灰色理论对草原畜牧业产业价值链协调性进行评价分析。

一　产业价值链协调性的内涵

（一）协调性的解释

就系统论而言，协调的目的是希望通过某种方法来组织或调控所研究的系统，使之从无序转换为有序，达到协同状态。系统协同程度越高，输出的功能和效应就越大，结果就越有价值，因而通过协调可以使系统整体功能远大于系统各部分功能之和。协调与否取决于系统内各主体之间是否存在相互依赖关系，以及这种关系的紧密程度。相互依赖关系的维系则取决于资源分配的效率和公平，从而使风险和利润共享，实现依赖的持续性。

（二）产业价值链的协调性

产业价值链的协调是指在某产业中围绕产品或服务生产全过程的各利益主体的集合对目标资源等进行合理安排，通过建立行之有效的利益共享和风险共担机制，规范利益主体的利益实现行为，避免各种具体利益主体间的不合理分配，消除优势利益主体掠取其他利益主体的利益和侵害整体利益的情况，最大限度地实现系统及其子系统的目标，最终达到集合整体价值创造的最大化和集合持续稳定的过程。产业价值链的协调是产业链建立和运行的重要保障，它的作用是实现产业链上各利益主体的协同。

二　草原畜牧业产业价值链协调性分析——以散养牛产业链为例

随着我国草原畜牧业产业化经营的发展，以新疆、内蒙古、青海和甘肃为代表的畜牧业产业链初具规模，已建立起肉牛、肉羊、奶产业等重点优势产业区域，且各产业区域均发挥了比较优势，已经形成了一批具有一定竞争力的特色产业。由于资料获取及篇幅的限制，本书仅选择了具有明显竞争优势和区域特色的散养牛产业链为例。

（一）评价指标：效率协调度和公平协调度

对于草原畜牧业产业价值链协调性分析，我们拟用效率协调度和公平协调度来进行。我们将散养牛产业链中各成员的综合成本利润率的关联程度界定为效率协调度；将散养牛产业链成员的综合成本利润率与其产业链成员平均综合成本利润率的离散程度界定为公平协调度。该评价指标的含义是：散养牛产业链上的利益不但要为各成员分享，而且要保持合理的差距，以保证农业产业链成员获取利益的公平性。

我们把效率协调度和公平协调度的衡量标准均划分为 5 个等级，分别是不协调、弱协调、中等协调、较强协调、强协调。具体各等级协调度的值如表 6-14 所示。

表 6-14　　　　　　　　效率协调度和公平协调度确定标准

效率协调度	效率协调度	公平协调度
	协调状况	协调状况
0—0.2	不协调	强协调
0.2—0.4	弱协调	较强协调
0.4—0.6	中等协调	中等协调
0.6—0.8	较强协调	弱协调
0.8—1.0	强协调	不协调

（二）综合成本利润率及其计算

综合成本利润率是一个综合衡量草原畜牧业产业链成员利益的指

标。该指标从盈利能力、投入产出比、整链内部利益联动以及成本计算多个维度刻画产业链成员的利益水平。

就盈利能力而言，畜牧业产业链上成员掌握的资源禀赋和自身盈利能力存在差异，因此决定了各自获得的利益有很大差距。如果产业链成员各自的盈利能力差距过小，则整链盈利能力可能会下降；如果产业链各成员的盈利能力相差过大，则势必会影响到产业链的协调度。

就投入产出比而言，该指标可以反映出产业链各成员及其所在环节得失的经济效果，通过对影响综合成本利润率的主要因素的解构，分析利润下降、成本上升的驱动因素，进而采取有效措施，降低成本，提高盈利能力。

就产业链内部利益联动而言，某些成员的成本增加或减少会直接影响下游成员的综合成本利润率，进而影响整个链条上所有成员的综合成本利润率。

就综合成本利润率的计算而言，综合成本利润率有别于一般成本利润率，综合成本包括货币成本，还包括非货币成本，即在计算综合成本利润率时，要考虑劳动力成本和时间成本。牧户综合成本构成见表6-15。

表6-15　　　　　　　　牧户综合成本构成

直接成本	生产资料成本	仔畜费
		精饲料费
		青粗饲料费
		饲料加工费
		水费
		燃料动力费
		医疗防疫费
		死亡损失费
		技术服务费
		工具材料费
		修理维护费
		其他直接费用
	劳动力成本	家庭用工折价
		雇工费用

续表

		固定资产折旧
间接成本		保险费
		管理费
		财务费
		销售费
时间成本		N_1

在市场经济条件下，劳动者的劳动报酬取决于市场供求关系。从畜牧业角度看，在家庭经营条件下，牧民可以选择从事畜牧业生产经营，也可选择除畜牧业之外的其他非畜牧业的生产经营活动。这样，在非畜牧业领域里取得的劳动报酬就会对畜牧业生产的人工成本产生"映射"作用，从而使畜牧业生产中的人工成本反映在畜产品的生产成本中。与此同时，鉴于畜牧业生产的特殊性，产业链成员各自的经营周期不同，所耗费的时间相差很大，这使得资金使用效率的差异明显，将时间成本纳入到综合成本利润率中，可以更加客观地反映成本构成。关于时间成本的确定，可先计算每个畜牧业产业链成员完成本周期生产经营的时间 T_i，以其中最短时间 T_0 为标准，计算其他成员所花费时间的倍数 N_i，在最终计算综合成本利润率时，通过时间分摊的方式，即除以 N_i，把时间成本纳入到综合成本利润率中。所以，计算的综合成本利润率更能真实的反映实际情况。

其中：

$$N_i = \frac{T_i}{T_0} \quad (i=1, 2, \cdots, n) \tag{6-4}$$

从价值链的角度，草原畜牧业产业链成员综合成本利润率的计算过程如下。

1. 草原畜牧业产业链的成本

畜牧业产业链的成本链如图 6-4 所示。设产业链中第 i 个成员的单位产品成本为 C_i（$i=1, 2, 3$），则：

$$C = C_1 + C_2 + C_3 \tag{6-5}$$

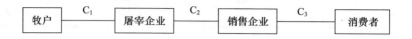

图 6 - 4　畜牧业产业链的成本链

式中：

C——畜牧业产业链单位产品的总成本；

C_i——农业产业链上第 i 个成员单位产品的成本。

2. 畜牧业产业链的利润

畜牧业产业链的利润链如图 6 - 5 所示。

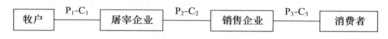

图 6 - 5　畜牧业产业链的利润链

则：

$$L = (P_1 - C_1) + (P_2 - C_2) + (P_3 - C_3) \qquad (6-6)$$

式中：

L——农业产业链的单位产品利润

P_i——第 i 个成员产品的价格（$i = 1, 2$）

P_3——产业链最终产品价格

C_i——第 i 个成员单位产品的成本（$i = 1, 2, 3$）

3. 畜牧业产业链成员的综合成本利润率

$$牧户的综合成本利润率 = \frac{P_1 - C_1}{C_1 \times N_1} \qquad (6-7)$$

$$屠宰环节综合成本利润率 = \frac{P_2 - C_2}{C_2 \times N_2} \qquad (6-8)$$

$$销售企业综合成本利润率 = \frac{P_3 - C_3}{C_3 \times N_3} \qquad (6-9)$$

（三）建立评价效率协调度灰色关联模型

1. 灰色关联分析（GRA）原理

以研究对象的数据作为依据，用灰色理论方法来分析因素间的几何对应关系，根据序列曲线几何形状的相似程度来判断其联系紧密程度。曲线越接近，研究对象之间关联度就越大，反之就越小。GRA 除了具有动态指标量化分析的特点外，更明显的优点是，在处理关系不明确、达不到统计学显著水平的小样本资料时，GRA 可提高分辨度，增大分辨距离，故而本书应用灰色关联模型来进行散养牛产业价值链效率协调的关联度分析。

2. 灰色关联分析的步骤

（1）确定比较数列和参考数列。

参考数列为 $X_0(k) = (x_0(1)，x_0(2)，\cdots，x_0(n))$

比较数列为 $X_i(k) = (x_i(1)，x_i(2)，\cdots，x_i(n))$

$(i = 1，2，3，\cdots，m；k = 1，2，3，\cdots，n)$

（2）求绝对关联度。

绝对关联度是序列 X_0 与 X_i 之间关联程度的度量，体现了 X_0 与 X_i 的相似程度。

令参考数列和比较数列的差序列为 X_0^0，X_i^0，

$$X_0^0 = x_0(k) - x_0(1)，\quad X_i^0 = x_i(k) - x_i(1) \tag{6-10}$$

$$令 \ |s_i| = \left| \sum_{k=2}^{n-1} x_i^0(k) + \frac{1}{2} x_i^0(n) \right| \tag{6-11}$$

则绝对关联度 ε_{0i} 为：

$$\varepsilon_{0i} = \frac{1 + |s_0| + |s_i|}{1 + |s_0| + |s_i| + |s_i - s_0|}$$

$$(i = 1，2，3，\cdots，m；k = 1，2，3，\cdots，n) \tag{6-12}$$

（3）求相对关联度。

求出 $X_i(i = 0，1，\cdots，m)$ 的初像值 $X_i^*(k)$ 及各 $X_i^*(k)$ 的始点零化像 $X_i^{*0}(k)$：

$$令 \ |s_i^*| = \left| \sum_{k=2}^{n-1} x_i^{*0}(k) + \frac{1}{2} x_i^{*0}(n) \right| \tag{6-13}$$

则相对关联度 γ_{0i} 为：

$$\gamma_{0i} = \frac{1 + |s_0^*| + |s_i^*|}{1 + |s_0^*| + |s_i^*| + |s_0^* - s_i^*|}$$

$$(i = 1，2，3，\cdots，m；k = 1，2，3，\cdots，n) \tag{6-14}$$

（4）求综合关联度。

综合关联度既体现了 X_0 与 X_i 的相似程度，又反映出它们相对于始点的变化速率的接近程度，是较为全面地表征序列之间联系是否紧密的一个数量指标。

$$\rho_{0i} = \theta\varepsilon_{0i} + (1-\theta)\gamma_{0i}(i=1, 2, 3, \cdots, m, \theta\in(0, 1)) \quad (6-15)$$

一般来说，如果对绝对量之间的关系较为关心，θ 值可取大一些，如果对变化速率看得较重，θ 值可取小一些。

（5）用变异系数公式计算公平协调度。

变异系数亦称离散系数，是数据标准差与均值之比，表达式为：

$$V = \frac{\sigma}{\bar{x}} \quad (6-16)$$

其中：$\bar{x}$ 为产业链成员综合成本利润率的平均值；σ 为产业链成员综合成本利润率的标准差，变异系数即为产业链成员的综合成本利润率相对于所有成员平均综合成本利润率的离散程度，也就是公平协调度。

三 散养牛产业链效率协调度及公平协调度的实证分析

（一）基本数据的收集及整理

综合成本利润率是根据 2009—2014 年 wind 金融数据库中统计数据、历年各龙头企业的财务数据及其他文献中的散养牛产业链各成员的直接成本、间接成本、时间成本及收益进行平均后计算得到。涉及的对象为散养牛的牧户、屠宰环节和销售企业。散养牛产业链个成员综合成本收益率数据如表 6-16 至表 6-18 所示。

表 6-16　　　　　　　牧户综合成本收益率

项目 \ 年份	2009	2010	2011	2012	2013	2014
成本（元）	4527.37	4982.1	5910.69	7449.35	8876.58	8600.11
收入（元）	6040.39	6578.56	7938.49	9897.73	11550.43	11009.66
综合成本收益率（%）	0.31	0.28	0.27	0.23	0.20	0.16

资料来源：根据 wind 金融数据库计算整理得到。

表 6-17　　　　　　屠宰环节综合成本收益率

项目 \ 年份	2009	2010	2011	2012	2013	2014
成本（元）	6217.95	6772.31	8152.39	10149.78	11827.54	11299.07
收入（元）	6936.24	7604.54	9132.26	11327.70	13220.83	12803.89
综合成本收益率（%）	11.55	12.29	12.02	11.61	11.78	13.32

资料来源：根据 wind 金融数据库与文献资料计算整理得到。

表 6 - 18 销售企业综合成本收益率

项目 \ 年份	2009	2010	2011	2012	2013	2014
成本（元）	461.16	481.05	518.91	560.44	593	611.2
收入（元）	645.73	693.89	783.47	1035.68	1209.80	1208.13
综合成本收益率（%）	15.66	15.38	15.26	22.79	25.80	20.35

资料来源：根据 wind 金融数据库与文献资料计算整理得到。

（二）牧户与销售企业的效率协调度

1. 确定比较数列和参考数列，设销售企业为参考数列，牧户为比较数列

$X_0 = (15.66, 15.38, 15.26, 22.79, 25.8, 20.35)$

$X_1 = (0.31, 0.28, 0.27, 0.23, 0.2, 0.16)$

2. 求绝对关联度

参考数列的差序列为：

$X_0^0 = (0, -0.28, 0.4, 7.13, 10.14, 4.69)$

比较数列的差序列为：

$X_1^0 = (0, -0.03, -0.04, -0.08, -0.11, -0.15)$

则：

$|s_0| = 19.735$

$|s_1| = 0.335$

则绝对关联度为：

$$\varepsilon_{01} = \frac{1 + |s_0| + |s_1|}{1 + |s_0| + |s_1| + |s_1 - s_0|} = 0.5206$$

3. 求相对关联度

参考数列的初像值为：

$X_0^*(k) = (1, 0.9821, 0.9745, 1.4553, 1.6475, 1.2995)$

比较数列的初像值为：

$X_1^*(k) = (1, 0.9032, 0.8710, 0.7419, 0.6452, 0.5161)$

参考数列的始点零化像为：

$X_0^{*0}(k) = (0, -0.0179, -0.0255, 0.4553, 0.6475, 0.2995)$

比较数列的始点零化像为：

$X_1^{*0}(k) = (0, -0.0768, -0.1290, -0.2581, -0.3548, -0.4839)$

则：

$|s_0^*| = 1.2092$

$|s_1^*| = 1.0607$

相对关联度为：

$$\gamma_{01} = \frac{1 + |s_0^*| + |s_1^*|}{1 + |s_0^*| + |s_1^*| + |s_0^* - s_1^*|} = 0.9566$$

4. 求综合关联度，即销售企业和牧户之间的效率协调度的计算

本书认为绝对量和变化速率同等重要，故取 $\theta = 0.5$，则有：

$\rho_{01} = \theta\varepsilon_{01} + (1 - \theta)\gamma_{01} = 0.7386$

（三）销售企业与屠宰环节的效率协调度

1. 确定比较数列和参考数列，设销售企业为参考数列，屠宰环节为比较数列

$X_0 = (15.66, 15.38, 15.26, 22.79, 25.80, 20.35)$

$X_1 = (11.55, 12.29, 12.02, 11.61, 11.78, 13.32)$

2. 求绝对关联度

参考数列的差序列为：

$X_0^0 = (0, -0.28, 0.40, 7.13, 10.14, 4.69)$

比较数列的差序列为：$X_2^0 = (0, 0.74, 0.47, 0.06, 0.23, 1.77)$

则：

$|s_0| = 19.735$

$|s_1| = 2.385$

则得到绝对关联度为：

$$\varepsilon_{01} = \frac{1 + |s_0| + |s_1|}{1 + |s_0| + |s_1| + |s_1 - s_0|} = 0.5713$$

3. 求相对关联度

参考数列的初像值为：

$X_0^*(k) = (1, 0.9821, 0.9745, 1.4553, 1.6475, 1.2995)$

比较数列的初像值为：

$X_2^*(k) = (1, 1.0641, 1.0407, 1.0052, 1.0199, 1.1532)$

参考数列的始点零化像为：

$X_0^{*0}(k) = (0, -0.0179, -0.0255, 0.4553, 0.6475, 0.2995)$

比较数列的始点零化像为：

$X_2^{*0}(k) = (0, 0.0641, 0.0407, 0.0052, 0.0199, 0.1532)$

则：

$|s_0^*| = 1.2092$

$|s_1^*| = 0.2065$

相对关联度为：

$$\gamma_{01} = \frac{1 + |s_0^*| + |s_1^*|}{1 + |s_0^*| + |s_1^*| + |s_0^* - s_1^*|} = 0.7067$$

4. 求综合关联度，即销售企业和屠宰环节之间的效率协调度的计算

本书认为绝对量和变化速率同等重要，故取 $\theta = 0.5$，则有：

$\rho_{01} = \theta \varepsilon_{01} + (1 - \theta) \gamma_{01} = 0.639$

（四）屠宰环节与牧户的效率协调度

1. 确定比较数列和参考数列，设屠宰环节为参考数列，牧户为比较数列

$X_0 = (11.55, 12.29, 12.02, 11.61, 11.78, 13.32)$

$X_1 = (0.31, 0.28, 0.27, 0.23, 0.20, 0.16)$

2. 求绝对关联度

参考数列的差序列为：$X_0^0 = (0, 0.74, 0.47, 0.06, 0.23, 1.77)$

比较数列的差序列为：

$X_1^0 = (0, -0.03, -0.04, -0.08, -0.11, -0.15)$

则：

$|s_0| = 2.385$

$|s_1| = 0.335$

则得到绝对关联度为：

$$\varepsilon_{01} = \frac{1 + |s_0| + |s_1|}{1 + |s_0| + |s_1| + |s_1 - s_0|} = 0.6447$$

3. 求相对关联度

参考数列的初像值为：

$X_0^*(k) = (1, 1.0641, 1.0407, 1.0052, 1.0199, 1.1532)$

比较数列的初像值为：

$X_1^{*0}(k) = (1, 0.9032, 0.8710, 0.7419, 0.6452, 0.5161)$

参考数列的始点零化像为：

$$X_0^{*0}(k) = (0,\ 0.0641,\ 0.0407,\ 0.0052,\ 0.0199,\ 0.1532)$$

比较数列的始点零化像为：

$$X_1^{*0}(k) = (0,\ -0.0768,\ -0.129,\ -0.2581,\ -0.3548,\ -0.4839)$$

则：

$$|s_0^*| = 0.2065$$

$$|s_1^*| = 1.0607$$

相对关联度为：

$$\gamma_{01} = \frac{1 + |s_0^*| + |s_1^*|}{1 + |s_0^*| + |s_1^*| + |s_0^* - s_1^*|} = 0.7263$$

4. 求综合关联度，即屠宰环节和牧户之间的效率协调度的计算

本书认为绝对量和变化速率同等重要，故取 $\theta = 0.5$，则有：

$$\rho_{01} = \theta\varepsilon_{01} + (1-\theta)\ \gamma_{01} = 0.6855$$

（五）散养牛产业链的公平协调度

根据前面理论部分变异系数的计算公式，利用散养牛产业链成员的综合成本利润率数据，计算散养牛产业链的公平协调度。其计算结果如表 6-19 所示。

表 6-19　　　　　　　　散养牛产业链公平协调度　　　　　　　单位:%

年份 项目	2009	2010	2011	2012	2013	2014
牧户综合成本利润率	0.31	0.28	0.27	0.23	0.20	0.16
屠宰环节综合成本利润率	11.55	12.29	12.02	11.61	11.78	13.32
销售企业综合成本利润率	15.66	15.38	15.26	22.79	25.80	20.35
平均值 $\bar{x}$	9.1733	9.3167	9.1883	11.5433	12.5933	11.2767
标准差 σ	7.9462	7.9770	7.8873	11.2801	12.8194	10.2489
变异系数 V	0.8662	0.8562	0.8589	0.9772	1.0179	0.9089
协调状态	不协调	不协调	不协调	不协调	不协调	不协调

四　研究结论

产业价值链的协调是产业链建立和运行的重要保障，它的作用是实现链上各利益主体的协同。对于典型牧区特色畜牧产品产业价值链协调

性分析，我们采用效率协调度和效率公平度来进行，具体可将龙头企业与产业链其他成员分享产业链利益的综合成本利润率的关联程度界定为效率协调度，将产业链成员的综合成本利润率与产业链成员平均综合成本利润率的离散程度界定为公平协调度，以保证产业链成员获取利益的公平性。通过建立评价效率协调度灰色关联模型，根据样本数据的计算确定协调度的强度等级，明确各产业链运行的薄弱环节。

　　通过分析发现，散养牛产业链各成员间的效率协调度较强，但其公平协调度在各年间均表现为不协调，这势必影响整个产业链的稳定与持续发展。

第七章 草原畜牧业产业链运行效率机制

草原畜牧业产业链是一个庞大的系统工程。产业链运行模式能否充分发挥作用，利益主体之间的联结是否紧密，主体间利益的分配能否使得各自的利益达到最大化，各主体资源的投入是否已经达到了最大产出，这些在很大程度上都依赖于适宜的、行之有效的产业链运行机制。研究产业链运行的效率机制可以达到整个草原畜牧业产业链上各利益主体的紧密合作，实现产业链条的稳定协调运行，实现资源的最优化配置，在维持现有生态环境的基础上达到最大的产出，对内达到产业链各利益主体利益的最大化，对外达到畜牧业产业链条整体利益的最大化。

第一节 草原畜牧业产业链运行效率机制的基本内涵

一 产业链运行效率的基本内涵

（一）产业链运行效率含义

康鹏（2005）、樊纲（1992）认为，效率是一种对资源的有效配置，是一种投入与产出的关系；萨缪尔森和诺德豪斯（1999）认为，效率是给定一定的技术和投入，而资源的使用没有浪费；英国的经济学家法约尔则将效率分解为技术效率和配置效率；王立成（2000）在对企业效率研究的过程中定义效率为合作效率和配置效率的综合效率。不同的学者有不同的定义，但总体来说，效率一般被定义为在一定的投入量基础上所能产生的有效成果。从管理学角度，"效率"是指时间段内组织的各种投入与产出的比率，这一效率的提高除了设立标准流程和操作规程之外还要设立标准的分工协作规范体系，以实现管理系统协调方面的良性运作。从经济学角度来讲，"效率"则是资源的有效使用和配置。

本书中，产业链的运行效率是指将产业链作为一个整体进行衡量的效率，表现为利益主体之间的合作效率和利益主体的成本投入与经济产出之比的综合绩效表现。提高产业链运行效率主要的措施是加强各利益主体之间的相互合作，减少交易费用削减成本的同时提高产出，以提高各主体的经济效益。

（二）合作效率影响因素

关于合作效率的研究，初期主要集中在工业领域，用一些绩效和财务指标来反映企业的组织效率，这个效率主要是指组织管理工作投入的劳动量与产出的劳动成果之间的比率。随着供应链和产业链的发展，企业间复杂的合作关系使得学者开始从链的视角来研究合作效率。企业间的组织管理体现出的是组织效率，而将这种管理放入链中体现的就是各主体间的合作效率，因此本书认为组织效率便等同于合作效率。研究表明，供应链管理的主要难点便是组织内部以及合作伙伴之间的关系协调，许多关注自身利益分配的组织与企业，现在也将注意力集中在建立良好的合作伙伴关系方面，以期获得整个链条的整体利益，产业链也是如此。目前国内外许多学者对合作效率的理解主要集中在组织绩效、运行绩效和参与主体的合作上。

Ellram（1996）将供应链划分为三个阶段，指出供应链中信任和承诺是合作效率的主要方面；Fynes（2002）认为，影响各成员间合作绩效的主要因素是信任、信心、共享教育和培训；Vander Vorst（1998）首次将影响合作效率的因素概括为风险和成本的降低以及信息沟通的增加；Christian（2002）构建了一个体现供应链反应能力的模型，认为影响供应链反应能力的因素主要有信任、成员间的相互依赖性以及合约的完善程度；Andson（1992）指出建立在成员信任和承诺基础上的合作行为对合作效率有积极的影响；T. K. Das（2003）认为成员的努力、成员之间的利益冲突以及成员之间彼此的相互信赖是关键因素。

曹芳（2004）、吕美晔（2008）认为，产业链的合作效率应重点从企业间物流、新技术和资金的使用以及信息的传递等几方面去评价；李军民（2008）认为，合作效率主要是用来衡量产业链成员之间合作的能力，并选取了组织化水平、合作类型、合作密切程度作为评价合作效率的关键指标；谭涛（2004）将影响合作效率的四个因素归纳为合作能力、合作不确定性、合作意向和合作条件；田露、张越杰（2010）认为，合作意愿是影响合作效率的直接因素，环境的不确定性是间接因素；肖艳丽（2012）通过实证分析，得出经营规模的大小、现有已存在的合作关系以及经营类型等是影响产品流通主体参与合作的主因。

通过对文献的梳理并结合实际情况，我们认为，合作意愿与能力、合作条件、由合作带来的收益、合作形式及由合作带来的风险是影响合作效率的重要维度。

（三）经济效率的影响因素

经济效率实际是指投入产出效率。本书研究的产业链经济效率便是指牧户、合作社和加工企业三个主体的投入产出率。在对经济效率进行分析时，大部分学者均采用 DEA 数据包络模型，将人力、物力和财力作为投入指标，并选取行业产出指标来计算出综合效率值。刘强（2012）在研究煤炭产业的区域产业链效率时采用 DEA 模型分析方法，选取劳动力和资本作为投入指标，选取主营业务成本为产出指标进行了实证分析；林乐碳（2010）在研究农超对接效率时选取货物损失率、投诉率和人力资源投入量为投入指标，选取净利率和利益对接性为产出指标进行 DEA 实证分析；吕涛（2009）在研究煤炭产业链区域效率时将效率分解为技术效率和规模效率，选取劳动力和资本为投入指标，选取产品销售收入为产出指标进行实证分析，最后指出产业链的效率主要取决于不同区域的技术效率。

由于 DEA 计算出的效率值是一个相对值，无法对具体的因素进行分析，因此还需要对造成综合效率值不同的因素进行分析，然而不论是农业还是牧业，学术界的研究尚处于空白，因此无法对具体的因素给出一个总结。本书将在利用问卷数据，结合访谈了解到的内容，进行回归分析并得出主要影响因素。

二 产业链运行效率机制的基本内涵

对于产业链的运行机制，刘贵富（2001）提出六大机制模型，分别是信任契约机制、沟通协调机制、利益分配机制、风险共担机制、竞争谈判机制和监督激励机制；吴彦艳（2009）着重从利益分配、竞争、沟通协调三大机制方面出发构建产业链运行机制动态模型；王秀丽（2007）从自组织理论视角出发对产业链的生成机制进行了分析研究，强调了信息共享机制。上述几位学者的分析基本涵盖了产业链运行的所有机制。本书将运行效率分为合作效率和经济效率，在此基础上提出合作机制和效益机制。

（一）合作效率—合作机制

合作机制的优化主要是为了实现畜牧业产业链的协调运作，提高各成员之间的联结紧密程度，提高整个草原畜牧业产业链各环节主体的合作效率。目前我国的畜牧业产业链存在各环节链接比较松散、信息不对称、交易成本高、利益流主要偏向下游的加工企业、牧户无法获取产业链所带来的加工及服务利润等问题。为了实现"风险共担、利益共享"，就必须提高成员之间的合作，成员之间的合作可以使得交易更加顺畅，降低交易费用，有效缓解供需不平衡问题，并且在畜牧产品的质量上有一定的保证。

本书提出的合作机制主要是产业链成员之间的纵向合作机制，成员主要包括牧户、合作社和加工企业，合作机制的优化也主要是从各成员之间的信任、契约、信息沟通等方面进行，由于合作的实施主要依靠成员自身的努力，所以对成员的主观及客观意识进行评价就显得尤为重要。

（二）经济效率—效益机制

效益是指劳动（包括物化劳动与活劳动）占用或劳动消耗与获得的劳动成果之间的比较。从商品性质上讲，效益是指产出物的社会有用性；从商品的价值量上讲，效益是指产出物的价值量大于投入物的价值量。而效益机制则是指投入机制与产出机制的综合机制。效益机制的特征主要有两点：第一，在现有资源投入量的基础上增大产出，或者维持现有的产出量而减少资源的投入量；第二，保证资源的投入不损害社会环境和经济环境，保证资源投入基础上的产出是有效及有益的，同样不损害社会环境和经济环境。因此，效益机制的优化既包括投入产出方面的优化，也包括质量方面的优化，完善的效益机制会充分利用资源而不造成无谓的浪费。所谓浪费既包括了资源的使用不充分，资源的转化不彻底，也包括质量不过关产品的产出。因此，既要对资源的配置提出要求，又要对技术及质量监管提出要求。

对于草原畜牧业产业链效益机制的优化，很重要的一点是要在维持现有生态环境的基础上提高投入产出率，同时基于效益的概念，还要严格监管产品的出口，使"三鹿奶粉现象"不再出现。

第二节　草原畜牧业产业链运行效率的现状分析

一　四大牧区牧户现状

牧户家庭基本情况。四大牧区中58.3%的家庭属于纯牧户家庭，劳动力人数占家庭总人数的51.1%，大部分劳动力的最高文化程度是初中毕业，文化程度普遍偏低，具体如图7-1所示。71.5%没有参加生产性合作组织，合作社参与率不高。

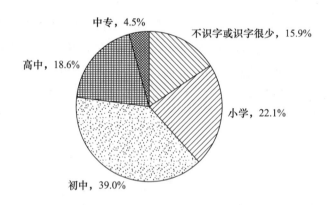

图7-1　牧户劳动力最高文化程度比重

　销售收入情况。家庭牧业收入人均为8044元左右，牧业收入占家庭经营收入的78.4%。94.3%的畜牧产品销售形态为活体出售，主要是直接卖给上门收购的商贩，具体如图7-2所示。牧户中都没有与加工企业、合作社及连锁超市等签订合同约定的比重为80.3%，主要原因是不了解加工企业、合作社及连锁超市这几个方面的信息，其中34.4%认为没有必要签订合同，9.5%曾经加入过但是因为效果不理想而退出。在与加工企业签订合同的牧户中，合同不能或很少执行的比重为41.0%，主要原因是合同价格偏低。在销售产品的过程中，牧户信息的获取主要是凭借以前的经验或者听别人说，通过合作社或者企业来获取信息,牧户的比重仅为13.8%。牧户在销售过程中遇到的最大困难是讨价还价能力低,运输成本高,获取信息的能力差。

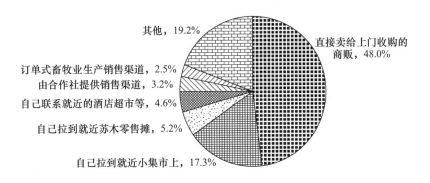

图7-2 牧户畜牧产品的销售渠道

二 四大牧区合作社现状

合作社的经营状况。合作社的成立年限平均为3.7年,成立的年限普遍较短,注册资金平均在120万元左右,其中牧户投资约占71.6%,企事业投资约占6.7%。46.8%的合作社是由养殖大户牵头成立的,具体情况如图7-3所示。合作社成立主要是为了抵抗市场风险,为牧户提供技术、生产资料及市场信息等方面的服务,其服务并不针对某一个特定环节,如图7-4所示。社员加入合作社由社员代表大会决定,入社条件一般要求社员是当地的畜牧业养殖大户、技术能手、运销大户等,一般都设有理事会和监事会,主要负责人由全体会员大会选举,一人一票,由社员代表大会进行重大投资活动的商议决策并决定利益的分配标准及分配方式。近三年来,合作社经营状况普遍反映较好,收益明显,且都有盈余分配。合作社获得的利润38.8%用来给投资者股金分红,36.5%用作合作社自留资金,13.9%用于牧户与合作社的交易返还。合作社资金的获取途径46.8%是社员的股金或会费,20.3%通过银行或信用社贷款获取,政府出资仅占16.5%,相对较少。通过走访调查我们发现,合作社发展的障碍主要来源于资金不足、牧户缺乏合作意识、政府缺乏支持措施这三个方面,具体如图7-5所示。

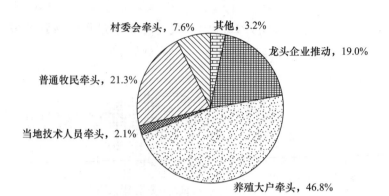

图 7 - 3　合作社成立的方式

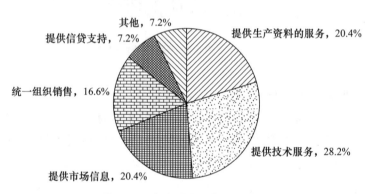

图 7 - 4　合作社主要提供的服务

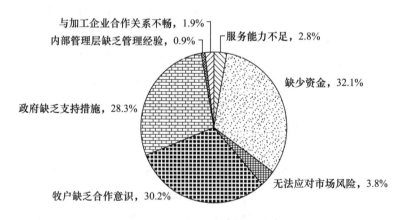

图 7 - 5　合作社发展障碍的比重

合作社的合作现状和意愿。合作社与牧户主要是通过面谈来传递信息，通过签订合同达成合作；合作社与加工企业主要通过电话和传真传递信息，通过市场交易来达成合作。62.5%的合作社在产品达到一定数量时不能够获得加工企业的提成。25%的合作社愿意与牧户进行横向合作，7.7%的合作社愿意与牧户进行纵向合作，由此可以看出，不论是合作社还是牧户，均缺乏纵向合作的意识。

三　四大牧区加工企业现状

企业的基本情况。畜牧产品加工企业大部分属于集体所有制企业，固定资产在500万—5000万元，年销售额一般在5000万—1亿元，近三年普遍盈利，市场价格稳定，40%的企业主要从事畜牧产品的深加工，生产的产品主要是流向全国市场。加工企业对畜牧产品原料的质量要求较高，生产经营的成本由大到小依次是原料、加工、研发、销售和运输，加工企业一般均有订单基地，主要的组织经营模式是"企业＋基地＋牧户"的形式，且企业管理层认为此种组织经营模式是最理想的模式。每个加工企业均有自己固定的运输车辆、搬运装卸设备和采购人员，采购原材料主要考虑的因素是品质好、运输距离短、能够获得稳定货源。原料采购销售大部分采用自营物流。销售产品主要考虑的因素是销路是否有保证，是否有利于品牌推广。畜牧产品的收购价格主要是随行就市，少部分采用最低保护价和合同价收购，货款支付采用一手交钱一手交货形式。

企业合作现状。目前的加工企业多数是与牧户直接合作，由此弱化了合作社的作用。企业与牧户传递信息主要依靠电话、传真等，合作方式大部分是年度订单形式。大部分企业带动的牧户数量为1000户以下，辐射范围较小。企业从牧户手中收购的畜牧产品占收购总量的50%—75%，占牧户畜牧产品总量的50%—75%。企业向牧户主要是提供技术服务，在与牧户合作过程中主要通过派人巡视和随机抽查对生产过程进行控制，以确保畜牧产品达到质量要求。企业与牧户合作的目的是保证原料供应和产品质量；其次为稳定收购价格，减低交易成本。在与牧户合作过程中会有违约行为，主要原因是牧户畜牧产品的质量不符合要求。

四　四大牧区草原畜牧业产业链运行现状

通过以上对四大牧区牧户、合作社及加工企业的问卷进行简单统计分析，可以看出：目前牧户的合作意识比较弱，有的牧户基本对合作社没有概念，加之牧区偏远，科技不发达，信息的传递也比较落后，牧民要想及时获取信息比较困难，因此牧户对合作社的参与率较低。再看合作社自身的发展，目前合作社存在的问题是资金缺乏，辐射带动范围小，所带来的利润增加幅度也不大，由于政府对合作社的扶持力度比较小，合作社的发展也就比较缓慢，而且合作社也没有意识到与加工企业合作的重要性，二者之间的合作率甚至达不到牧户对合作社的参与率。加工企业目前存在的问题是规模较小、数量少，且加工企业的投入产出效率偏低、深加工技术不先进导致资源的浪费，企业对牧户的产品质量监督不到位，出现大量畜牧产品质量不达标问题，另外由于大多数加工企业的收购采用随行就市价格，会导致当市场价格高于合同价格时，合作方违约现象严重，货源不稳定，而技术更新速度慢则导致畜牧产品转化程度低，附加价值小，利润率降低，无法真正带动牧户致富。因此，对整个草原畜牧业产业链的合作效率和经济效率进行分析便显得尤为重要。

第三节　草原畜牧业产业链合作效率的影响因素分析

一　层次分析法的基本理论

层次分析法（Analytic Hierarchy Process，AHP），最早由美国运筹学家萨蒂（T. L. Saaty）提出。

AHP 是一种可以将定性与定量相结合的评价决策方法，首先将复杂的问题细化为具体要素，按照考虑的因素与决策对象之间的关系将这些细化的要素构成递阶层次结构，然后对每一层的元素进行两两比较确定权重，最后在备选方案中按照权值大小进行选择。AHP 是将人的主观判断用数量形式处理的一种方法，这一方法在经济文化、军事、教育等方面得到了广泛的应用。具体模型构建如下：

（一）构建层次分析结构

这是 AHP 中最重要的一步，合理的层次分析结构决定了最后结果的有效程度，因此首先要把问题条理化、层次化。AHP 模型主要分目标层、准则层和方案层三层，目标层是最高层，方案层是最底层，如图7-6 所示。

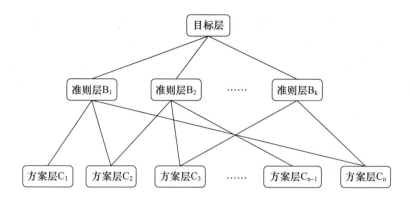

图 7 - 6　AHP 层次分析模型

（二）构造判断矩阵

判断矩阵表示方案层的元素 C_1，C_2，$\cdots$，C_n 对准则层元素 B_k 而言重要程度的相对量度。AHP 中为了形成数值判断矩阵，常须根据一定比率标度量化判断指标，一般使用 1—9 标度方法，表 7 - 1 表示判断矩阵标度值及其具体的含义。

表 7 - 1　　　　　　　　　判断矩阵的标度值及具体含义

序号	重要性等级	C_{ij} 赋值
1	元素 i、j 相比较，同等重要	1
2	元素 i 比 j 稍微重要	3
3	元素 i 比 j 明显重要	5
4	元素 i 比 j 强烈重要	7
5	元素 i 比 j 极端重要	9
6	元素 i 比 j 稍不重要	1/3
7	元素 i 比 j 明显不重要	1/5
8	元素 i 比 j 强烈不重要	1/7
9	元素 i 比 j 极端不重要	1/9

$C_{ij} = \{2, 4, 6, 8, 1/2, 1/4, 1/6, 1/8\}$ 表示重要性分别介于 $\{1, 3, 5, 7, 9, 1/3, 1/5, 1/7, 1/9\}$ 之间

将 n 个元素进行两两比较构造判断矩阵 $C = (C_{ij})_{n \times n}$，$C_{ij}$ 表示元素 i 和 j 相对目标的重要值，形式如表 7 - 2 所示。

（三）判断矩阵的一致性检验

进行一致性检验主要是为了防止判断思维出现相互矛盾，比如若有

A 比 B 极端重要，B 比 C 极端重要，C 又比 A 极端重要，这很显然已经违反了常识。一致性检验一般借助于一致性指标 CI、平均随机一致性指标 RI、随机一致性比率 CR。同阶判断矩阵 CI 值越接近于 0，表明一致性越好；不同阶判断矩阵则需要使用平均随机一致性指标 RI，RI 的值如表 7-3 所示；随机一致性比率 CR 是 CI 与 RI 的比值，当判断矩阵结果大于 2 时，随机一致性比率 $CR = \dfrac{CI}{RI} < 0.10$，则判断矩阵具有满意的一致性，否则须要重新调整判断矩阵。

表 7-2   判断矩阵

B_k	C_1	C_2	…	C_n
C_1	C_{11}	C_{12}	…	C_{1n}
C_2	C_{21}	C_{22}	…	C_{2n}
…	…	…	…	…
C_n	C_{n1}	C_{n2}	…	C_{nn}

表 7-3   不同阶数的 RI 值

阶数	1	2	3	4	5	6	7	8	9
RI 值	0.00	0.00	0.58	0.90	1.12	1.24	1.32	1.41	1.45

（四）层次单排序

理论上的层次单排序为计算判断矩阵最大特征根和特征向量的问题，实际中解决的问题为对上层某一元素而言，本层与之有关的因素重要性的权值，在这里我们主要使用相对简便易行的方根法，步骤如下：

（1）计算判断矩阵每一行元素的乘积 M_i：

$$M_i = \prod_{j=1}^{n} a_{ij}(i = 1,2,\ldots,n)\;; \tag{7-1}$$

（2）计算 M_i 的 n 次方根 $\overline{W}_i$：

$$\overline{W}_i = \sqrt[n]{M_i}\,; \tag{7-2}$$

（3）对向量 $\overline{W} = [\overline{W}_1,\ \overline{W}_2,\ \cdots,\ \overline{W}_n]^T$ 进行归一化处理：

$$W_i = \frac{\overline{W}_i}{\sum\limits_{j=1}^{n} \overline{W}_j} \tag{7-3}$$

即为判断矩阵的特征向量；

（4）计算判断矩阵的最大特征根 λ_{max}：

$$\lambda_{max} = \sum_{i=1}^{n} \frac{(AW)_i}{nW_i} \qquad (7-4)$$

（五）层次总排序

层次总排序即沿着层次由上而下逐层计算，最后得出方案层因素对于目标层相对重要性的总排序值，AHP 方法中无须对层次总排序进行一致性检验。

（六）决策

利用 AHP 得出的只是一个粗略的排序，适用于对定量要求较低的问题。

二　合作效率的评价维度分析

目前，国家大力提倡发展牧业合作社，倡导"牧户＋合作社＋加工企业"的经营模式。我们通过对四大牧区进行比较，发现合作社的发展越好，农牧民的收入越高。由此可以看出，合作社在畜牧业经济发展中具有非常重要的作用。合作社是联结牧户与加工企业的重要桥梁，合作社与牧户的联结对提高牧民讨价还价能力、提高牧民在生产销售过程中的话语权、保障牧民的产品销路等方面具有重要作用，合作社与加工企业的联结可以有效克服目前企业收购分散、畜牧产品质量得不到保证、货源不稳定的现象，因此我们从合作社这一重要纽带入手来分析整条畜牧业产业链的合作效率情况。在第二章中，我们梳理了众多学者对合作效率影响因素的分析，得出影响产业链合作效率的因素主要分为六个维度，分别是合作意愿、合作能力、合作条件、合作收益、合作形式、合作风险，结合实地调研获取的资料，得出对草原畜牧业产业链合作效率有重要影响的五个维度：合作意向、合作能力、合作条件、合作程度和环境的不确定性。

（一）合作意向

合作意向是双方建立合作的基础，牧户与合作社、合作社与加工企业合作意向的强弱将直接影响整个产业链的合作效率。合作意向包括双方之间的信任、承诺、依赖以及合作所能带来的利益。我们将信任、承诺、依赖分别概括为成员相互之间的信任程度和依赖程度。这些因素可以通过双方之间的信任是否经过了长时间的培养而形成，承诺是否在一定程度上可以代替合同；双方是否认为彼此是可靠的，且在供需、资源、技术服务等方面是否带有一定的依赖性；合作主要从是否会带来交易成本的削减、获利的增加，是否可以带来自身技术能力的提高，是否会提高抵抗市场风险的能力等方面来体现。

（二）合作能力

通常来说，产业链中成员的合作能力越强，合作效率越高，形成稳定协调合作关系的可能性就越大。合作能力从两方面体现出来，即静态的成员自身实力和动态的响应协调能力。静态的自身实力主要体现在合作双方至少有一方有足够的资金进行成员之间的纵向联结，至少有一方能够掌握特定的资源，至少有一方对市场的影响较大。响应协调能力主要体现在一方能否在市场环境发生变化时及时地做出反应而不至于打破现有的平衡。

（三）合作条件

合作条件主要体现在合作双方的信息沟通渠道、信息化程度和合约的完善程度等方面。信息沟通渠道主要包括电话、传真、电子邮件以及门户网站等；信息化程度可以通过合作双方是否具有方便快捷的电话网络环境并且频繁使用，是否建立特定的信息管理系统，是否有自己专门的网站门户以及网站门户的信息更新是否及时等体现。合约的完善程度主要体现在合作双方是否职责明确，违约后承担的责任是否详细，是否建立了合理明确的分歧解决机制，对订单货物的收购销售等是否有详细的物流规定等几个方面。

（四）合作程度

合作程度主要包括合作方式、成员间合作的稳定性和密切性三个方面。合作方式主要有市场交易、口头协议、年度订单和签订合同四种形式。通过调查，我们发现年度订单和签订合同最有利于维护双方之间的合作。成员间合作的稳定性主要体现在双方是否经常有违约行为，合作时间的长短以及当发生矛盾时是否会轻易地放弃对方。例如，当牧户与合作社签订的合同价格低于市场价格时，牧户是否会选择放弃合同而直接转向市场交易。合作的密切性主要体现在合作双方面对面交流的频繁程度，合作社及加工企业是否会经常派技术人员进行各项交流，加工企业是否经常向合作社提供市场、技术等信息，合作社向牧户传达的信息是否频繁、及时等方面。

（五）环境的不确定性

牧户、合作社以及加工企业所处外部环境的不确定性对整个草原畜牧业产业链的紧密联结与合作有着不确定作用。这些因素主要体现在国家政策的变更，例如退牧还草政策等；体现在产业链成员所处环境的市场风险，例如市场供需波动、国际市场量价波动等；体现在产品以及行业技术的更新上。具体表现在：国家规定牧户每年的禁牧面积、禁牧补贴、休牧面积、轮牧面积，每年的退牧还草面积，还草补贴以及各种防疫、育种补贴等方面，以及国家每年为牧业所拨出的扶持资金，为合作社和加工企业发放的扶持资金，国有银行对畜牧业企业的放贷政策；体现在市场的畜牧产品供需状况，原材料及畜牧产成品价格波动的影响；体现在畜牧产品加工技术的更新速度，畜牧产品加工设备的引进是否及时等方面。

将上述五个维度列成三级指标图，如表7－4所示。

表7－4　　　　　　　　　　合作效率维度及指标

一级指标	二级指标	三级指标	对应三级指标的具体问题
合作社与其他利益主体的合作效率	合作意向	相互信任程度	双方之间的信任是否经过了长时间的培养而形成，承诺是否在一定程度上可以代替合同
		相互依赖度	双方是否认为彼此是可靠的，且在供需、资源、技术服务等方面有一定的依赖性
		合作带来的收益	是否会带来交易成本的削减、获利的增加，是否可以带来自身技术能力的提高，是否会提高抵抗市场风险的能力
	合作能力	自身实力	合作双方至少有一方有足够的资金进行成员之间的纵向联结，至少有一方能够掌握特定的资源，至少有一方对市场的影响相对较大
		响应协调能力	一方能否在市场环境发生变化时快速及时地做出相应的反应
	合作条件	信息化程度	合作双方是否具有方便快捷的电话网络环境并且频繁使用，是否建立特定的信息管理系统，是否有自己专门的网站门户及网站门户的信息更新是否及时
		沟通渠道	主要采用电话、传真、电子邮件以及门户网站中的哪一种方式进行沟通
		合约完善程度	合作双方是否职责明确，违约后承担的责任是否详细，是否建立了合理明确的分歧解决机制，对订单货物的收购销售等是否有详细的物流规定

续表

一级指标	二级指标	三级指标	对应三级指标的具体问题
合作社与其他利益主体的合作效率	合作程度	合作方式	主要采用市场交易、口头协议、年度订单和签订合同中的哪一种形式
		合作稳定性	双方是否经常有违约行为，合作时间的长短，当发生矛盾时是否会轻易地放弃对方
		合作密切性	合作双方面对面交流的频繁程度，合作社及加工企业是否会经常派技术人员进行各项交流，加工企业是否经常向合作社提供市场、技术等方面的信息，合作社向牧户传达信息是否频繁
	环境的不确定性	国家政策	国家规定牧户每年的禁牧面积、禁牧补贴、休牧面积、轮牧面积，每年的退牧还草面积、退牧还草补贴以及各种防疫、育种补贴等，国家每年为畜牧业拨出的扶持资金，为合作社及加工企业发放的扶持资金，国有银行对畜牧业的放贷政策
		市场风险	市场的畜牧产品供需状况，原材料及畜牧产成品价格波动的影响因素
		产品技术的革新	畜牧产品加工技术的更新速度、畜牧产品加工设备的引进是否及时

三 AHP层次分析模型构建

本书首先使用德尔菲法，提炼出合作社及加工企业调查问卷中相关的问题项，咨询合作社和加工企业相关的管理层人士，对调查问卷的每个问题进行两两打分以确定其相对重要性，然后利用 yaAHP12.0 软件对数据进行处理，其过程如下。

（一）构造合作效率层次分析模型

该模型分为四个层次，如图7-7所示。

目标层：合作效率 A；

准则层1：合作意向 B1，合作能力 B2，合作条件 B3，合作程度 B4，环境不确定性 B5；

准则层2：相互信任度 C1，相互依赖度 C2，合作带来的收益 C3，自身实力 C4，快速反应能力 C5，信息化程度 C6，沟通渠道 C7，合约完善程度 C8，合作方式 C9，合作稳定性 C10，合作密切性 C11，国家政策 C12，市场风险 C13，产品技术革新 C14；

方案层：牧户 D1，加工企业 D2。

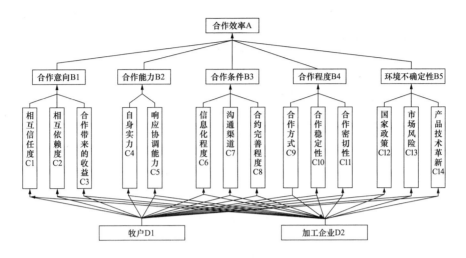

图 7 - 7　合作效率层次分析模型

（二）构造判断矩阵

根据德尔菲法得出的分值大小，我们构造出判断矩阵，A—B 层判断矩阵如表 7 - 5，B—C 层判断矩阵如表 7 - 6，C—D 层判断矩阵如表 7 - 7 所示。

表 7 - 5　　　　　　　　　　A—B 层判断矩阵

A	B1	B2	B3	B4	B5
B1	1	1/3	1/4	2	5
B2	3	1	1/2	5	8
B3	4	2	1	6	9
B4	1/2	1/5	1/6	1	3
B5	1/5	1/8	1/9	1/3	1

表 7 - 6　　　　　　　　　　B—C 层判断矩阵

B1	C1	C2	C3	B2	C4	C5
C1	1	1/5	1/8	C4	1	5
C2	5	1	1/4			
C3	8	4	1	C5	1/5	1

续表

B3	C6	C7	8	B4	C9	C10	C11
C6	1	4	1/3	C9	1	7	2
C7	1/4	1	1/7	C10	1/7	1	1/5
C8	3	7	1	C11	1/2	5	1

B5	C12	C13	C14
C12	1	3	6
C13	1/3	1	3
C14	1/6	1/3	1

表 7 – 7   C—D 层判断矩阵

C1	D1	D2	C2	D1	D2
D1	1	3	D1	1	3
D2	1/2	1	D2	1/3	1

C3	D1	D2	C4	D1	D2
D1	1	1	D1	1	1/5
D2	1	1	D2	5	1

C5	D1	D2	C6	D1	C2
D1	1	1/3	D1	1	3
D2	3	1	D2	1/3	1

C7	D1	C2	C8	D1	C2
D1	1	3	D1	1	1/7
D2	1/3	1	D2	7	1

C9	D1	C2	C10	D1	C2
D1	1	6	D1	1	1/6
D2	1/6	1	D2	6	1

C11	D1	D2	C12	D1	D2
D1	1	5	D1	1	1
D2	15	1	D2	1	1

C13	D1	C2	C14	D1	C2
D1	1	1/8	D1	1	1/9
D2	8	1	D2	9	1

（三）检验判断矩阵的一致性

对检验结果进行汇总，整理得出表7－8和表7－9，最后一列给出该判断矩阵是否通过了一致性检验，若通过一致性检验，给出结论是"完全一致性"检验还是"满意一致性"检验。

表7－8　　　　　　　　　判断矩阵 A、B 的一致性检验

	A	B1	B2	B3	B4	B5
阶数 n	5	3	2	3	3	3
CI	0.0284	0.0470	0	0.0162	0.0071	0.0091
RI	1.12	0.58	1E－6	0.58	0.58	0.58
CR	0.0253	0.0810	0	0.0279	0.0122	0.0158
λ_{max}	5.1135	3.0940	2.0000	3.0324	3.0142	3.0183
一致性检验判断	满意一致性	满意一致性	完全一致性	满意一致性	满意一致性	满意一致性

表7－9　　　　　　　　　判断矩阵 C 的一致性检验

	C1	C2	C3	C4	C5	C6	C7
阶数 n	2	2	2	2	2	2	2
CI	0	0	0	0	0	0	0
RI	1E－6	1E－6	1E－6	1E－6	1E－6	1E－6	1E－6
CR	0	0	0	0	0	0	0
λ_{max}	2	2	2	2	2	2	2
一致性检验判断	完全一致性	完全一致性	完全一致性	完全一致性	完全一致性	完全一致性	完全一致性
	C8	C9	C10	C11	C12	C13	C14
阶数 n	2	2	2	2	2	2	2
CI	0	0	0	0	0	0	0
RI	1E－6	1E－6	1E－6	1E－6	1E－6	1E－6	1E－6
CR	0	0	0	0	0	0	0
λ_{max}	2	2	2	2	2	2	2
一致性检验判断	完全一致性	完全一致性	完全一致性	完全一致性	完全一致性	完全一致性	完全一致性

由表7－8和表7－9我们得出，所有的判断矩阵均通过了一致性

检验。

（4）层次单排序，如表 7 - 10。

表 7 - 10 层次单排序权重

指标 1	权重 1	指标 2	权重 2	指标 3	权重 3
B1：合作意向	0.1304	C1：相互信任度	0.0643	D1：牧户	0.8333
				D2：加工企业	0.1667
		C2：相互依赖度	0.2371	D1：牧户	0.8333
				D2：加工企业	0.1667
		D3：合作带来的收益	0.6986	D1：牧户	0.5000
				D2：加工企业	0.5000
B3：合作能力	0.3067	C4：自身实力	0.8333	D1：牧户	0.1667
				D2：加工企业	0.8333
		C5：响应协调能力	0.1667	D1：牧户	0.2500
				D2：加工企业	0.7500
B3：合作条件	0.4552	C6：信息化程度	0.2628	D1：牧户	0.7500
				D2：加工企业	0.2500
		C7：沟通渠道	0.0786	D1：牧户	0.7500
				D2：加工企业	0.2500
		C8：合约完善程度	0.6586	D1：牧户	0.1250
				D2：加工企业	0.8750
B4：合作程度	0.0743	C9：合作方式	0.5917	D1：牧户	0.8571
				D2：加工企业	0.1429
		C10：合作稳定性	0.0751	D1：牧户	1.1429
				D2：加工企业	0.8571
		C11：合作密切性	0.3332	D1：牧户	0.8333
				D2：加工企业	0.1667
B5：环境不确定性	0.0334	C12：国家政策	0.6548	D1：牧户	0.5000
				D2：加工企业	0.5000
		C13：市场风险	0.2499	D1：牧户	0.1111
				D2：加工企业	0.8889
		C14：产品技术革新	0.0953	D1：牧户	0.1000
				D2：加工企业	0.9000

（5）层次总排序。

运用简单的 EXCEL 表格，分别计算出牧户背景下和加工企业背景下 14 个因素在准则层的权重，然后进行排序，得出影响牧户与合作社合作效率、加工企业与合作社合作效率的主要因素，如表 7 - 11 和表 7 - 12 所示。

表 7 - 11　　　　　　　　牧户背景下层次总排序权重

指标 1	权重 1	指标 2	权重 2	牧户权重	层次总排序权重	排序
B1：合作意向	0.1304	C1：相互信任度	0.0643	0.8333	0.0070	11
		C2：相互依赖度	0.2371	0.8333	0.0258	7
		C3：合作带来的收益	0.6986	0.5000	0.0455	2
B2：合作能力	0.3067	C4：自身实力	0.8333	0.1667	0.0426	3
		C5：响应协调能力	0.1667	0.2500	0.0128	9
B3：合作条件	0.4552	C6：信息化程度	0.2628	0.7500	0.0897	1
		C7：沟通渠道	0.0786	0.7500	0.0268	6
		C8：合约完善程度	0.6586	0.1250	0.0375	5
B4：合作程度	0.0743	C9：合作方式	0.5917	0.8571	0.0377	4
		C10：合作稳定性	0.0751	0.1429	0.0008	13
		C11：合作密切性	0.3332	0.8333	0.0206	8
B5：环境不确定性	0.0334	C12：国家政策	0.6548	0.5000	0.0109	10
		C13：市场风险	0.2499	0.1111	0.0009	12
		C14：产品技术革新	0.0953	0.1000	0.0003	14

表 7 - 12　　　　　　　　加工企业背景下层次总排序权重

指标 1	权重 1	指标 2	权重 2	加工企业权重	层次总排序权重	排序
B1：合作意向	0.1304	C1：相互信任度	0.0643	0.1667	0.0014	14
		C2：相互依赖度	0.2371	0.1667	0.0052	10
		C3：合作带来的收益	0.6986	0.5000	0.0455	3
B2：合作能力	0.3067	C4：自身实力	0.8333	0.8333	0.2130	2
		C5：响应协调能力	0.1667	0.7500	0.0383	4

续表

指标1	权重1	指标2	权重2	加工企业权重	层次总排序权重	排序
B3：合作条件	0.4552	C6：信息化程度	0.2628	0.2500	0.0299	5
		C7：沟通渠道	0.0786	0.2500	0.0089	7
		C8：合约完善程度	0.6586	0.8750	0.2623	1
B4：合作程度	0.0743	C9：合作方式	0.5917	0.1429	0.0063	9
		C10：合作稳定性	0.0751	0.8571	0.0048	11
		C11：合作密切性	0.3332	0.1667	0.0041	12
B5：环境不确定性	0.0334	C12：国家政策	0.6548	0.5000	0.0109	6
		C13：市场风险	0.2499	0.8889	0.0074	8
		C14：产品技术革新	0.0953	0.9000	0.0029	13

四 实证结果与分析

（一）牧户与合作社的合作效率

通过上述模型的计算我们可以得出，在 B 层次的 5 项因素中，影响牧户与合作社进行合作的因素按照影响程度大小依次为合作条件、合作能力、合作意向、合作程度和环境不确定性，其中权重较大的是合作条件、合作能力和合作意向，合作程度和环境不确定性对合作效率影响程度不大（见图 7 - 8）。

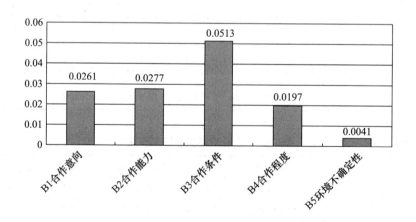

图 7 - 8　影响牧户与合作社合作效率的 B 层因素权重

在 C 层次的 14 项因素中我们按照权重进行排序，可以看出影响牧

户与合作社二者合作效率的因素按照大小程度依次为：C6 信息化程度，
C3 合作带来的收益，C4 自身实力，C9 合作方式，C8 合约完善程度，
C7 沟通渠道，C2 相互依赖程度，C11 合作的密切性，C5 响应协调能
力，C12 国家政策，C1 相互信任度，C13 市场风险，C14 产品技术革新
（见图 7 - 9）。

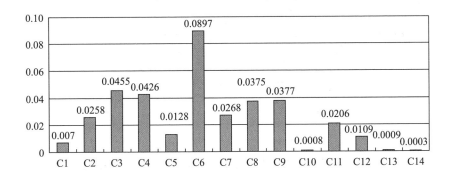

图 7 - 9　影响牧户与合作社效率的 C 层因素权重

将 B 层因素与 C 层因素相结合我们发现，通过影响合作条件来影
响牧户与合作社合作效率的因素主要是信息化程度和合约完善程度；通
过影响合作意向来影响牧户与合作社合作效率的因素主要是合作带来的
收益；通过影响合作能力来影响牧户与合作社合作效率的因素主要是自
身实力。而合作程度和环境不确定性对合作效率的总影响相对较小，影
响合作程度较大的主要是合作方式，影响环境不确定性的因素主要是国
家政策。

（二）加工企业与合作社的合作效率分析

通过上述模型的计算我们得出在 B 层次的 5 项因素中，影响加工企
业与合作社合作的主要因素按照影响程度的大小依次是合作能力、合作
条件、合作意向、环境不确定性和合作程度，其中明显可以看出合作能
力与合作条件的权重较大（见图 7 - 10）。

在 C 层次的 14 项因素中我们按照权重进行排序，可以看出影响加
工企业与合作社合作效率的因素按照大小程度依次为：C8 合约完善程
度，C4 自身实力，C3 合作带来的收益，C5 响应协调能力，C6 信息化
程度，C12 国家政策，C7 沟通渠道，C13 市场风险，C9 合作方式，C2

相互依赖度，C10 合作稳定性，C11 合作密切性，C14 产品技术革新，C1 相互信任度（见图 7 - 11）。

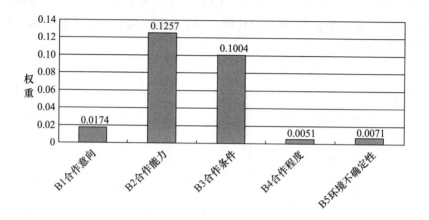

图 7 - 10　影响加工企业与合作社合作效率的 B 层因素权重

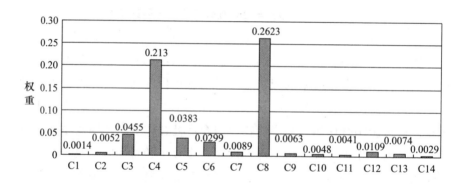

图 7 - 11　影响加工企业与合作社合作效率的 C 层因素权重

将 B 层与 C 层因素相结合我们发现，通过影响合作能力来影响加工企业与合作社合作效率的因素主要是自身的实力，其次为响应协调能力，通过影响合作条件来影响加工企业与合作社合作效率的因素主要是合约完善程度和信息化程度，合作意向、合作程度和环境不确定性对合作效率的总影响比较小，其中合作意向主要是受合作带来的收益影响较大，合作程度主要受合作方式的影响，环境不确定性主要是受国家政策的影响。

五　结论

根据实证结果的分析，将 B 层因素与 C 层因素相结合，我们发现影响牧户与合作社合作效率、加工企业与合作社合作效率的最主要公共因素是合约完善程度、信息化程度、自身实力、合作带来的收益，次要的公共因素是合作方式和国家政策。尽管这些因素对牧户与合作社、对加工企业与合作社的影响权重各不相同，但是从这几方面着手可以达到提高整体产业链合作效率的效果，因此这几个因素便是我们重点关注的方面。

第四节　草原畜牧业产业链经济效率的影响因素分析

一　牧户经济效率的影响因素分析

首先根据课题组对四大牧区调研得到的调查问卷进行指标筛选与处理，使用 DEA 数据包络模型计算出各决策单元的综合效率、纯技术效率和规模效率，然后将 DEA 得出的综合效率值作为第二阶段多元线性回归的因变量，利用多元线性回归模型分析问卷各指标中对经济效率有影响的因素，并得出各因素对经济效率的影响程度。

（一）数据包络评价牧户的经济效率

1. 数据包络—DEA 的基本理论

数据包络分析（Data Envelopment Analysis，DEA）是由著名运筹学家查恩斯（Charnes）和库珀（Copper）等提出的，用于评价相同部门或单元的相对有效性（即 DEA 有效），适用于评价相同类型有关多投入、多产出的决策单元是否技术有效及规模有效的一种方法。DEA 最典型的模型是 CCR 模型和 BCC 模型：CCR 模型是以分式的形式给出，其基本的假设条件是规模报酬不变；BCC 模型则将 CCR 模型认为的规模报酬不变这一条件剔除，用以衡量不同规模状态下的相对有效性。

决策单元（Decision Making Units，DMU）是指投入一定生产要素产出一定数量产品的不同活动单元，其目的都是为了使这一活动获得最大收益。DMU 的选取必须满足一定的条件：第一，所有的 DMU 必须有相同的目标和任务、相同的外部环境和输入输出指标（在外部环境和内部结构无多大变化的情况下，同一个 DMU 的不同时段也可视为同类型

DMU）；第二，DMU 的个数要大于投入产出指标的总个数，最好为投入产出指标的 2—3 倍。

投入产出指标：DEA 是根据投入产出指标的数据来判断相对有效性的，因此投入指标要体现 DMU 在活动中耗费的经济量，产出指标要能体现 DMU 产出成效的经济量。关于指标的选取，第一，投入指标要真实反映决策单元的投入情况；第二，指标选取的范围要统一；第三，投入指标之间、产出指标之间不能出现较强的相关性。

假设有 n 个 DMU，每个 DMU 都有 m 种投入和 s 种产出，投入用 X 表示，产出用 Y 表示，则有如下向量：

$$X_j = (x_{1j}, \ x_{2j}, \ \cdots, \ x_{mj})^T > 0, \ j = 1, \ 2, \ \cdots, \ n \qquad (7-5)$$

$$Y_j = (y_{1j}, \ y_{2j}, \ \cdots, \ y_{sj})^T > 0, \ j = 1, \ 2, \ \cdots, \ n \qquad (7-6)$$

引入松弛变量 s^+ 和剩余变量 s^-，建立一个带有非阿基米德无穷小的线性规划对偶规划，公式如下：

$$\begin{cases} \min\theta, \\ st. \ \sum_{j=1}^{n} \lambda_j x_j + s^+ = \theta x_0, \\ \sum_{j=1}^{n} \lambda_j y_j - s^- = y_0, \\ \lambda_j \geq 0, j = 1, 2, \cdots, n, \\ \theta \text{ 无约束}, s^+ \geq 0, s^- \geq 0 \end{cases} \qquad (7-7)$$

θ 为 DMU 的有效值，λ 是 DMU 的线性组合系数。

式（7-7）即为 CCR 模型，利用此模型可判断决策单元是 DEA 有效、弱 DEA 有效还是非 DEA 有效。

BCC 模型则是通过增加一个凸性假设 $\sum \lambda = 1$，模型如式（7-8）：

$$\begin{cases} \min\theta, \\ st. \ \sum_{j=1}^{n} \lambda_j x_j + s^+ = \theta x_0, \\ \sum_{j=1}^{n} \lambda_j y_j - s^- = y_0, \\ \sum_{j=1}^{n} \lambda_j = 1, \\ \lambda_j \geq 0, j = 1, 2, \cdots, n, \\ \theta \text{ 无约束}, s^+ \geq 0, s^- \geq 0 \end{cases} \qquad (7-8)$$

2. DEA 模型指标的选取与处理

在调研的过程中我们发现，牧户与农户有一个非常明显的不同，即牧户通常是两三户聚在一起，同一个地点的牧户要么同时参与产业链，要么同时不参与产业链。因此，我们按照是否加入合作社或者是否与加工企业签订产销合同等将三个牧户划分为一个决策单元。通过对问卷的处理，我们一共划分出 89 个 DMU，将每个 DMU 的各指标之和作为投入产出的指标，一定程度上也能剔除一部分个别案例。

投入产出指标的选取。对投入指标的选取我们一般遵循投入涉及 DMU 的人力、物力和财力，产出涉及 DMU 的经济效益这一原则。根据牧户投入产出的相关因素，本书在投入指标方面选用每个决策单元的劳动力人数 X_1 和用于生产性固定资产的最初建造价 X_2 来体现人力和财力方面的投入，以每户家庭牧业收入（Y）作为产出指标，来进行 DEA 效率的计算。

由于 DEA 要求投入指标之间和产出指标之间不能出现较强的相关性，因此第一步首先利用 SPSS17.0 对投入和产出各自指标间的相关性进行检验。投入指标 X_1 与 X_2 之间的皮尔逊相关系数为 -0.020，相关性很弱，适合进行 DEA 效率的运算，因此最终确定投入指标即为 X_1 和 X_2，如表 7-13 所示：

表 7-13　　　　　　DEA 数据包络模型投入产出指标的选取

产出指标	Y：家庭牧业收入（元）
投入指标	X_1：每户家庭的劳动力人数（人）
	X_2：生产性固定资产的最初建造价（元）

利用 DEAP2.1 数据处理软件，采用面向产出导向型（因为本书主要研究在现有投入的基础上如何达到最大化产出或者应当达到怎样的产出水平，所以采用面向产出导向型），选用规模效益可变的 BCC 模型，得到效率评价值（见表 7-14）。

表 7 – 14　　　　　　　　　DEA 数据包络效率评价值

DMU	综合效率	纯技术效率	规模效率	规模收益变化
1	0.137	0.168	0.815	递减
2	0.652	0.658	0.990	递减
3	0.347	0.400	0.869	递减
4	0.300	0.338	0.887	递减
5	0.313	0.500	0.627	递减
6	0.567	0.576	0.984	递减
7	0.566	0.608	0.931	递减
8	1.000	1.000	1.000	持平
9	1.000	1.000	1.000	持平
10	0.352	0.500	0.705	递减
11	0.582	0.653	0.890	递减
12	0.158	0.200	0.789	递减
13	0.345	0.421	0.820	递减
14	0.531	0.585	0.908	递减
15	0.446	0.526	0.848	递减
16	0.361	0.500	0.723	递减
17	0.339	0.365	0.931	递减
18	0.207	0.250	0.827	递减
19	0.279	0.400	0.696	递减
20	0.362	0.526	0.688	递减
21	0.819	0.916	0.895	递减
22	1.000	1.000	1.000	持平
23	0.670	0.723	0.926	递减
24	0.291	0.500	0.581	递减
25	0.133	0.139	0.958	递减
26	0.400	0.451	0.887	递减
27	0.485	0.545	0.890	递减
28	0.327	0.421	0.777	递减
29	0.942	0.995	0.947	递减
30	0.345	0.421	0.820	递减
31	0.227	0.227	1.000	持平
32	0.531	0.700	0.759	递减

续表

DMU	综合效率	纯技术效率	规模效率	规模收益变化
33	0.516	0.900	0.573	递减
34	0.568	0.568	1.000	持平
35	0.460	0.700	0.657	递减
36	0.918	1.000	0.918	递增
37	0.447	0.476	0.940	递增
38	0.099	0.150	0.663	递减
39	0.167	0.180	0.924	递减
40	0.574	0.684	0.838	递减
41	0.099	0.120	0.821	递减
42	0.237	0.400	0.592	递减
43	0.640	1.000	0.640	递减
44	0.653	0.659	0.990	递减
45	0.555	0.580	0.957	递减
46	0.089	0.105	0.843	递减
47	0.882	1.000	0.882	递增
48	0.101	0.170	0.596	递减
49	0.220	0.247	0.893	递增
50	0.081	0.200	0.404	递减
51	0.869	0.869	1.000	持平
52	0.327	0.360	0.908	递增
53	0.093	0.200	0.465	递减
54	0.414	0.414	1.000	持平
55	0.174	0.211	0.824	递减
56	0.154	0.200	0.768	递减
57	0.267	0.400	0.667	递减
58	0.275	0.316	0.870	递减
59	0.202	0.227	0.891	递减
60	0.359	0.400	0.899	递减
61	0.152	0.211	0.721	递减
62	0.279	0.316	0.883	递减
63	0.205	0.300	0.683	递减
64	0.287	0.322	0.891	递减

续表

DMU	综合效率	纯技术效率	规模效率	规模收益变化
65	0.212	0.234	0.908	递减
66	0.259	0.350	0.741	递减
67	0.215	0.236	0.912	递减
68	0.169	0.200	0.843	递减
69	0.200	0.226	0.887	递减
70	0.391	0.422	0.926	递减
71	0.257	0.350	0.735	递减
72	0.158	0.211	0.750	递减
73	0.152	0.211	0.721	递减
74	0.121	0.200	0.606	递减
75	0.191	0.215	0.891	递减
76	0.294	0.331	0.889	递减
77	0.279	0.316	0.883	递减
78	0.224	0.263	0.853	递减
79	0.200	0.226	0.887	递减
80	0.181	0.250	0.723	递减
81	0.235	0.263	0.893	递减
82	0.122	0.200	0.612	递减
83	0.195	0.250	0.782	递减
84	0.248	0.280	0.887	递减
85	0.248	0.280	0.887	递减
86	0.145	0.200	0.723	递减
87	0.235	0.263	0.893	递减
88	0.122	0.150	0.811	递减
89	0.308	0.390	0.789	递减
平均	0.357	0.423	0.825	

3. 实证结果与分析

根据计算出的效率评价表，我们可以看出：

综合效率方面达到 DEA 有效的只有两个决策单元，其余 87 个决策单元均为非 DEA 有效，综合效率的平均值只有 0.357，说明四大牧区牧户的投入产出效率非常低。

纯技术效率方面，89 个决策单元的平均纯技术效率为 0.423，平均规模效率是 0.825，表明对综合效率影响较大的是纯技术效率，即纯技术效率是牧区牧民经济效率的一个"短板"。

从规模收益变化来看，大部分单元的规模收益是递减的，仅有少数持平或递增。说明现有的投入配置大多属于冗余配置，再增加投入资源不会增加产出反而会继续降低牧户的投入产出率。

（二）牧户主体经济效率影响因素的多元回归分析

1. 多元回归模型简介

设随机变量 y 与一般变量 x_1，x_2，$\cdots$，x_p 的线性回归模型为：

$$y = \beta_0 + \beta_1 x_1 + \beta_2 x_2 + \cdots + \beta_p x_p + \varepsilon \qquad (7-9)$$

式中，β_0，β_1，β_2，$\cdots$，β_p 是 $p+1$ 个未知参数，β_0 称为回归常数，β_1，β_2，$\cdots$，β_p 称为回归系数；y 称为被解释变量（因变量），x_1，x_2，$\cdots$，x_p 是 p 个可以精确测量并可控制的一般变量，称为被解释变量（自变量）；ε 是随机误差，对随机误差我们常设定 $\begin{cases} E(\varepsilon) = 0; \\ var(\varepsilon) = \sigma^2 \end{cases}$，称 $E(y) = \beta_0 + \beta_1 x_1 + \beta_2 x_2 + \cdots + \beta_p x_p$ 为理论回归方程。

对于实际问题，我们根据样本的观测值可以有如下表达式：

$$\begin{cases} y_i = \beta_0 + \beta_1 x_{i1} + \beta_2 x_{i2} + \cdots + \beta_m x_{im} + \varepsilon_i \\ \varepsilon_i \sim N(0, \sigma^2) \end{cases} \qquad (7-10)$$

2. 多元回归模型的指标选取

我们将第一步利用 DEA 数据包络得出的综合效率作为第二步多元回归的被解释变量 y，因此只需要选取解释变量即可，根据问卷指标，我们主要从以下几方面来分析牧户：

x_1：每户家庭的劳动力占比，即每户家庭的劳动力人数与每户家庭总人数的比值。这一指标主要是看人力投入与经济效率之间的关系，根据第一步 DEA 数据包络模型得出的指标，我们可以看出，在一定程度上劳动力的投入已经达到饱和状态，再投入劳动力反而会降低牧户的投入产出效率；

x_2：每户家庭劳动力人员的最高文化程度。根据问卷我们将这一指标转化为受教育年限，理论上文化程度越高，牧户畜牧产品生产的经济效率越高；

x_3：每户家庭牧业收入占家庭经营总收入的比重。选入这一指标主要是为了反映该地区牧户的收入对畜牧业的依赖性，一定程度上也可以反映出牧户的收入结构；

x_4：每户家庭的畜牧产品由合作社统一组织销售的比重。根据访谈我们知道，加入合作社的牧户一般销售时会有一部分畜牧产品通过合作社销售，而没有加入合作社的则都是自己联系销售，因此采用这一指标不仅可以反映出牧户加入合作社与未加入合作社的不同结果，还可以反映出畜牧产品通过合作社销售比重的大小对牧户经济效率的影响程度；

d：是否与加工企业签订了产销合同。被调查的对象有两种结果，要么签订，要么不签订，属于定类问题，因此将这一变量设为虚拟变量 d，其取值如表 7 - 15 所示。

表 7 - 15 虚拟变量值的设定

类别	虚拟变量 d
没有与加工企业签订产销合同	0
与加工企业签订产销合同	1

x_6：加工企业和牧户对合同的执行力度。即总是能执行、大部分的时候能执行、很少能执行和总是不能执行四个方面。本书将执行程度处理成：总是能执行 = 1，大部分的时候能执行 = 0.75，很少能执行 = 0.35，总是不能执行 = 0。

3. 模型的构建与实证结果的分析

由于选取的指标全部来自问卷，所以首先对问卷进行信度和效度的检验。信度即可靠性，是指使用相同的工具测量相同的事物时得出相同结果的一致性程度。效度即有效性，是指测量工具能真正反映它所期望研究的概念的程度。利用 SPSS17.0，我们有如下结果：α 信度系数为 0.879（见表 7 - 16），问卷指标通过信度检验；KMO > 0.7（见表 7 - 17），说明问卷的信度良好，问卷指标通过效度检验。

自变量指标的相关性检验，利用 SPSS17.0 得出相关系数如表 7 - 18 所示：

表7-16 α信度检验

可靠性统计量	
α信度系数	项数
0.879	6

表7-17 KMO值

KMO值和Bartlett检验		
KMO值		0.818
Bartlett球形检验	近似卡方	242.056
	自由度	15
	P值	0.000

表7-18 相关系数矩阵

	x_1	x_2	x_3	x_4	d	x_6
x_1	1	-0.073	-0.449	-0.487	-0.171	-0.359
x_2	-0.073	1	0.410	0.460	0.466	0.373
x_3	-0.487	0.460	1	0.734	0.680	0.590
x_4	-0.487	0.460	0.734	1	0.671	0.637
d	-0.171	0.466	0.680	0.671	1	0.488
x_6	-0.359	0.373	0.590	0.637	0.488	1

相关系数的绝对值$|R|$大于或等于0.75表明相关性很强，表7-7中变量间相关系数的绝对值均小于0.75，所以均进入回归方程：

$$y = \beta_0 + \beta_1 x_1 + \beta_2 x_2 + \beta_3 x_3 + \beta_4 x_4 + \beta_5 d + \beta_6 x_6 + \varepsilon \qquad (7-11)$$

进行第一次检验以剔除指标。模型通过拟合优度检验，通过方程的显著性检验（即F检验），未通过回归系数的显著性检验（即t检验）。在t检验中，合同执行力度x_6的回归系数为0.029，P值为0.605，没有通过显著性检验，故将其剔除，重新建立回归方程：

$$y = \beta_0 + \beta_1 x_1 + \beta_2 x_2 + \beta_3 x_3 + \beta_4 x_4 + \beta_5 d + \varepsilon \qquad (7-12)$$

模型的拟合优度检验如表7-19所示，决定系数R^2为0.863，接近于1，表明回归方程的拟合效果很好。

表7-19   模型拟合优度检验

R	R^2	调整的 R^2	标准误差
0.929	0.863	0.854	0.382

回归方程的显著性检验即 F 检验如表7-20所示，P = 0.000（近似值），所以该模型通过了方程的显著性检验。

表7-20   方差分析

模型	平方和	自由度	均方	F 值	P 值
回归	75.893	5	15.179	104.059	0.000
残差	12.107	83	0.146	—	—
总计	88.000	88	—	—	—

回归系数的显著性检验即 t 检验如表7-21所示，回归系数的 P 值越接近于0，回归系数越显著，可以看出自变量均通过了系数的显著性检验，而常数项接近于0，将其剔除。最终的回归方程为：

$$y = -0.183x_1 + 0.200x_2 + 0.191x_3 + 0.439x_4 + 0.166d \qquad (7-13)$$

表7-21   回归系数的显著性检验

自变量	系数		t 值	P 值
	B	标准误差		
常数	-2.213E-16	0.040	0.000	1.000
x_1	-0.183	0.051	-3.613	0.001
x_2	0.200	0.048	4.175	0.000
x_3	0.191	0.067	2.839	0.006
x_4	0.439	0.070	6.244	0.000
d	0.166	0.063	2.630	0.010

由回归系数可以看出：牧户经济效率的第一影响因素是 x_4（每户家庭的畜牧产品由合作社统一组织销售的比重），即合作社统一销售对

牧民收入的影响最大。第二影响因素为 x_2（每户家庭劳动力人员的最高文化程度），说明牧民的学历越高，牧户的经济效率越高。第三影响因素 x_3（每户家庭牧业收入占家庭经营总收入的比重）表明该占比越大，牧户对牧业的依赖程度越大，经济效率就越高。第四影响因素为牧户是否与加工企业签订产销合同。结果表明，签订产销合同与经济效率是成正比的，因此与加工企业的合作有利于提高牧户的经济效率，而 x_1（每户家庭的劳动力占比）却与经济效率成反比，表明劳动力的投入已经成饱和状态，这与通过 DEA 数据包络模型得出的结论是一致的。

二　合作社经济效率的影响因素分析

本节采用定性方法，首先分析合作社存在的问题，然后对影响合作社投入产出效率的主要因素进行说明。

通过对四大牧区的走访调查，我们发现合作社主要存在以下几个方面的问题：第一，合作社的发展缺少战略方案和运行的保障机制，理事会成员的企业家才能普遍偏低，核心管理层制度混乱；第二，合作社非核心成员容易被边缘化，核心成员之间的关系比较密切，而非核心成员之间的关系较为松散；第三，合作社规模较小，缺乏专业化运行，有些合作社在自己规模尚未达到一定水平前盲目涉足过多产业，导致资金和人力的浪费；第四，合作社的发展缺乏政府的支持，尤其是资金来源这一方面，缺乏资金支持是众多合作社普遍存在的一个问题；第五，合作社成员对合作社这一主体的宣传活动缺乏，许多牧民对合作社这一主体的作用并没有深刻的认识，大部分没有参加合作社的牧民都是因为不了解这方面的信息。

对于合作社经济效率的分析也是投入导向的，因为相对于产出其投入对于合作社来说更加可控。合作社的投入涉及资本和劳动两个方面，通过走访调查我们得出：影响合作社经济效率的因素主要包括外部环境、合作社的规模、购销活动的成本、理事会成员的企业家才能四个大方面。

（1）外部环境。外部环境主要指地方经济水平和政府的支持政策。合作社的成功创建、发展与当地的经济发展水平是正相关的，其发展立足于区域经济并与之相融合；政府的支持政策可以为合作社提供一定的资金支持。调查发现，四大牧区合作社发展存在的主要问题便是资金获取难，合作社平均 71.6% 的资金支持都是来自牧户的投资，且政府基本也不参与合作社的成立，参与率仅为 3.1%，政府支持政策的缺失导致合作社的发展得不到重视。

（2）合作社的规模。一般来说，可以进行产品加工、品牌推广和差别化销售的合作社规模均比较大。在调查的合作社中，57.5% 的合作社只进行养殖和销售，不参与畜牧业链条中的其他环节，除少数合作社之外其余合作社都有一个共同的特点，即注册资金几乎都在 100 万以下，规模较小，参与的环节较少，其地位处于与牧户同样的水平。在 100 万元以上的合作社中，3.7% 的合作社有加工环节，比重仍然较小，主要是因为进行加工需要的成本投入太大，在缺乏政府资金的支持下单凭牧户投资的力量很难筹集到足够的资金。100 万元以上的合作社中 37.1% 有其他环节的参与，包括收购、育种育肥以及饲草料销售等，合作社规模与其参与的环节数量成正比，因此合作社的规模是一个很大的限定因素。

（3）购销活动的成本。通过对四大牧区进行走访调查，我们发现：大多数合作社购销活动中产品成本按照大小依次是运输成本、装卸成本和仓储成本。畜产品的收购方式主要是上门收购，采用己方物流，而其销售大部分也采用自己运输。因此对合作社而言，物流成本在总成本中占一个较大的比重。

（4）理事会成员的企业家才能。根据调查我们发现，大多数合作社都设有理事会这一组织部门，而理事会成员中牧户社员占绝大多数，因此决定了理事会成员的企业家才能不强，缺乏管理运作的经验，合作社运行的战略规划不够长远，缺乏运行机制的保障。

三 龙头企业经济效率的影响因素分析

畜牧产品龙头企业在整个产业链中起着主要的调配作用，一个地区畜牧业经济发展水平高低主要体现在加工企业上，影响畜牧业加工企业经济效率的因素有很多。本节主要从产业链视角来进行阐述。加工企业主要是指饲料加工企业、屠宰及肉类加工企业。主要有以下问题：第一，深加工程度不高，产品的转化率低。这些主要体现在技术上，目前技术较不成熟，产品的深加工程度不高，转化率较低，所带来的附加价值较少。第二，加工标准和质量控制体系不健全。主要体现在原料的采购上，畜牧产品龙头企业的原料大部分来自于牧户，而对牧户产品质量的监管主要是通过派人巡视，这就造成了质量监管过程中的漏洞。

　　龙头企业的投入产出率从产业链视角来分析，其影响因素主要有企业的科技化程度、企业的整体规模、货源是否稳定以及企业所处的组织经营模式四个方面：

　　（1）企业的科技化程度不高。在调查的企业中，26.7%从事产品的初加工，40%从事产品的深加工，总体来说产品的转化程度不高，带来的附加价值不多。

　　（2）企业的规模程度普遍偏小。在调查的企业中71.4%的企业固定资产在5000万元以下，规模小、成本高造成提高整体的经济效率比较困难。

　　（3）货源不稳定，获取原材料的成本大。调查发现，生产经营成本按照大小依次是原材料、加工、仓储和运输，由于没有稳定的货源，企业获取原材料的交易成本大大提高，散户交易使原材料的质量得不到保证，进而影响销售利润。

　　（4）企业所处的组织经营模式不理想。企业主要的模式是"企业＋基地＋牧户"，而稳定的货源渠道是"牧户＋合作社＋企业"或者"牧户＋合作社＋企业＋基地"模式，没有合作社的参与会导致畜牧业产业链不稳定，造成加工企业效益无法稳定增长。

四　研究结论

　　基于大量的实地调查数据，以四大牧区为例，对草原畜牧业产业链运行效率、合作效率和经济效率的影响因素进行了定量与定性相结合的分析。

（一）合作效率方面

　　合作社与牧户的紧密联结，可以提高牧户在整个畜牧业产业链中的话语权，提高讨价还价的能力，还能保证畜牧产品的顺利销售。合作社与加工企业的紧密联结，既能使企业获得稳定的货源，同时还有利于企业加强对原材料质量的监督，保证产品的质量。因此，合作社是整个草原畜牧业产业链的一个重要优化节点，必须让合作社有效参与进来才能提高整个产业链的合作效率，进而提高产业链的运行效率。因此从合作社入手，根据实证结果，我们得出：影响牧户与合作社、加工企业与合作社合作效率的公共因素是合约的完善化程度、信息化程度、自身的实力、合作带来的收益、合作方式和国家政策。尽管这些因素对牧户与合作社、对加工企业与合作社的影响权重各不相同，但是从这几方面着手可以达到提高整体产业链合作效率的效果。

（二）经济效率方面

对牧户的经济效率进行分析。首先使用 DEA 数据包络方法得出草原畜牧业产业链中牧户的投入产出效率，通过规模收益的变化情况，我们发现投入大多都是冗余投入，即在维持现有产出的基础上完全可以大幅度缩减资源的投入量，或者说目前的资源投入量完全没有达到应有的产出量，因此通过多元线性回归选取指标分析出影响牧户经济效率的因素，按照影响程度的大小依次是每户家庭的畜牧产品由合作社统一组织销售的比重、每户家庭劳动力人员的最高文化程度、每户家庭牧业收入占家庭经营总收入的比重、是否与加工企业签订产销合同，最后是与投入产出效率成反比的变量，即每户家庭的劳动力占比，其中，每户家庭的畜牧产品由合作社统一组织销售的比重越大，其投入产出效率越高，这一点可以反映出两个方面的结论：牧民参加合作社会提高投入产出率，同时牧民与合作社联系越密切，投入产出率越高；每户家庭的劳动力占比越高，牧户的投入产出率越低，表明在人力的投入方面已经处于饱和状态，再增加人力投入只会降低经济效率，这与 DEA 分析得出的结论是一致的。

对合作社主体的经济效率分析。影响合作社经济效率的因素主要是外部环境、合作社的规模、购销活动的成本、理事会成员的企业家才能四大方面。其中，外部环境包括地方经济水平和政府的支持政策。购销活动的成本主要是物流成本，物流成本在总成本中所占比重较大，主要因为没有第三方物流，产品运送大部分是采用己方物流，合作社需要筹集额外的资金来建设己方物流，耗费人力、物力和财力。理事会成员的企业家才能主要体现在理事会成员的构成以及理事会成员的管理水平上。大部分理事会成员是牧户，而牧户的文化程度普遍偏低，就会导致合作社管理层制度的混乱，缺乏管理经营经验会造成合作社难以抵抗市场环境的变化，无法具有灵活的响应协调能力，造成合作社经营战略和保障机制的缺失，从而影响整体效益。

对龙头企业主体的经济效率分析。影响经济效率的因素主要有企业的科技化程度、企业的整体规模、货源是否稳定以及企业所处的组织经营模式四个方面。其中，货源是否稳定关系到企业获取原材料的成本及获取原材料的质量，稳定的货源不仅会减少不必要的交易成本，还会对原材料的质量有一定的保证，从而稳定产品最终的买方市场；而企业所处的组织经营模式主要体现在合作社的参与上，最佳的组织经营模式中必定是有合作社的参与，作为一个中间协调者，合作社贯串畜牧产品从牧户养殖到企业加工的全过程，企业管理者与牧户的素养层次差距较大，因此需要一个中间程度的组织。合作社就是这一中间组织，合作社是否能够有效参与产业链的运行对牧户和加工企业的经济效率均有非常重要的影响。

第八章　草原畜牧业产业链
利益联结机制

长期以来，草原牧区牧民增收缓慢、合作经济组织松散、要素配置效率低下、龙头企业加工能力低等问题集中呈现，这不仅是草原畜牧业和牧区经济发展结构失调的现实反映，也是国民经济长期发展积累的深层次矛盾的集中体现。破解草原牧区发展面临的各种问题的有效途径就是加快建立完整有效的草原畜牧业产业链，使得广大牧户更多地分享生产附加值，提升合作社组织化程度以及龙头企业的加工能力，这是根据我国当前的国情和畜牧业的发展实际做出的现实选择，也是解决"三牧"问题的根本出路。而构建稳定、和谐、有效的产业链利益联结机制是草原畜牧业产业链的核心和关键，也是产业链有效运行的必要前提和重要支撑。

第一节　草原畜牧业产业链利益联结机制概述

一　利益联结机制的界定

机制是引起或制约事物运动、转化、发展的内在结构和作用方式，包括事物内部因素耦合关系，各因素相互作用形式、功能作用的程序及转变契机等。在市场经济条件下，牧户、牧民合作社和畜牧龙头企业作为理性经济人，都以实现自身收益最大化为目的，各利益主体独自从事生产经营活动已不适应现代化发展趋势，这就要求各利益主体加强合作，通过紧密合作实现整体效益的最大化和整体竞争力的提升。基于此，草原畜牧业产业链的利益联结机制是指草原畜牧业产业链各利益主体之间在利益方面相互联系、相互作用的制约关系及其调节功能，在秩序的约束下促使各主体的经济行为朝着共享利益、共担风险、优化配置的目标发展的运作过程。在此过程中，以各类组织为主要纽带和载体，利益主体各方面的权益都能得到相应的保障，实现利益主体预期的合理经济效益，最终促使彼此间的联结更紧密。如前所述，本书将草原畜牧业产业链利益主体分为牧户、牧民合作社和畜牧龙头企业，草原畜牧业产业链利益联结机制则主要研究牧户、牧民合作社和畜牧龙头企业间的利益联结机制。

二　草原畜牧业产业链的利益联结主体

（一）牧户

牧户是进行草原畜牧业生产经营的主体，也是草原畜牧业发展和草原畜牧业产业链构建不可或缺的重要主体。草原畜牧业产业链在实现牧户增收的同时，大幅度降低牧户的生产经营成本和相关费用，也可以增强牧户的话语权和谈判主动权，使得牧户所得到的剩余利益最大化。基于此，本书对牧户的定义是：牧户是指属于草原牧区常住人口且从事草原畜牧业相关生产经营活动，而且常年在牧区从事草原畜牧业相关活动的人员或家庭。随着草原牧区现代化的不断推进，牧户也发生了翻天覆地的变化，甚至有些牧户家庭已经远离草原畜牧业生产活动。因此，本书认为，牧户必须是从事或有劳动力从事畜牧业生产经营活动，而且草原畜牧业的生产经营所得是其主要收入来源的人员或家庭。

牧户作为理性经济人，最终目的是实现自身利益的最大化。作为草原畜牧业生产经营主体的牧户具有以下三个方面特征：

第一，生产方式较为落后。我国的草原牧区多分布在欠发达地区，这些地区基础设施建设滞后，加之草原牧区牧户较为分散、受教育程度较低，草原牧区生产方式较为传统、落后，新技术新观念很难得到较好的运用，严重制约了草原牧区经济发展和牧民持续增收。根据调研情况可以看出，发达牧区的牧户收入大多要高于农民，但是其生产成本较高，生产方式落后，基本上属于入不敷出。

第二，草原牧区产业效率低下。随着我国草原牧区经济的迅猛发展，草原牧区畜牧业的生产力和生产关系发生了翻天覆地的变化，草原畜牧业不再局限于单纯地满足家庭生产生活所需，而是通过与其他利益主体间的交易活动实现其价值最大化。但牧户劳动生产率低下、受教育程度偏低、传统观念束缚过重以及牧区基础设施建设滞后，与西方发达国家相比较，我国草原畜牧业劳动生产率一直处于低水平状态。这些都严重制约了草原畜牧业整体效率的提高。

第三，科学文化水平较低。通过课题组对四大牧区牧户的问卷调查的统计可以看出，牧户家庭畜牧业劳动力平均为 2.06 人，说明草原牧区牧户可以获得其他方面的收入，从而有利于增加牧户家庭收入。草原牧区大多数牧户都是初中文化程度，而发达国家牧户接受高等教育的比重在45%以上，我国牧户的受教育程度与发达国家相比存在较大的差距。而且，草原牧区牧户由于受教育程度较低、传统观念束缚和其他方面认识存在局限性，对新技术和新观念接受程度较低，其中草原牧区接受相关培训的牧民不到5%。对与自身生产生活息息相关的法律，超过70%的牧户表示不知道。这就导致当牧户自身的利益受到损害时，牧户难以运用法律武器维护自身权益，最终影响牧户的生产积极性。

（二）牧民合作社

牧民合作社是指草原牧区牧户以自愿或其他形式结合而成的进行草原畜牧业生产经营的一种合作经济组织。合作社是指劳动群众为了谋取和维护自身的经济利益，在自愿互利的基础上，共同筹集资金、共同劳动并共享劳动成果的一种互助性经济组织（魏振瀛等，2004）。基于此，牧民合作社是指牧户在坚持自愿的前提下制定相应的规章制度，以达到改善自身生产和生活为目的，依托畜牧业生产经营活动所组成的组织形式。

根据上述定义及调研情况，本书认为牧民合作社具有以下特性：

第一，合作社组织化程度较低。根据实地调研情况来看，草原牧区牧民合作社大多由亲戚邻里自愿组织联合或是由带头人牵头成立，由于牧户传统观念根深蒂固、受教育程度较低以及合作理念淡薄，牧户对牧民合作社缺乏信任感和参与度，牧民合作社管理制度不规范、规章制度不完善以及缺乏资金和技术支持，同时其辐射带动能力和组织化程度较低，这都严重制约了牧民合作社的持续发展壮大。

第二，创办合作社的目的不明确。根据实地调研可以看出，草原牧区创办合作社的目的主要包括：一是单纯获取国家政策优惠；二是以合作的名义为自己营利。这些问题导致合作社辐射带动能力较弱，目的不明确，兴办牧民合作社的意图不纯，在一些牧区出现了牧民合作社"空壳"现象。

第三，发展进度缓慢，没有形成规模。草原牧区由于各方面条件的局限性，加之合作社大多由牧户自愿结合成立，牧户自身文化素质较低，所以草原牧区合作社组织制度、规章等方面都不完善，参与程度较低，辐射带动能力较小，发展速度缓慢，没有形成较大的规模。

（三）畜牧龙头企业

畜牧龙头企业具有广义与狭义的区别。广义上的畜牧龙头企业是指以生产经营草原畜牧业相关产品为主，且资金雄厚，经营规模较广，具有较强的辐射带动能力，涉及生产、加工、收购以及销售各个环节的草原牧区畜产品加工企业、各种中介性质的组织以及专业化畜产品批发市场。狭义上的畜牧龙头企业仅仅是畜牧加工和销售企业。根据本书研究视角，畜牧龙头企业是对草原牧区牧户和牧民合作社具有较好的辐射带动能力的，从事畜产品生产经营活动的企业。

根据对畜牧龙头企业的界定，畜牧龙头企业必须具备两个方面的特点：一是突出"牧"的特色，以草原牧区的相关畜产品为生产经营活动的基础；二是突出龙头的属性，对牧民合作社和牧户具有较好辐射带动能力。

畜牧龙头企业作为草原畜牧业产业链的重要主体，具有以下三个方面的特点：

一是以牧为主。畜牧龙头企业要想实现自身利益的最大化，就必须要提供满足市场需求的高质量的畜产品，这就要求畜牧龙头企业要加强与牧户、牧民合作社的紧密联系，使高质量、高标准畜产品生产得到较好的保证。因此，以牧为主是草原牧区畜牧龙头企业与其他性质企业有所区别的最根本和最显著的特征。

二是获得利益。畜牧龙头企业的最终目的就是不断增强自身竞争力、提高自身的收益。为了增强自身竞争力，畜牧龙头企业必须不断改进生产经营方式，生产市场认可的畜产品，在不断的优化发展中完成自身的各阶段目标和计划。

三是社会属性突出。草原畜牧业龙头企业具有其独特之处，作为理性的经济人，企业的最终目的就是实现自身利益的最大化。相对于其他企业而言，畜牧龙头企业作为草原牧区的经济主体，其承担的社会责任更是关系重大。其发展在很大程度上关系着草原牧区经济的健康发展和其他主体利益的实现。所以，相比较而言，畜牧龙头企业的社会属性更加突出和重要。这主要是因为：一方面，畜牧龙头企业在与草原畜牧业产业链其他利益主体合作的过程中，根据草原牧区实际情况，为构建彼此间紧密的利益联结机制，畜牧龙头企业会对各种方式方法进行创新，强化彼此间的合作关系，并履行其社会责任。另一方面，畜牧龙头企业在发展过程中，要积极保持与草原牧区经济发展法规政策的一致性，以享受到草原牧区各种优惠政策，因此，其行为会受到草原牧区政策的影响。

根据畜牧龙头企业的资产、经营规模、辐射带动能力，把畜牧龙头企业划分为三级：国家级、省级、市州级。

2014 年四大牧区共有畜牧业国家重点龙头企业 97 家，省区级畜牧龙头企业 1073 家（见表 8 - 1）。

表 8 - 1　　　　　　四大牧区省区级以上畜牧龙头企业情况　　　　单位：家

	国家级	省区级
新疆	38	556
内蒙古	33	357
青海	17	76
甘肃	9	84

注：根据新疆、内蒙古、青海和甘肃农牧业产业化龙头企业统计资料汇总整理所得。

三　四大牧区草原畜牧业产业链利益联结机制的主要方式

（一）以市场为纽带的松散式利益联结机制

这种利益联结机制实质上就是买断，从事草原畜牧业生产的各利益主体更加随行就市。四大牧区的经济发展滞后，牧区牧民文化程度较低且分布较为分散，牧民合作社组织化程度较低，草原畜牧业规模化经营时间较短，基本处于刚刚开始阶段，所以目前这种买断式松散利益联结机制在这些地区较为普遍。各利益主体基本上彼此之间没有任何的合同或者契约关系，而是根据自身需要进行相关生产经营活动。除此之外，牧户、牧民合作社和龙头企业之间没有任何的经济约束。其利益联结方式如图 8 - 1 所示。

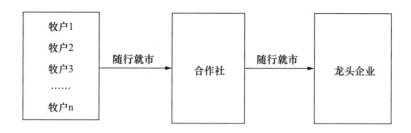

图 8 - 1　以市场为纽带松散的利益联结方式

在这种利益联结方式下，牧户、牧民合作社和龙头企业就只是不同的市场参与主体而已，而且彼此之间都具有较大的决定权与灵活性，根据自己的决策从事相应的草原畜牧业生产。这是这种利益联结机制最重要的特征。

根据实地调研和部门访谈可以看出，该机制存在较大的问题和缺陷。在利益联结过程中，畜牧龙头企业、牧民合作社及牧民之间的生产经营活动的开展，都离不开各利益主体彼此间的合作和紧密的联结关系。但面对我国经济发展中体制和机制方面存在的问题和矛盾，草原畜牧业产业链各利益主体间的利益联结相对来说较为松散且特别不稳定，这就使得彼此间的合作关系随时面临违约的风险，也会造成各主体自身生产经营风险加大和成本增加，牧户和牧民合作社之间的交易完全依靠市场价格来确定。牧民合作社由于自身局限性，很难了解全面的信息，导致其在合作过程中处于非常劣势的地位，最终导致合作社经济利益蒙受一定损失，导致牧户的利益受到损害。

（二）以合同为纽带的半紧密式利益联结机制

这种利益机制的构建是以自愿和平等互利为前提的。在这种利益联结中，各利益主体是以合同或契约方式来实现彼此间紧密合作的，牧民合作社向牧民提供各种技术和资料，而牧民、牧民合作社和畜牧龙头企业彼此间要提供符合规定的畜产品，从而实现整体效益，实现彼此间利益的最大化。这种机制是四大牧区草原畜牧业产业链利益联结的最普遍的形式。其利益联结机制如图 8 - 2 所示。

根据实际调研情况可以看出，这种利益联结机制具有以下几方面的优势：

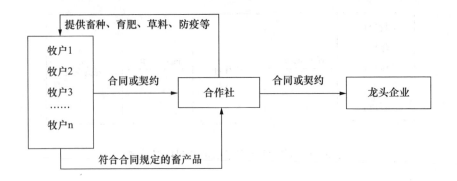

图 8 - 2 以合同为纽带的半紧密式利益联结机制

第一，对牧户的益处。各利益主体以合同或契约加强合作，同时明确自身的权利和义务，积极采取各种方式方法吸引牧户的加入，牧户只要按照契约和合同要求进行畜牧业生产，在其生产过程中合作社将提供有偿服务和无偿服务，有偿服务主要包含草和料等，无偿服务主要包含牲畜养殖、防疫和育肥等，牧民合作社负责按合同或契约收购，龙头企业和牧民合作社间以合同或契约为准绳，统一收购合作社的畜产品，从而完成整个畜产品生产、收购和销售的过程，为加工企业延长了产业链条，省去了原材料采购环节，扩大了企业的营运规模。

第二，对牧民合作社有好处。在这种利益联结中，牧民合作社作为联结牧户和龙头企业的桥梁和纽带，龙头企业通过和牧户签订契约或合同解决了合作社畜产品的收购渠道；牧户通过合作社的统一收购和提供相关服务提高了畜牧业生产积极性，积极利用合同或契约等各种方式，加强与龙头企业的合作关系，形成紧密的利益联结机制，最大限度降低交易费用，同时可以帮助草原牧区牧户解决买难和卖难的问题，最终激发牧户对草原畜牧业的生产积极性和热情，提高各利益主体的效率，从而促进自身不断发展壮大。

第三，对龙头企业有利。龙头企业通过与合作社签订收购合同和契约加强联系，形成半紧密式利益联结机制，不仅有利于牧民合作社畜产品的销售以及市场等各方面信息的掌握，而且有利于保证龙头企业畜牧产品的供给和销售。在各主体合作过程中，牧民合作社为顺利实现畜产品的销售，会积极采取各种方式大力提高畜产品质量，以保证满足畜牧龙头企业的相关要求，这就大大降低了彼此之间违约的风险，最大限度地降低彼此间的交易费用，对于畜牧龙头企业的发展具有非常重要的作用。

四大牧区草原畜牧业产业链的这种利益联结机制具有一定的不足之处，主要包括以下几个方面：

（1）畜牧龙头企业具有非常强势的地位，在彼此间的合作过程中起主导和控制地位，相比较而言，牧民合作社与牧户由于自身存在的局限性，畜牧龙头企业在彼此间合作时具有非常大的话语权和主动权，合作社和牧户只能接受龙头企业的要求，所以这就导致各利益主体在合作过程中没有相对平等的交易地位。在各利益主体间这种合作方式下，畜牧龙头企业处于相对垄断地位，可以按照自己的意愿要求牧民合作社及牧户进行相应的生产，牧民合作社为保证自身畜产品的顺利销售只能被动接受，最终就严重损害了牧民合作社和牧户的利益，不利于紧密的利益联结关系的构建。

（2）主体间的违约问题具有较大风险。由于各方面条件的限制，草原牧区法制体系不完善，维权意识以及法治理念意识淡薄。根据课题组实地调研情况可以看出，各利益主体尤其是牧民合作社和牧户普遍缺乏法制观念和维护自身权益的意识，这就导致牧民合作社在与畜牧龙头企业合作的过程中，只要存在价格不合理的行为，牧民合作社就会违约。反之，畜牧龙头企业也会选择违约，以避免自身利益损失。这说明各利益主体间的利益联结关系比较松散，没有较好的制约机制，会对彼此间的合作造成影响。

（三）以合作为纽带的半紧密式利益联结机制

这种利益联结机制是指草原畜牧业产业链的原料供应、养殖、收购、加工及销售环节的融合。牧民合作社利用各种方式积极引导牧户的加入，同时加强与畜牧龙头企业的紧密合作，从而各利益主体能够形成利益共同体，实现彼此之间的合作。草原牧区合作社的构建主要有两种形式：一是亲戚邻里的牧户自愿组织联合成立，二是由畜牧龙头企业或者带头人牵头成立。畜牧龙头企业以合作社为桥梁向牧户提供种子、畜种和防疫等生产资料，同时根据相关主体的需求提供其他辅助性的技术及服务，在此过程中加强与牧户的合作关系，以保证畜产品的质量，最后由畜牧合作社进行畜产品的销售。这种利益联结机制的最具代表的形式是"龙头企业＋合作社＋牧户"。

以合作为纽带的半紧密式利益联结机制（见图8-3）有以下几方面优势：

（1）以牧民合作社为纽带，实现各利益主体的紧密联结，有利于实现各自利益的最大化，同时最大限度地降低利益主体彼此间的信息不完全或信息不对称，以更好地实现各自的利益，达到降低彼此费用的目的，实现彼此间紧密的利益联结。

（2）畜牧龙头企业在其中发挥着至关重要的作用。畜牧龙头企业直接进行畜产品的加工和销售，由于自身存在的优势，能够更好地掌握市场等各方面的信息，同时可以通过牧民合作社把各种信息反应给牧户，能够及时根据市场需求状况做出相应的调整，引导牧户进行合理的生产。这就极大地降低牧民合作社和牧户的信息搜集成本，避免不必要的损失和浪费。

（3）牧民合作社可以充分发挥其桥梁的作用。一方面加强对牧户的监督，使得牧户能够生产更高质量的畜产品；另一方面及时快速地把畜牧龙头企业反应的各种信息反馈给牧户，使得牧户及时对生产结构做出调整，最大限度降低彼此间的违约风险，避免不必要的损失。此外，可以通过牧民合作社充分加强与畜牧龙头企业的协调谈判，以实现自身收益的最大化，更好促进牧民增收。

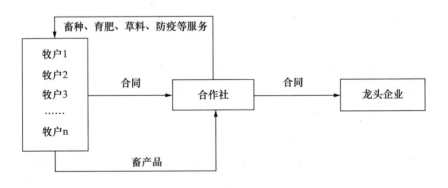

图 8-3　以合作为纽带的半紧密式利益联结机制

通过实地调研总结可以看出，这种利益联结机制具有其局限性，主要包括以下几方面：

（1）四大牧区牧民合作社数量较少，而且存在管理制度不规范、辐射范围较小以及组织化程度较低等方面的问题。某些牧民合作社的成立单纯是为享受国家相关优惠政策，在体制、利益分配方面的问题都严重制约其发展壮大。

（2）牧民合作社的规模较小，制约其辐射带动能力，有些合作社的成立就是摆设，基本没有发挥其重要的作用，参与的牧户也较少。

（3）牧民合作社没有发挥其重要的桥梁作用，在合作过程中仅仅扮演着各种信息的传递和交流的角色，对于提高牧户的组织化程度、维护牧户利益的作用还相对有限。

四　四大牧区草原畜牧业产业链利益联结机制存在的问题

（一）牧户在利益联结中处于从属地位

牧户、牧民合作社和畜牧龙头企业在草原畜牧业产业链博弈过程中，由于彼此间利益机制松散，各利益主体之间往往会出现"囚徒困境"，各利益主体应避免损害其他主体利益从而损害自身利益的情况发生。草原牧区牧户比较分散，难以全面掌握自身所需要的各方面信息。相比较而言，牧民合作社和畜牧龙头企业对市场信息和牧户自身的特点掌握更全面。在牧户想要急于出手畜产品时，牧民合作社和畜牧龙头企业就会采取各种措施大大压低牧户的收益，使得收益向自己倾斜，而牧户只能获得较少的收益，大大挫伤了牧户与其他利益主体的合作意愿，也不利于增加牧民合作社和畜牧龙头企业的收入。因此，在与其他利益主体的合作中牧户处于从属地位，难以获得自身想达到的更大收益。

（二）牧民合作社组织化程度较低

牧民合作社与牧户、畜牧龙头企业间的持续博弈，在很大程度上决定自身发展规模大小和收益的多少，也制约着草原畜牧业产业链利益联结机制的形成。

牧民合作社要充分发挥其纽带桥梁的作用，为各利益主体半紧密式利益联结机制的构建奠定坚实的基础。根据权威资料，截至 2014 年，新疆牧区牧民合作社达 32446 个，辐射带动周围牧户 25.81 万户，但大部分合作社规模都较小；内蒙古各类牧民合作社达到 1638 家，带动成员总数为 50.60 万人；青海共有家庭性质的农牧场 1879 家，牧民合作社达到 6719 家，同比增长了 20%，辐射带动周围牧户 20 万户；甘肃共有各类牧民合作社 2458 家，辐射带动牧户达到 12.61 万户，但成员较少，仅有 27865 人；畜牧业协会 690 个，但成员只有 8.26 万人。可以看出，牧民合作社的组织化程度比较低、自身管理制度不完善和辐射范围较小，这都严重制约了草原畜牧业的持续健康发展和牧民增收。

四大牧区牧民合作社数量较少、经营规模较小、抗风险能力弱，同时由于牧民合作社大多都是牧户自愿组织联合而成立的，牧民合作社管理不完善，自身组织结构不健全，缺乏相应的制度规范，从而导致牧民合作社产品销售、决策制度等方面存在问题和矛盾，难以成规模。另外，由于牧民合作社在资金、带动能力等方面存在的问题，牧民合作社和牧户之间的利益联结关系松散。全靠自身收益的多少确定合作的程度就严重限制了牧民合作社的作用，使得牧民合作社的组织化程度较低，同时也会影响牧户和畜牧龙头企业利益的实现。

（三）畜牧龙头企业数量少且辐射范围小

草原畜牧业产业链运行过程离不开畜牧龙头企业与牧民合作社的参与，但是畜牧龙头企业和牧民合作社由于彼此间的利益联结关系松散，尤其是在彼此间博弈过程中，违约现象和逆向选择经常存在。畜牧龙头企业是草原畜牧业产业链的重要主体，其发展好坏在很大程度上决定产业链能否顺利发展，畜牧龙头企业规模、辐射带动能力都对草原畜牧业产业链的规模和辐射能力具有重要的影响，但是目前草原牧区龙头企业数量较少且辐射范围较小，严重制约利益主体间的合作以及草原畜牧业的长远发展。

（四）政府利益协调不到位

政府要充分发挥其在利益协调方面的重要作用，积极采取各种方式方法以及实施优惠政策等促使各利益主体逐渐建立稳定而紧密的利益联结机制，大力保障各利益主体各方面的基本权益，使得产业链的其他利益主体实现的共同利润能够进一步向牧户倾斜，兼顾各方面的不同利益需求，把保障各主体的不断发展壮大与草原牧区牧民增收有机结合，从而为草原畜牧业产业链利益联结机制的构建奠定基础。根据实地访谈发现，畜牧龙头企业在促进地区经济发展方面具有重要的作用，所以大多数优惠政策向其倾斜，这虽然在一定程度上促进牧户和牧民合作社增收，但是其促进作用还是具有很大局限性，这主要是因为牧户在产业链中处于非常劣势的地位。

第二节　四大牧区草原畜牧业产业链利益联结主体的博弈分析

一　牧户与产业链下游利益主体的利益博弈

牧户与产业链下游利益主体（主要指牧民合作社与畜牧龙头企业）形成紧密的利益命运共同体是草原畜牧业产业链构建的重要内容，也是促进牧民增收的重要手段。根据对四大牧区的实地调研可以看出，牧户与下游利益主体的联结主要表现为合同收购和定购两种方式。作为产业链的下游利益主体的牧民合作社和畜牧龙头企业都以实现自身利益的最大化为目标，是否按照彼此间的合同或契约规定履约，当规定价格低于市场价格牧户是否履约，主要受彼此间利益博弈的影响，同时各利益主体的行为具有很大的互补性。牧户在此博弈过程中，局中人都可以采取履约或者违约，如果牧户和下游利益主体均选择履约，其利益分别为 U_{11} 和 U_{21}，即在双方规定的合同价格下都实现了各自的收益，此时双方能够"双赢"。但由于信息不完全和不对称存在，可能会产生相应的交易风险，合作社为实现自身利益的最大化，可能会采取压低价格和标准或者提高收购标准，造成畜产品难以出售，或在市场价格高于合同价格时，牧户为实现自身畜产品的销售，就会冒着各种道德风险，往往会造成违约现象的发生。

在此假设只有当市场价格与合同价格偏离非常大时才会出现违约的可能。当一方面出现违约现象，另一方主体可以通过各种渠道申诉获得相应的违约金 F。在此博弈的过程中，单一牧户所面临的是非常强势的下游利益主体，牧民合作社和畜牧龙头企业面临的则是非常弱小的牧户。所以，两方面都要为此付出较高的代价 C，一般情况下，其申诉的成本都要大于获得的违约金 F。因此，彼此出现违约现象时牧户和牧民合作社进行相应的申诉都是愚蠢的。牧户选择违约时其收益为 $U_{12} - F$，且 $U_{12} - F > U_{11}$，下游利益主体的收益为 $U_{21} + F - C$；下游利益主体违约时收益为 $U_{22} - F$，且 $U_{22} - F > U_{12}$，牧户得到的利益为 $U_{11} + F - C$。当牧户和下游利益主体均违约时，他们的利益分别为 U_{12} 和 U_{22}，即各利益主体均在市场价格基础上实现自身的收益。由于草原牧区具有其自身的特点，畜产品生产及销售都具有较大的风险，加之在此过程中要付出相应的交易费用和成本，牧户与下游利益主体均选择违约时取得的收益要比履约时取得的收益小。

通过各利益主体相互间的博弈，牧户与其他利益主体博弈最终呈现出"囚徒困境"，各主体为避免自身利益损失，最终实现各利益主体的纳什均衡。因为牧户在违约时的收益 $U_{12} - F$ 大于履约时的收益 U_{11}，牧民合作社在违约时的收益 $U_{22} - F$ 大于履约时的收益 U_{21}。因此，牧户和下游利益主体的最优选择都是违约，均衡解为（U_{12}，U_{22}），如表 8 - 2 所示。

表 8 - 2　　　　　　　　牧户与产业链下游利益主体的博弈

		下游利益主体	
		履约	违约
牧户	履约	（U_{11}，U_{21}）	（$U_{11} + F - C$，$U_{22} - F$）
	违约	（$U_{12} - F$，$U_{21} + F - C$）	（U_{12}，U_{22}）

草原畜牧业产业链各利益主体间很可能存在各种形式的让利措施，根据课题组问卷调查可以看出，其他利益主体对于牧户采取的优惠措施有限，这是由牧户自身局限性决定的，当牧户利益难以实现时，会极大地打击其生产积极性和热情，不利于草原畜牧业可持续发展。

二　牧民合作社与牧户、畜牧龙头企业的利益博弈

牧民合作社是牧户与畜牧龙头企业之间的纽带。在草原牧区畜产品生产、加工以及销售过程中，牧民合作社扮演着实现畜产品顺利销售的重要角色，这样不仅可以满足其他利益主体的生产需求，而且还会较大程度上满足消费者多元化的需求。牧民合作社作为草原畜牧业产业链的重要环节，为满足其他利益主体的合同或契约要求、实现价值的最大化，通过加强对畜产品质量的控制和监督，以保证其能达到较高的市场价值，这就为促进牧民增收提供了可能。

在此利益博弈过程中，牧民合作社与牧户的博弈、畜牧龙头企业与牧民合作社的博弈两者是相似的，在草原畜牧业产业链中畜产品在各个主体间转移，下一级利益主体在畜产品销售质量标准的制定上享有较大

的决定权和主动权，依照标准实现其畜产品收购的优质优价，上一级利益主体只能在自己范围内选择是保证质量或者不保证质量。在下一级利益主体与上一级利益主体的博弈中，下一级利益主体的策略是高标准抑或低标准，上一级利益主体的策略是是否保证质量（保证质量，不保证质量）。假设：在高标准条件下，下一级利益主体畜产品收益为 U_{31}，其发生相应的监督成本为 C_{11}，当上一级利益主体不保证质量时，给下一级造成的相应损失为 S_1；低标准条件下，下一级利益主体畜产品收益为 U_{32}，其发生相应的监督成本为 C_{12}，上一级利益主体在满足不保证质量条件下，给下一级造成的效率损失是 S_2，且 $U_{31} > U_{32}$，$C_{11} > C_{12}$，$S_1 > S_2$。上一级利益主体在畜产品高标准条件下获得的利益为 U_{41}；在不满足畜产品高标准策略时获得的收益为 U_{51}；上一级利益主体在满足畜产品低标准策略时其收益为 U_{42}，在不满足畜产品低标准策略时其收益为 U_{52}，上一级利益主体在保证质量的前提下，其必须付出相应的成本，如优质牧草、培育良种、良种育肥、暖棚构建和防疫卫生等，假设上一级利益主体（牧户）为满足畜产品高标准需要支付的成本为 J_1，满足畜产品低标准需要支付的成本为 J_2，其中 $U_{41} > U_{42}$，$U_{51} > U_{52}$，$U_{41} > U_{51}$，$U_{42} > U_{52}$，$J_1 > J_2$，由于上一级对下一级利益主体在质量方面不存在信息不对称，最终博弈的结果是（$U_{31} - C_{11}$，$U_{41} - J_1$），如图 8 - 4 所示。

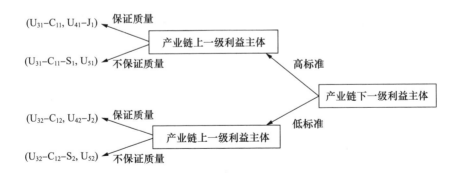

图 8 - 4　牧民合作社与牧户、畜牧龙头企业博弈

可以看出，牧民合作社与牧户、畜牧龙头企业经过不断博弈，最终将会达到各利益主体彼此满意的（高标准，保证质量）均衡解，这就有利于实现草原畜牧业产业链中畜产品的附加价值，最终使得各利益主体都能在不损害他方利益的前提下获得自身最大的利益。

通过对草原畜牧业产业链各利益主体即牧户、牧民合作社和畜牧龙头企业利益博弈状况的分析，可以看出，各利益主体作为理性经济人，其目的都是追求自身利益的最大化，这就必然导致彼此间在合作过程中利益的博弈，各主体都期望在合作中以最小的成本付出获得较好的收益。对于牧户，当市场价格大于合作社设定的价格，牧户就会想方设法违约，以获得更大的收益，但同时牧户要承担违约的高昂成本，当其违约的成本不足以抵消其获得更大的收益时，牧户就会选择履约。反之，合作社或畜牧龙头企业选择违约以期获得更多的收益，当其选择违约获得的收益不足以抵消其违约的成本时，其也会选择履约，最终使得牧户与合作社都会履约，这就有利于彼此间紧密利益联结关系的构建。

如果牧户不能按照合作社的标准进行畜产品的生产，牧民合作社就不会收购牧户的畜产品或者采取降低级别收购，而且要承担未按照标准生产的违约成本，这就导致牧户的收益减少。当看到自己提高畜产品的标准所获收益大于提供低标准产品的收益时，牧户就采取高标准的方式进行草原畜牧业的养殖和生产。对于牧民合作社，如果不能保证畜产品的质量，畜牧龙头企业就会采取降低级别或降价收购，而且会承担相应的违约成本，这就导致牧民合作社的收益大大地降低，当其保证畜产品优质时获得的收益大于不保证畜产品质量获得的收益时，牧民合作社也会选择提供高质量的畜产品，最终也会有利于各利益主体的紧密合作。因此，详细分析草原畜牧业产业链各利益主体的利益博弈现状，对于草原畜牧业产业链紧密的利益联结机制的构建以及促进牧民增收具有十分重要的作用。

第三节 四大牧区草原畜牧业产业链利益联结机制的影响因素分析

一 数据来源

本书是以国家自然基金课题为平台，所用数据均来自课题实地问卷调研、统计数据和部门访谈等资料。首先根据研究角度的不同确定研究区域，通过对文献资料、统计数据以及资料的搜集分析，基本了解和掌握所选定区域具有代表性的典型牧区的基本情况，逐步对牧户、牧民合作社、畜牧龙头企业展开电话和部门访谈，获得对草原畜牧业产业链各利益主体的感性认知，最终形成了包含基本情况和经营状况、畜牧产品流通效率影响因素、合作现状与意愿等内容的牧户调查问卷、畜牧业产业链状况和合作关系调查问卷（合作社）、畜牧业产业链状况和合作关系调查问卷（畜牧龙头企业）与畜牧业产业链状况和合作关系调查问卷（经销商）。问卷设计完成后，2014 年 6 月课题组对新疆、内蒙古、青海、甘肃四省区所选牧区进行试调研，根据初次调研掌握的实际情况，将畜牧业产业链的状况和合作关系调查问卷（经销商）废除，同时对牧户、牧民合作社和畜牧龙头企业调查问卷进行修改和完善，最终完成调查问卷。牧区问卷调查和实地访谈工作共分为三个阶段，分别于2014 年 7 月和 8 月以及 2015 年 8 月完成。

通过对新疆阿勒泰地区，内蒙古锡林郭勒盟、乌兰察布、呼和浩特、察右后旗，青海海北州以及甘肃甘南州牧户、牧民合作社和畜牧龙头企业的调查和访谈，采用随机抽样以及部门推荐实地调查和电话调查方式，此次调研共发放问卷600 份，剔除某个别关键因素缺失、雷同以及填写不完整的问卷 105 份，实际有效问卷 495 份（见表 8 - 3），占问卷总数的82.50%，其中牧户问卷 345 份、牧民合作社问卷 91 份、畜牧龙头企业59 份。

表 8 - 3　　　　　　　　　四大牧区问卷调查分布情况

调研地区	发放份数	有效份数	比重（%）
新疆阿勒泰地区	200	188	37.98
内蒙古锡林郭勒盟、 乌兰察布、呼和浩特、察右后旗	200	145	29.29
青海海北州	100	87	17.58
甘肃甘南州	100	75	15.15

注：发放份数为牧户、牧民合作社和畜牧龙头企业问卷的合计数，有效份数为牧户、牧民合作社和畜牧龙头企业问卷的合计数。

二 研究假设和模型框架

在运用模型实证分析之前，有必要对草原畜牧业产业链利益联结机制影响因素中各变量间的相互关系进行验证和计算，并采用最大似然法估计法（ML）对参数进行估计，因此，在结合前人研究成果的基础上，根据课题调研实际情况，我们提出相关假设。

首先，草原畜牧业产业链各利益主体自身经营的情况都对彼此之间契约关系密切程度、市场环境的反应程度以及多元化信息来源通道具有重要的影响。威廉姆森（Williamson，1996）研究表明，各利益主体都具有自身的经营和交易特点，这些主要由彼此之间的交易次数、交易规模以及交易资产的用途等决定。自身经营状况较好、经营规模大和收益状况较好的利益主体倾向于彼此之间交易的资产具有专门的用途，彼此间交易次数较多，能够时刻把握市场等各方面的信息，以及加强彼此间的紧密程度。因此，提出以下假设。

H_1：主体的经营状况对其行为表现具有正向影响

第二，产业链各利益主体的经营状况影响现有合作方式、合作预期的认知以及对合作主体的评价等合作意愿。Key 和 McBride（2003）以相关理论为依据，认为农牧户文化素质、各自经营状况、从事产业的主要年限、基础设施构建等影响农牧户彼此间的合作意愿。郭红东和钱崔红（2004）研究表明，牧户由于自身局限性，很难对合作社具有全面系统的认识，但恰恰农牧户对于其具有非常强烈的合作期待。郭锦墉与冷小黑（2006）研究表明，草原牧区牧户的意愿与其生产的规模性和集中性呈显著正相关关系。吴秀敏等（2008）研究表明，彼此间的合作意愿、信息传递和交流方式以及利益分配均衡性均具有非常重要的影响。根据以上观点，提出以下假设。

H_2：主体的经营状况对其合作意愿有重要的推动作用

第三，产业链各利益主体对市场信息的反应程度、彼此间的契约关系和信息来源多渠道性等对各利益主体畜产品物流方式选择、购销渠道的选择以及对于其他主体的评价具有重要的影响。李平等（2010）研究表明，农牧户自身局限性，对于各方面存在问题认识存在不足之处，导致其往往处于非常不利或者弱势的地位。波士顿等（Boston et al.，2004）以荷兰的生猪产业为例，随着产业链中利益主体彼此间的契约关系的不断升级和优化，将越来越有利于产业链中资源发挥更大优势。

根据以上观点，提出以下假设。

H_3：主体的行为表现对其物流特征有直接的影响作用

第四，草原畜牧业产业链的利益联结受到主体合作意愿、主体认知及物流特征的影响。草原畜牧业产业链利益联结机制是一个复杂的系统，所以会受到多方面因素的影响或制约。艾默里（Amoory，2003）研究表明，各主体对于市场的可控性、彼此间合作意愿、外部条件影响以及各方面信息的获得难易程度等影响彼此间的利益联结机制形成。李孝忠等（2009）认为，农牧户对于农畜产品市场信息等环境的反应程度与其行为呈现相反的关系。根据以上观点，提出以下假设。

H_4：主体的合作意愿与其利益联结有显著的正相关关系

H_5：主体的行为表现与利益联结存在负相关关系

H_6：主体的物流特征有助于产业链主体利益联结机制的构建

第五，产业链主体的经营状况、行为表现及物流特征影响主体之间的合作方式、彼此之间合作评价、对合作预期的认知。凯伊和麦克布莱德（Key and McBride，2003）从交易费用理论出发，得出主体经营状况、信息获取性、契约关系稳定性、物流成本等因素影响农牧户的合作意愿和现有合作关系。卢向虎等（2008）研究表明，农牧户参与其他主体的主要受经营规模大小、彼此经营状况好坏以及对其他利益主体的主观感受等影响。根据以上观点，提出以下假设。

H_7：主体的行为表现直接影响产业链主体的合作意愿

H_8：主体的物流特征有利于提升产业链主体的合作意愿

在已有的文献中，不难归纳出草原畜牧业产业链利益联结机制的影响因素，主要包括各利益主体的经营情况、彼此间的合作关系、产品流通主要表现以及外部环境因素等。结合前人的研究成果，并根据本书研究角度，最终选取了5个潜在变量，第一部分为经营状况（JYZK），主要包括基本情况（X_{11}）经营类型（X_{12}）、经营规模（X_{13}）、盈利状况（X_{14}）；第二部分为行为表现（XWBX），主要包括对于市场认知（X_{21}）、信息来源（X_{22}）、契约关系（X_{23}）；第三部分为合作意愿（HZYY），主要包括现有合作方式（X_{31}）、合作预期认知（X_{32}）、合作主体评价（X_{33}）；第四部分为物流特征（WLTZ），主要包括销售渠道（X_{41}）、物流方式（X_{42}）、流通认知（X_{43}）。因变量为利益联结（LYLJ），主要包括保障利益联结方式（X_{51}）、利益协调途径（X_{52}）、利益分配决定（X_{53}）、利益分配认知（X_{54}）。

在不涉及其他外界因素的条件下，本书认为，草原畜牧业产业链利益联结机制主要受主体的经营状况、行为表现、物流特征和合作意愿的影响，并根据相关原理构建草原畜牧业产业链利益联结机制路径模型及研究假设（见图8－5）。

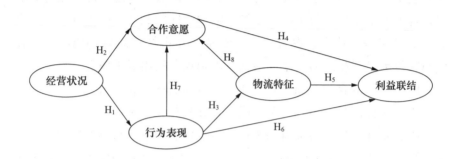

图8－5　草原畜牧业产业链利益联结机制路径模型

三　研究方法和样本数据效验分析

（一）研究方法

结构方程模型（Structural Equation Modeling，SEM），又称为协方差结构分析（Covariance Factor Analysis，CFA），作为重要的社会科学研究方法，融合了多元回归分析和因素分析方法，同时可以检验模型中潜在变量、观测指标以及误差项的关系，从而实现对于各种因果模型的辨识、估计和验证。

结构模型中潜在变量是观测变量间组成的复杂的概念，其不能直接观测得到，因此又被称为隐形变量，通常用椭圆形或圆形表示。观测变量是可以通过量表或问卷等工具得到数据的变量，也被称为外显变量，一般用长方形或方形来表示。误差项用指向长方形或椭圆形的带箭头的直线表示。应用SEM进行分析的步骤如图8－5所示，草原畜牧业产业链中利益联结机制影响因素的SEM分析将依照这一过程展开。

通常情况下，测量方程可以表示为观测变量 X、Y 与潜在变量 ξ、η 的方程组：

$$X = \Lambda X \xi + \delta$$
$$Y = \Lambda Y \eta + \varepsilon \tag{8-1}$$

其中，X、Y 分别表示 $p \times 1$、$q \times 1$ 维向量，由 p 个外生观测变量、q 个内生观测变量组成，ΛX、ΛY 分别反映外（内）生观测变量与外（内）生潜在变量之间的关系，δ、ε 分别是误差项。

结构模型可以表示为：

$$\eta = B\eta + \Gamma\xi + \zeta \qquad (8-2)$$

其中，ξ、η 分别为 $m \times 1$、$n \times 1$ 维向量，由 m 个外生潜在变量、n 个内生潜在变量组成；B、Γ 为系数矩阵，分别表示内生潜在变量之间相互关系和外生潜在变量对内生潜在变量的影响，ζ 为结构方程的残差项。

（二）变量设置及指标选取

本节数据来自问卷调查中的第一部分至第三部分，即基本信息与经营状况、畜产品流通效率影响因素以及合作意愿部分。根据相关研究成果本书选取了纳入结构方程模型的指标，包括牧户、合作社、龙头企业的基本情况、经营状况、物流特征、合作意愿、对利益联结的评价等。由于调查涉及的产业主体较多，各主体的调查内容及角度略有不同，为了将其统一到模型中，根据问卷结果进行五分制归纳，具体的变量取值及含义如表 8-4 所示。

表 8-4　　　　　　　　　　　变量设定及赋值情况说明

潜在变量	观测变量	变量赋值
经营状况	基本情况 X_{11}	牧户文化程度 1 = 不识字或识字少；2 = 小学；3 = 初中；4 = 高中；5 = 大专及以上，合作社职工人数（1 = 5 人以下；2 = 5—10 人；3 = 11—30 人；4 = 31—50 人；5 = 50 人以上）企业固定资产规模（1 = 200 万元以下，2 = 200 万—500 万元，3 = 500 万—5000 万元，4 = 5000 万—1 亿元，5 = 1 亿元以上）
	经营类型 X_{12}	畜产品销售收入占牧户总收入的比重，畜产品收购量占牧民合作社总收购量比重，畜牧龙头企业畜产品生产量占总生产量比重，畜牧龙头企业畜产品销售量占其总销售量的比重（1 = 25% 以下；2 = 25%—50%；3 = 50%—75%；4 = 75%—95%；5 = 95% 以上）

续表

潜在变量	观测变量	变量赋值
经营状况	经营规模 X_{13}	牧户：牧草地面积（1＝小于700亩；2＝700—1400亩；3＝1400—2100亩；4＝2100—2800亩；5＝2800亩以上） 合作社：注册资本金（1＝200万元以下，2＝200万—500万元，3＝500万—5000万元，4＝5000万—1亿元，5＝1亿元以上） 龙头企业：年销售额（1＝200万元以下，2＝200万—500万元，3＝500万—5000万元，4＝5000万—1亿元，5＝1亿元以上）
	盈利状况 X_{14}	近三年的盈利状况（1＝增加，2＝不变，3＝减少）
行为表现	市场认知 X_{21}	受访者对畜产品后期走势的预测及原因、对畜牧业产业链利益分配的评价及原因、面对市场变动时的表现等五个问题全部清楚回答得5分
	信息来源 X_{22}	1＝面谈，2＝电话和传真，3＝电邮或网上交易平台，4＝参考资料，5＝其他
	契约关系 X_{23}	从无到有、从松散到紧密、从临时到长期依次得1—5分
合作意愿	现有合作方式 X_{31}	1＝市场交易，2＝口头协议，3＝年度订单，4＝签订合同，5＝其他
	合作预期认知 X_{32}	1＝不同意，2＝基本同意，3＝同意，4＝比较同意，5＝非常同意
	合作主体评价 X_{33}	1＝不满意，2＝基本满意，3＝满意，4＝比较满意，5＝非常满意
物流特征	销售渠道 X_{41}	1＝企业订单，2＝连锁超市，3＝批发市场，4＝统一销售，5＝其他
	物流方式 X_{42}	1＝自营物流，2＝对方物流，3＝第三方物流，4＝其他
	流通认知 X_{43}	1＝不重要，2＝不太重要，3＝重要，4＝比较重要，5＝非常重要
利益联结	利益联结方式 X_{51}	1＝松散型；2＝半紧密性；3＝紧密型
	利益协调途径 X_{52}	1＝通过法院协商；2＝通过第三方协商；3＝通过双方协商；4＝不了了之
	利益分配决定 X_{53}	1＝全靠市场决定；2＝严格按合同办事；3＝通过中介组织分配；4＝企业自主决定；5＝其他
	利益分配认知 X_{54}	1＝牧户最有利，2＝合作经济组织最有利，3＝龙头企业最有利，4＝较为合理，5＝其他

（三）问卷信度和效度检验

因本章所用的数据大部分都是由调查问卷统计整理得来，需要对调查问卷设计是否符合研究视角，要对调查问卷的信度和效度进行详细的分析，因此，对于调查问卷样本数据质量检验主要从信度和效度两方面进行。

信度用于判定实证检验结果有效性和可靠性。在验证性目的下，Hair 等（2009）研究表明，α 信度系数大于 0.8 被认为是比较好，0.7 被视为可接受。从表 8-5 可以看出，用 SPSS 17.0 得出主体经营状况等五个潜在变量的 α 信度系数依次是 0.862、0.806、0.872、0.784 和 0.830，且总体 α 信度系数为 0.847。这说明，本书的研究数据具有较好的一致性。

表 8-5　　　　　　　　　　　调查问卷信度分析结果

潜在变量	α 信度系数
JYZK	0.862
XWBX	0.806
HZYY	0.872
WLTZ	0.784
LYLL	0.830

注：根据 SPSS17.0 相关计算结果整理得出。

本书的问卷调查是在充分总结前人研究成果的基础上提出的，同时根据自身研究角度的不同加以调整和改善，因此可以认为本书的调查问卷具有良好的内容效度。

结构效度主要用于检验问卷设计整体结构是否合理，对于结构效度的检验，本书选择 KMO 值作为指标，使用 SPSS17.0 通过因子分析得出 KMO 值为 0.727，且 P < 0.001，这说明问卷具有较好的结构效度。

聚合效度主要用于检验测量指标能否充分反映潜在变量的含义。Hair 等（2009）认为，一个潜在变量要有聚合效度，需符合以下两个标准：潜在变量组合信度大于 0.7 为良好，在 0.6—0.7 之间为可接受；平均变异量抽取值（AVE）大于或等于 0.5，表明观察变量能够有效反映其代表的潜在变量，该变量就具有较好的聚合效度。

由表 8 - 6 可以看出，本书模型中 5 个潜在变量分别为主体经营状况 （JYZK）、主体行为表现 （XWBX）、主体合作意愿 （HZYY）、主体物流特征 （WLTZ）、利益联结 （LYLJ），它们的组合信度分别为 0.884、0.793、0.836、0.783、0.850，平均变异量抽取值为 0.657、0.568、0.595、0.555，0.587，符合 Hair 等 （2009） 提出的标准，所以本书模型的 5 个潜在变量具有较好的聚合效度。

根据以上对问卷信度和效度检验的结果，可以认为，本书所用数据可靠性较高，质量比较好，可以进行 SEM 分析。

表 8 - 6　　　　　　　　　　　调查问卷效度分析结果

潜在变量	组合信度	平均变异量抽取值
JYZK	0.884	0.657
XWBX	0.793	0.568
HZYY	0.836	0.595
WLTZ	0.783	0.555
LYLJ	0.850	0.587

注：根据 AMOS 输出结果标准化回归系数并结合组合信度和平均变异量抽取值公式计算而得。

四　SEM 检验结果及分析

（一） SEM 拟合与适配度检验

本书运用 AMOS22.0 对结构方程模型的适配与拟合进行详细的验证，采用极大似然法估算模型，在初始的模型运行中，表示模型整体适配度的 χ^2 值为 253.394，且 $\chi^2/df = 2.203 > 2$ （df 为自由度，下同），拒绝原假设。REMSA $= 0.092 > 0.080$，且 AGFI $= 0.865 < 0.900$，表示假设的测量方法和调查数据无法有效契合。因此需要对模型进行修正。

根据输出结果，并结合前人的相关研究，对模型加以相应的修正，通过修正模型发现，如果增加了 $e_1 \leftrightarrow e_2$、$e_3 \leftrightarrow e_8$、$e_{12} \leftrightarrow e_{16}$、$e_6 \leftrightarrow e_{11}$ 四条路径，产业链主体的发展情况对其经营类型、经营规模对其销售渠道的选择、合作预期的认知对其利益分配决定以及信息来源渠道对其现有合作方式具有共变关系，经过四次拟合，所有修正指标小于 5.000，从而认为模型得到最大程度的优化，可以降低 χ^2/df，而且这种共变界定符合测量模型的假定。最终经过模型的多次修正，各指标均在允许界限范围内，在进行整体模型适配度估计之前，首先根据AMOS软件输出结果进行相关参数估计值合理性的验证，模型的所有误差变异量均为正数，潜在变量与其观测变量的因素负荷量都介于 0.551—0.891 的范围内处于 0.50—0.95 之间，测量误差都处于 0.020—0.099 之间，没有出现较大的测量误差。因此认为得出了较好的模型适配度和拟合结果。

由表 8-7 可知，各指标均达到相应的范围。因此，可认为产业链利益联结机制影响因素理论模型假设获得了较好的支持。

表 8-7　　　　　　　模型修正后整体拟合评价指标及其适配度

相关验证指标	指标设定的标准	指标验证结果	模型适配
绝对拟合指数			
CMIN/DF	<2	1.493	是
RMR	<0.05	0.045	是
RMSEA	<0.05 优良；<0.08 良好	0.032	是
GFI	>0.90 以上	0.963	是
AGFI	>0.90 以上	0.947	是
相对拟合指数			
NFI	>0.90 以上	0.901	是
IFI	>0.90 以上	0.965	是
TLI（NNFI）	>0.90 以上	0.954	是
CFI	>0.90 以上	0.964	是
简约拟合指数			
PGFI	>0.50 以上	0.673	是
PNFI	>0.50 以上	0.631	是
PCFI	>0.50 以上	0.725	是
AIC 值	理论模型值小于独立模型值且小于饱和模型值	251.699 < 306.000 < 840.987	是
CAIC 值	理论模型值小于独立模型值且小于饱和模型值	491.109 < 929.465 < 1102.297	是

注：该表是根据 AMOS 输出的相关结果分析汇总整理所得。

（二）结构模型结果及分析

结构方程模型的最终修正估计结果如表 8-8 和图 8-6 所示。需要说明的是，经过初始模型的修正后，最终模型取消了主体的物流特征对合作意愿的影响路径（P = 0.895，显著性检验没有通过），表明研究假设 H₈ 不成立。根据实地调研可以看出，草原畜牧业具有其自身的特殊性，由于草原牧区基础建设比较滞后，草原利益联结主体中尤其是牧户和牧民合作社分布较为分散，牧户和牧民合作社在畜产品物流特征方面面对的状况是一致的，只要自身的收入大于或稍微小于物流成本，都不会影响牧户与牧民合作社、畜牧龙头企业的合作意愿，因此导致产业链主体的物流特征对合作意愿影响微乎其微。

表 8 – 8　　　　　　　　　结构模型路径系数及显著性检验

路径			路径系数	临界比 C. R.
经营状况	→	行为表现	0.805	4.820 ***
行为表现	→	物流特征	1.306	3.492 ***
经营状况	→	合作意愿	0.796	5.415 ***
行为表现	→	合作意愿	1.808	4.721 ***
物流特征	→	利益联结	0.520	2.213 **
行为表现	→	利益联结	0.966	3.366 ***
合作意愿	→	利益联结	1.570	9.573 ***

注：＊＊＊、＊＊分别表示在1%、5%的显著水平下显著。

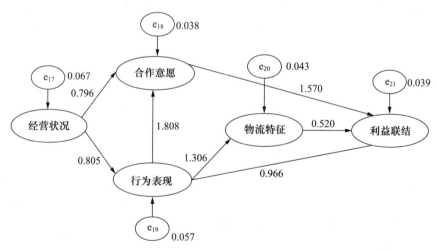

图 8 – 6　路径模型输出结果

注：该图是 AMOS22.0 计算输出结果。

由表 8 - 8 得出，H_1 的路径影响系数是 0.805，临界比 C. R. 为 4.820，达到 1% 的显著水平。草原畜牧业产业链利益主体是否以畜牧业为主业，生产规模的大小以及收益大小均对其在草原畜牧业产业链中的行为具有正向作用。这与前文中 H_1 的研究假设相吻合。这是因为草原畜牧业产业链中各利益主体由于自身不断发展，为拓展自身利益空间，倾向于与其他利益主体建立更加紧密和协调的关系，以弥补自身在各方面存在的不足，增强自身的市场竞争力。同时，利益主体生产规模的不断拓展，有利于增强其产品的市场占有率和生产积极性。随着规模的不断拓展，尤其是畜牧龙头企业将不断创新各种生产与合作方式，增强自身的创新能力和规避市场风险的能力，而规模和竞争力都较小的畜牧龙头企业由于自身各方面存在的问题，不能较好地做出及时的反应，最终使得各利益主体利益联结机制较为松散，不利于自身的发展和其他主体利益的实现。

利益主体的经营状况对主体的合作意愿影响系数为 0.796。表明产业链利益主体的经营状况、规模以及收益等因素对促进产业链主体之间合作方式的选择、合作预期的认知以及合作主体的评价具有正向影响作用，验证了研究假设 H_2 的正确性。草原牧区畜产品是草原畜牧业产业链得以构建的重要基础，然而牧户畜种养殖比较效益低带来的畜种数量不断扩大、草原严重退化和畜种养殖成本不断攀升等问题，不利于国计民生得到良好的保障。当草原畜牧业产业链各利益主体自身经营规模不断拓展，各利益主体就越愿意采用草原纵向合作的方式加强彼此之间联系，在一定程度上有利于草原畜牧业产业链的延伸，以实现产业链内部化交易的目的，最大限度地降低彼此成本；只有各主体采取更加高级的合作方式时，彼此之间横向以及兼并合作方式的意愿才能更加符合自身的发展，从而不断提升自身的市场占有率和竞争力。因此，他们的发展壮大以及经营状况的好转对草原畜牧业产业链主体合作意愿的促进作用是显而易见的。

利益主体的行为对其彼此间的物流特征影响系数为 1.306，临界比 C. R. 为 3.492，P 值小于 0.01。表示草原畜牧业主体对畜产品市场信息的把握、信息来源的接受程度以及与其他利益主体的契约关系均对主体间所选择的物流方式、畜产品销售渠道以及对于畜产品流通方式的总体认知具有十分重要的正向作用，这与前文中 H_3 的研究假设相吻合。

根据实地调研可以看出，当牧民合作社认为自身需求量较大时，就会谋求各种方式加强与牧户、畜牧龙头企业的合作，以时刻保证自身畜产品及原料的充足供应或卖出，最大限度降低自身成本；当畜牧龙头企业面对此状况时，为保证自身的产品及原料的供应，畜牧龙头企业就会倾向通过各种方式加强与其他利益主体的合作，保证自身利益不受到损失的同时也有利于其他主体利益的实现。

主体合作意愿对产业链的利益联结机制的路径系数为 1.570，临界比 C. R. 为 9.573，P 值达到 1% 的显著水平，说明主体的合作意愿对于产业链利益联结具有较强的正向作用，验证了研究假说 H_4 的准确性。牧户、牧民合作社和畜牧龙头企业彼此之间合作方式的选择和优化，在一定程度上制约着利益最大化的实现和利益联结方式的构建和选择，各利益主体对于合作预期的认知和态度，在一定程度上又制约着利益分配认知和利益联结方式的选择，同时产业链各利益主体对其他合作主体的评价和判断，也直接影响着彼此间的利益分配主动权以及利益冲突协调路径的选择。因此，主体合作意愿对产业链的利益联结具有非常重要的正向作用。

主体的行为表现对草原畜牧业产业链利益联结的路径系数为 0.966，P 值达到 1% 的显著水平。表明主体的行为表现对利益联结具有较好的制约作用，与研究假设 H_5 正好相反。根据实际的调研情况可以看出，产业链各利益主体是根据市场价格等行情的预期、信息来源的认知来从事畜牧业生产经营活动的，为实现自身利益最大化，各利益主体就会不断尝试各种合作方式和契约关系，通过构建彼此之间紧密的契约关系，最大程度降低外部风险和经营成本，从而实现在各自选择的契约关系下不同的利益，随着利益的实现，各主体之间就会面临利益分配和利益冲突如何解决的问题。牧户、牧民合作社以及畜牧龙头企业作为理性的经济人，在保证实现产业链整体利益的情况下，才能保证自身利益的最大化，而牧户作为最薄弱的经济主体，其利益的实现在很大程度上难以保证，所以就离不开利益冲突的解决。

利益主体在产业链中的行为表现对主体合作意愿的影响系数是 1.808，临界比 C. R. 为 4.721，P 值达到 1% 显著水平。这表明草原畜牧业产业链各利益主体对市场信息反应程度、各方面信息的关注程度以及与产业链其他利益主体的契约方式均对主体现有合作关系的选择、合作预期成功与否的认知以及彼此合作的评价具有积极的影响，这与前文研究假设 H_7 彼此吻合。根据产业链以及经济学相关基础理论，草原畜牧业产业链各利益主体对于市场信息反应的及时性、彼此间紧密的程度以及信息来源的多样性，都能为草原畜牧业产业链的构建以及利益联结机制的形成汇聚强大的力量，内部整合的加强使得产业链主体的自身不断完善，从而为彼此之间紧密合作关系的构建奠定基础，同时实现产业链主体各自利益最大化，不断影响主体对未来合作预期的认知和彼此之间合作关系的评价。

主体物流特征对主体利益联结的路径系数为 0.520，P 值达到 5% 的显著水平，说明产业链主体物流方式的选择、畜产品销售渠道的优化以及对于畜产品流通的认知评价对于草原畜牧业产业链利益联结有制约作用，但影响很小，这与研究假设的 H_6 相违背。这可能主要是因为大宗畜产品对于物流的要求并不像生鲜产品那样高，而现阶段畜产品都基本采用散装和散运方式，利益主体彼此间的物流方式的优化、物流能力大幅度提升以及多元化渠道的开发对于利益联结机制形成的影响，主要通过成本费用、运输损失以及物流时效性等经济和技术指标体现出来。主体间物流特征对于草原畜牧业产业链的利益联结具有非常直接的影响作用，而对于畜产品在物流过程中产生经济、社会等效益又是各主体所追求的。所以，在草原畜牧业产业链构建过程中，还是要对于畜产品有关物流等加以优化和安排，以保证其对利益联结具有积极促进作用，推动各利益主体构建更加紧密的利益联结关系，以保证其在调整彼此间的余缺、充分推动利益分配的实现以及利益协调方面具有更好的表现。

（三）测量模型结果及分析

根据以最大似然法估计得到的各回归系数，对草原畜牧业产业链利益联结机制的影响因素进行分析如下：

（1）经营状况。由表 8-9 可以看出，产业链的主体发展情况、经营类型、经营规模以及盈利状况的路径系数分别为 0.882、0.805、0.755 和 0.794，均达到 1% 的显著水平，其中产业链主体的发展情况反映的是牧户的文化程度、牧民合作社职工的人数以及畜牧龙头企业的固定资产规模，说明牧户的文化程度越高，其越能够较快地接受并应用新技术、新品种和新思路，从而其畜牧业经营状况都要远远好于文化程度较低的牧户。牧民合作社职工人数的多寡在一定程度上可以看出其规模性和规范性，牧民合作社规模越大和越规范其经营状况就越好。畜牧龙头企业固定资产规模是其资金、物资和人力等的综合体现，因而其资产规模的大小决定其经营状况的好坏。因此，在其他条件不变的条件下，牧户的文化程度越高，合作社的规模性和规范性越好。畜牧龙头企业的资产规模愈大，其经营状况就越好，说明彼此之间的利益联结也越紧密。

表8-9　　　　　　　　　模型路径系数及显著性检验

路径			标准化路径系数	临界比 C. R.
JYZK	→	X_{11}	0.882	4.714 ***
JYZK	→	X_{12}	0.805	4.659 ***
JYZK	→	X_{13}	0.755	4.266 ***
JYZK	→	X_{14}	0.794	4.099 ***
XWBX	→	X_{21}	0.749	3.819 ***
XWBX	→	X_{22}	0.590	3.925 **
XWBX	→	X_{23}	0.891	2.789 ***
WLTZ	→	X_{41}	0.851	2.676 **
WLTZ	→	X_{42}	0.742	2.767 **
WLTZ	→	X_{43}	0.714	1.697 *
HZYY	→	X_{31}	0.551	2.889 ***
HZYY	→	X_{32}	0.882	5.653 ***
HZYY	→	X_{33}	0.764	3.896 ***

注：*、**、***分别表示在10%、5%、1%的显著水平下显著。

（2）行为表现。由表8-9可以看出，产业链主体对于市场行情的认知和与其他主体之间的契约关系是主体行为表现方面最为显著的因素。产业链主体对市场行情的认知和契约关系的路径系数分别为0.749、0.891，均达到1%的显著水平，表明在其他因素不变的条件下，当市场价格较好以及市场需求旺盛时，牧户、牧民合作社和畜牧龙头企业作为理性的经济人，为保证畜产品的生产和供应，最大限度地降低自身的成本费用和短缺或积压风险，就会采取更为紧密的利益联结方式，通过签订合同或者契约等方式加强彼此之间的关系，以保证自身利益的最大化；当市场行情出现较大波动时，通过产业链主体紧密的利益联结，最大程度降低积压风险和库存成本，以实现各自以最小的代价实现最大的收益的目标。信息来源渠道的路径系数仅为0.590，达到5%的显著水平，说明信息来源渠道对于利益联结机制影响程度较小。通过实地调研可以看出，草原牧区经济落后，基础设施建设滞后，现阶段牧户、牧民合作社和畜牧龙头企业信息来源主要来自亲戚邻里之间的交谈或畜产品销售的业绩反馈，由于多方面条件的限制，对于其他形式的信息来源渠道，产业链主体使用较少。

（3）物流特征。由表8-9可以看出，产业链主体销售渠道的选择和物流方式是影响物流特征潜在变量中最显著的因素。畜产品销售渠道和产业链主体购销所采用的物流方式的路径系数分别为0.851、0.742，均达到5%的显著水平，其中销售渠道影响最大。根据实地调研情况可以看出，由于牧区交通闭塞、信息传递不畅，产业链主体在很多情况下都面临"买难"或"卖难"问题，因此，牧户、牧民合作社以及畜牧龙头企业对于畜产品购销渠道都尤为重视，而产业链主体之间通过合同、股份合作等利益联结，就会在很大程度上解决畜产品购销问题，最大程度降低主体的积压和库存成本。随着主体之间的利益联结不断加强，牧民合作社或畜牧龙头企业也会不断得到发展壮大，逐渐走上产业化和规范化道路。因此，在其他条件不变的前提下，销售渠道和物流方式的选择对于草原畜牧业产业链利益联结具有非常重要的作用。相比较而言，产业链主体对畜产品流通的认知路径系数为0.714，达到10%的显著水平，说明其对草原畜牧业产业链利益联结机制也具有一定的制约作用。

（4）合作意愿。由表8-9可以看出，产业链主体对与其他主体的合作预期的认知以及对其他合作主体的评价是合作意愿潜在变量中最为显著的因素。产业链主体利益紧密联结是实现利润最大化的前提，而产业链主体合作实现的利润是影响其对合作预期认知的重要因素，合作预期的认知又直接影响对其他合作主体的评价，因此，在固定其他条件前提下，产业链主体认为其他合作越密切，对于实现自身利益越重要，产业链主体之间的利益联结就越紧密，反之，亦然。主体之间的合作方式路径系数仅为0.551，总体看来影响不大。从实地调研情况可以看出，草原牧区产业链主体现有的合作方式大多是市场交易和口头协议方式，年度订单和签订合同大多存在于部分合作社和畜牧龙头企业之间，合作方式的低端对于利益联结机制有一定的制约作用。

五 研究结论

本书以牧户、牧民合作社以及畜牧龙头企业为研究对象，尝试性地应用结构方程模型探讨了影响草原畜牧业产业链利益联结机制的主要因素，研究结果表明：第一，主体行为表现、主体物流特征、主体合作意愿对产业链利益联结机制有显著的正向影响，主体的经营状况并不能直接影响其产业链的利益联结，而是通过其他三条路径间接影响产业链的利益联结机制；第二，主体行为表现不仅能够直接影响利益联结机制，而且能够通过其他两个途径间接影响产业链的利益联结机制，主体物流特征对于主体合作意愿没有直接或间接的影响，主体合作意愿和主体行为表现相对于主体物流特征而言，对于产业链利益联结机制具有更大的直接影响；第三，产业链主体的发展情况、彼此之间的契约关系、畜产品购销渠道以及合作预期的认知分别是经营状况、主体行为表现、主体物流特征和主体合作意愿中贡献最大的。

因此，在草原畜牧业产业链发展过程中，为增加牧民收入，必须大力培育产业链主体，尤其是合作社和龙头企业。一是随着草原畜牧业的多元化经营，应不断壮大自身规模，强化草原畜牧业的主体发展，加大生产投入，促使其更加注重产品市场行情、契约关系以及合作关系的构建，通过产业链利益联结机制的完善取得更多的收益；二是随着草原畜牧业生产规模和收益的不断拓展，不断调整契约关系以及合作方式等，使得利益联结机制和配套环境更加适应畜牧业产业化和促进牧民增收的要求。

第九章　草原畜牧业产业链信息传递机制

第一节　草原畜牧业产业链信息传递机制概述

草原畜牧业产业链信息传递机制是其产业链运行机制的重要组成部分，全面分析和研究草原畜牧业相关信息在产业链利益主体间的传递过程，对提高牧区农牧民群体的信息接收效率、改善产业链中牧民弱势利益主体地位和牧民增收具有非常重要的意义。研究我国目前畜牧业产业链农牧区信息传递机制现状，分析不利影响的原因，找到解决途径势在必行。

一　信息和信息传递

（一）信息

信息充斥在人们周围，无所不在，信息也是伴随人类文明发展的忠实伙伴，而人类对信息的研究也不胜枚举。在中国知网（CNKI）文献检索库中以"信息"为关键词做检索共计得到18896条结果。据统计，科学家和哲学家已经对信息下过200多条定义。虽然表述众多，但学者们对信息概念的界定主要还是通过几种常见方法来实现的，比如罗列法、排除法、回避法、分类处理法等。罗列法是将信息的各种属性进行堆积表述的一种方法，例如"信息就是消息、信号、音讯和情况的总和"；排除法则主要通过对容易与信息相混淆的概念加以否定来定义信息，例如"信息既不是物质也不是能量"；回避法主要是从信息的实用性来进行描述，例如"信息就是用语言陈述的内容""信息是被反映的事物的属性"；分类处理法则是通过哲学和实用两个角度来对信息进行定义，哲学角度倾向于表述信息的本质，实用角度倾向于表述信息的内容（刘明坤，2014）。

信息与人类经济活动密切相关，信息定义的多样性其实与信息的储存、转换、应用领域和众多表现形式有直接关系，因此，信息可以结合具体经济活动领域进行理解，分析研究信息在相关产业链运行中的作用，以实用的角度去认识该应用领域信息的内涵。

认识信息的核心实际上在于对信息的度量，1948 年香农（Claude Shannon）发表的论文《通信的数学理论》（*A Mathematical Theory of Communication*）（香农，1984）标志着信息论的创立。在这篇文章中，香农创造性地提出将信息度量建立在概率论的基础上，提出信息熵的概念，以此对信息给予了科学的定量描述。借鉴 1928 年哈特莱（Hartley）提出的"用对数度量信息""一条信息所含有的信息量用它的可能值的个数的对数表示"（哈特莱，1928），香农认为信息是事物运动状态或存在方式的不确定性的描述，即信息是可以消除不确定性的东西，因此用对数形式的概率函数 $I(X)$ 来描述信息：

$$I(X) = -\log P(X) \qquad\qquad (9-1)$$

公式表示事物 X 出现或发生的不确定性的大小，称为事物 X 的自信息，以其自身出现的概率的对数的负值来衡量，$P(X)$ 为事物 X 发生的概率，$I(X)$ 表示事物 X 所包含的信息量。

（二）信息与知识的关系

在介绍信息与知识的关系之前，先简单说明一下数据。数据一般被认为是最原始的、未加工的素材。数据经过处理并被赋予意义后才可以形成信息，例如单纯的"3 头"并不能称之为信息，但如果是"3 头肉牛"则就是信息，因此数据是信息的组成部分，从这种角度来说信息也可看作是有意义的数据。

信息不同于知识。信息在经过理解转化、实践验证后才能转变成知识。通常这个过程是要经历思考、分析的。知识能够用于指导生产，因此也可以看作是有用、有针对的信息。数据、信息和知识的关系如图9-1 所示。

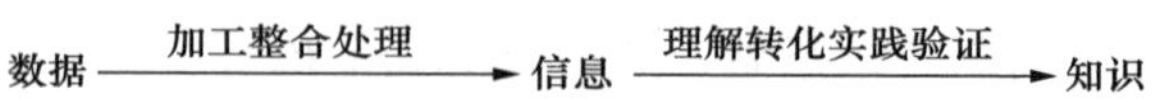

图 9-1　数据、信息和知识的关系

　　由此可见，数据、信息和知识通过处理转化是存在递进关系的。信息虽然不同于知识，但知识来源于信息，通常在现实活动和理论研究中可以认为知识隐藏于信息中。很多人都支持这样的观点——知识是人们通过实践对客观事物本身及其运动过程和规律的认识，是信息的结晶。另外，英国科学哲学家波普尔（K. Popper）在 20 世纪 80 年代提出了一个具有世界性影响的"三个世界"信息理论，将信息分为了三类：第一类是有关客观物理世界的信息，它反映事物的运动状态及其变化的方式；第二类是有关人类主观精神世界的信息，它反映人类所感受的事物的运动状态及其变化方式，是一种意识和思维状态；第三类是有关客观概念世界的信息，它反映了人类所表述的事物运动状态及变化方式，一般通过语言、文字、图像等方式来表示（卡尔·波普尔，2003）。由此可见，知识只存在于第二类主观精神世界和第三类客观概念世界，知识能够作用于第一类客观物理世界但却不存在于客观物理世界。信息转化为知识必须经历理解、转化、实践验证这一过程。

　　（三）信息传递

　　信息传递是一种被众多内外部因素影响的活动，本书将信息传递活动的过程抽象描述为图 9 - 2：

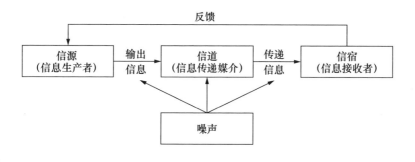

图 9 - 2　信息传递

　　如图 9 - 2 所示，一个基本的信息传递过程涉及五个基本要素：信源（信息生产者）、信道（信息传递媒介）、信宿（信息接收者）、噪声以及反馈。信源是产生信息和信息序列的源；信道是指通信系统把载荷消息的信号从发送端送到接收端的媒介或通道，是包括收发设备在内的物理设施；信宿是消息的传送对象，即接受消息的人或机器。理想的信息传递应该是，信源将具有针对性的信息通过适当的信道迅速传递给有相应需求的信宿，信宿也会及时反馈接收应用情况，虽然在整个传递过程中都存在噪声，但其引起的信息失真和损失在可接受的范围内。

信息熵可以用来表示信源的平均不确定性程度，跟自信息 $I(X)$ 有相似之处，但自信息实际是信源发出的某一具体信息所含有的信息量。一般而言，发出的信息不同，所含有的信息量也不同。我们通常是用随机变量来表示信源，它是一个事件集合，具有统计学性质，因此自信息量不能用来表征整个信源的不确定度。因为信源具有不确定性，所以我们把信源用随机变量来表示，用随机变量的概率分布来描述信源的不确定性。通常把一个随机变量的所有可能的取值和这些取值对应的概率 $[X, P(X)]$ 称为它的概率空间。我们定义平均自信息（即信息熵） $H(X)$ 来表征整个信源的不确定度：

$$H(X) = E[I(x_i)] = -\sum_{i=1}^{q} p_i \log p_i = H(p_1, p_2, \cdots, p_q) = H[P(X)]$$

$$(9-2)$$

信息熵是从整个集合的统计特性来考虑的，且仅与信源的总体统计特性有关，它从平均意义上表征了信源的总体特征，体现了事件集合 X 的随机性。对信宿而言，信源输出消息前，信息熵 $H(X)$ 表示信源的平均不确定性；在消息输出后，信息熵 $H(X)$ 表示每个消息提供的平均信息量。信息熵函数具有极值性，当离散信源中各消息等概率出现时信息熵（平均自信息）最大，此时信源对于满足信宿信息需求的针对性也就最小。

（四）信息传递的传播方式

对于信息传递的传播方式，美国斯坦福大学教授、著名管理学家莱维特在 20 世纪中期通过实验提出了五种正式的信息沟通形态：链式、环式、轮式、全通道式、Y 式（莱维特，1963）。根据本书通过对草原畜牧业产业链利益主体的实地调研，结合实际介绍如下：

1. 链式信息传播

该模式是一个纵向结构，又称为顺序传递途径，往往出现在产业链中有直接生产供需往来的利益主体之间，居于两端的主体只能与内侧的一个主体联系，居中的主体则可分别与两端沟通信息（见图 9-3）。在这种传播模式中，信息逐级传递，从产业链上游向下游或自产业链下游向上游传递，单向传递速度很快。但信息在利益主体内部传递、筛选，容易失真，各环节利益主体所接受的信息量可能存在很大的差异，利益主体成员的平均满意度更是不同。

图 9 – 3　链式

2. 环式信息传播

该模式可看作链式信息传播封闭式控制结构，表示每个利益主体成员之间依次联络和沟通，并且每个成员都可与临近的两个成员传播信息（见图 9 – 4）。相较链式结构具有一定的民主性，可提高成员满意度，但这种结构的成员集中化程度较低，缺乏领导者，解决分歧或问题的效率也较低。主要存在于草原畜牧业产业链养殖环节的农牧民群体中，尤其是未加入牧民合作社或其他产业链中介组织的农牧民之间。

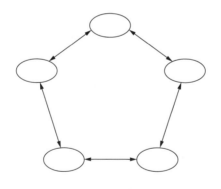

图 9 – 4　环式

3. Y 式信息传播

该模式也是一个纵向结构，但又与链式结构不完全相同，表现为只有一个产业链利益主体位于沟通中心，成为整条产业链的沟通媒介（见图 9 – 5）。这种结构中利益主体间信息的传递速度较快，问题解决能力也较强，组织性和集中化程度较高，处于沟通中心的主体自然成为整条产业链的领导者。但在这种结构下利益主体成员之间缺乏横向沟通，信息无法越级传递，若处于沟通中心的主体领导能力欠缺，则易造成产业链局部环节信息扭曲和失真。

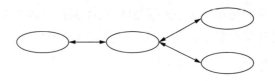

图 9 – 5　Y 式

4. 轮式信息传播

该模式是典型的控制型结构，又称为集中控制型结构，如图 9 – 6 所示，扮演领导者角色的成员是各种信息的汇聚点与传递中心，具有权威性。这种结构的集中化程度高，解决问题的速度较快且精度高，但是对领导者的能力要求较高，缺乏利益主体成员间横向沟通，易造成利益主体内部成员满意度降低，同时由于对领导者缺乏监管核查，易出现截取、隐瞒信息的情况发生。

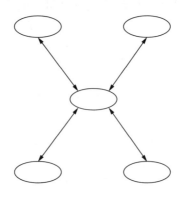

图 9 – 6　轮式

5. 全通道式信息传播

该模式是典型的开放式网络结构，又称为互惠型信息传播，如图 9 – 7 所示，利益主体内部成员之间都有沟通渠道，彼此了解。这种低集中、高分散的结构使得成员可以相互交流，信息理解转化良好，利益主体内民主性高，对提升利益主体内成员的满意度大有益处。但这种结构由于沟通渠道过多，尤其对大型规模的利益主体来讲，易造成成员间信息传递混乱，从而限制信息传递的效率。

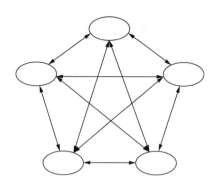

图9－7　全通道式

这五种正式的信息沟通模式各有利弊，并没有哪一种结构能够完全代表草原畜牧业产业链利益主体之间及其内部成员的信息沟通渠道，现实情况通常是几种结构的混合甚至变形杂糅，形成正式沟通与非正式沟通共存的复杂网络结构。非正式沟通建立在产业链利益主体成员间人际交往和感情需要之上，其形态主要有四种，分别是群体链式、密语链式、随机链式和单线链式（见图9－8）。非正式沟通主要存在于非制度化、脱离商业企业性产业链利益主体成员间，这类信息沟通下的信息传播速度快、方式灵活，在面对面沟通的前提下信息传递效果反馈基本上是同步进行，因此效率较高；但非正式沟通下的信息准确性、可靠性难以保证，受人为因素影响较多，只能作为正式沟通的补充。

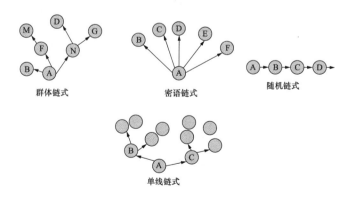

图9－8　非正式沟通方式

综上所述，产业链信息传递网络是由草原畜牧业产业链众多利益主体成员通过正式沟通与非正式沟通组成的复杂系统，产业链在各环节利益主体成员的相互竞争与协同关系的作用下，伴随着产业链新利益主体成员加入，促成其信息传递网络的形成及动态演进，影响整个产业链系统的信息传递沟通渠道与信息传播效率。

二 草原畜牧业产业链信息传递机制

（一）草原畜牧业产业链信息传递机制的内涵

产业链信息传递与供应链信息传递最大的不同在于产业链内部信息传递机制的内涵更加广泛，相比供应链信息传递机制所要解决的供应链各利益主体间信息不对称、牛鞭效应、交易成本节约、仓储运输成本优化等问题，产业链信息传递机制力求在信息生产之初就体现针对性，以满足产业链各环节利益主体的信息需求为目标，优化资源配置，以有限的信息生产资源尽量满足特定且无限的信息需求。因此本书认为，草原畜牧业产业链信息传递机制是在考虑我国多数农牧业信息资源具有公共物品属性的前提下，信源在输出信息的发布时间、推送空间方面体现满足产业链各利益主体信息需求的针对性，在数量类型方面匹配草原畜牧业对总体经济的经济增长贡献率，选取信宿（即信息接收者）可负担其成本的信道（即信息传递媒介）将信息迅速及时地传递过去，并保证信息的真实完整性与可理解性。

草原畜牧业产业链信息传递机制是草原畜牧业产业链内部信息流的时间空间投送、数量类型比重以及内容形式之间的结合机制，即信息流的指向、多少、成分配比以及理解转化难易性的逻辑关系。它表明在草原畜牧业产业链格局下，信息传递机制影响下的各利益主体如何链接，以支撑草原畜牧业产业链的协调运行。

（二）草原畜牧业产业链信息传递机制的构成

在草原畜牧业产业链信息传递机制中，各利益主体互相依存、彼此互为信息的供给方和需求方，角色交叉重叠，构成信息传递机制内的共生单元，即由产业链各利益主体间的商流、物流、资金流的交互往来与专业化分工协作，或在畜牧局等政府部门的参与作用下，整合各项信息活动，改善信息质量，促进信息资源开发、信息传递速率及信息真实完整性最大化，以此形成复合的信息传递机制。草原畜牧业产业链信息传递机制具有链接、调控与决策支持功能，由主体层、活动层和资源层等三部分构成（见图 9-9）。主体层包括信息生产者（如畜牧局等政府部

门、专业协会、高校等)、信息接收者(如农牧民养殖群体、畜牧产品
加工营销企业等)以及数据搜集部门(如气象局、商贸部、工商局
等)。活动层包括信息生产输出、信息传播、信息接收与应用等方面。
资源层包括公共信息资源和收费信息资源、显性信息和隐性信息等。

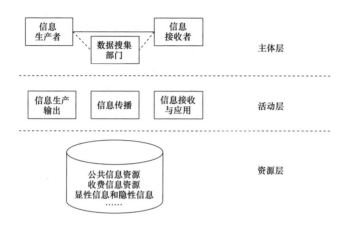

图9-9　草原畜牧业产业链信息传递机制构成

(三)草原畜牧业产业链信息传递结构模式

在产业链实际运行中,根据不同的利益主体链接特点及组织规模化
程度,草原畜牧业产业链信息传递演化为不同的结构模式,主要有链状
结构和网状结构两种,具有层次性、双向性和多级性等特点。

1. 链状结构

链状结构是指产业链利益主体纵向链接,产业链构建相对简单,信
息交互、协作主要发生在供需相邻的利益主体之间。随着产业链利益主
体成员的增加,产业链不断延伸,合作关系复杂化,可逐渐扩展为跨环
节链状结构,其主要变化是产业链利益主体成员间实现信息共享,但信
息共享的范围通常只局限于产业链上的某个局部环节,信息共享量有
限,传递效率也不高。

2. 网状结构

网状结构由众多产业链利益主体网状链接交错而成。在这种结构
中,产业链利益主体成员均拥有两条以上信息渠道,能够及时了解其他
成员的相关信息获取情况,提升成员的信息意识和传递速率。在网状结

构内部也存在联系相对紧密的子网，成员间呈现复杂网络结构，这些网络有密有疏，而且不断变化着，一些成员或可能是为了达成共同的目的，紧密联结，在一定时间内结成小的利益集团。网状结构一定程度上克服了链状结构中信息延滞、信息失真及缺乏整体协调性的特点，加强了产业链利益主体各成员间的联系，但众多的信息通道也会增加信息处理成本和协同难度。

三 草原畜牧业产业信息分类

结合草原畜牧业产业链的经济运行特点，草原畜牧业信息的分类一般为草原畜牧业自然环境信息、草原畜牧业生产信息、草原畜牧业政策信息、草原畜牧业经济信息、草原畜牧产品加工信息以及草原畜牧产品市场信息等。

草原畜牧业自然环境信息是关于牧区自然环境状态的信息，包括对草原气候、水资源、土壤结构、植被群落、沙漠化程度等关乎草原畜牧业存续与发展的实时或定期监测信息。根据这些信息反映的牧区自然环境状况，对草原畜牧业产业链生产养殖环节进行相应的调整，以保证牲畜的健康生长繁育，减少甚至避免自然灾害引发的经济损失。

草原畜牧业生产信息主要指直接关系畜牧产品产量与质量的养殖技术类信息与优良畜种培育信息，包括饲料的配比、添加剂的用量、兽药的选用、疫病的防治、舍饲的设计建造等服务于草原畜牧业产业链生产养殖环节的科技信息。

草原畜牧业政策信息主要指政府出台的对畜牧业从业者进行宏观调控的信息，包括税收减免、资金信贷、监督管理等对草原畜牧业产业链所有环节利益主体的生产经营活动产生广泛影响的信息。

草原畜牧业经济信息主要指我国的国际畜牧业贸易往来等对草原畜牧业行业整体产生影响的经济指标信息，也包括诸如基因技术、克隆技术这类对未来畜牧业行业发展走向起到引导示范性的行业尖端技术信息。

草原畜牧产品加工信息主要指畜牧业产业链内部达成共识的关于畜牧产品品质标准的信息，包括各类畜牧产品的指标测定、品质鉴定规范，对草原畜牧业产业发展的标准化、规范化产生促进作用的信息。

草原畜牧产品市场信息不单单指零售终端市场价格、销量信息，还应包含草原畜牧业产业链环节间交易的价格和数量信息，包括饲料市场、畜种市场、兽药市场和初产品收购市场的交易信息。

第二节　草原畜牧业产业链信息传递过程与模式

一　草原畜牧业产业链信息传递的方式

草原畜牧业产业链利益主体及其成员间信息传递借助于一定的信息技术和信息工具传递信息，并在此期间建立良好的协作关系，实现草原畜牧业产业链协同发展过程。信息传递不仅是为了提高产业链运行的效率，也是一种主体之间相互学习的信息行为，通过彼此之间的信息传递来获取更多重要信息，发挥出"信息杠杆"的作用。信息传递对于利益主体之间的协同合作具有重要的支持功能，离开信息传递，产业链运行效率将无从保证，进而影响整体的竞争力。因此，草原畜牧业产业链信息传递效率的提高有利于提高产业链的响应速度，提高产业链整体的竞争优势。

草原畜牧业产业链利益主体及其成员间的信息传递可以采用正式沟通或者非正式沟通的方式，也可以是直接传递或者间接传递的方式。正式沟通与非正式沟通的内涵前文已详细说明，这里不再赘述。直接传递是指信息经利益主体及其成员间口头转述，通过面对面话语的交流完成信息的传递过程，而间接传递则是借用有物理实体承载信息，通过这种承载信息的载体在利益主体及其成员间的流转，实现信息的传播。

一般情况下，养殖技术信息、补贴扶持信息、畜牧初产品收购标准信息、自然灾害信息等直接影响产业链运行的信息多采用正式沟通的间接传递方式，有正规的信息格式和信息传递渠道，一般情况下都有直接责任人负责环节间的对接，而在信息化水平较高的情况下则是采用电子系统进行信息的收集和处理，以正规流程展开，并对信息进行存档。不过也有其他信息，比如进行市场评价、机会分析、行情预测、未来规划等活动需要的市场销售、行业贸易信息会通过私人关系或者非正式场合进行直接面对面的交流互动，或者以双方供需行为的方式传递，没有严格的章程。此类信息对于主体经营发展具有关键影响作用，受到产业链利益主体的高度重视。

在草原畜牧业产业链系统中，具有直接供需关系的利益主体之间可以直接进行信息传递，但是处于更上游或者更下游的企业就需要经过中间环节（在社会网络中称为媒介或中介）建立连接关系，以一种有跨度的方式实现信息交互。可以是纵向上下游利益主体之间信息传递，也可以是横向利益主体成员之间的信息传递。

二 草原畜牧业产业链信息传递的过程

（一）信息传递的微观过程

从微观层面看，草原畜牧业产业链信息传递过程包括产业链利益主体之间的信息流动和利益主体内部成员间的信息流动，其中信息在产业链利益主体成员间的传递除了基本的信息流动之外（与产业链利益主体间的传递过程步骤相同），还包括了对接收到的信息的理解转化应用活动，因为构成产业链利益主体的每个利益主体成员都是草原畜牧业行业的直接经营从业者，他们会进行相关的生产劳作、进行具体的实践活动，有条件、有机会将接收到的信息运用到生产经营中，成为自身的知识。

草原畜牧业产业链信息传递的微观过程（见图 9 - 10）包括以下步骤：

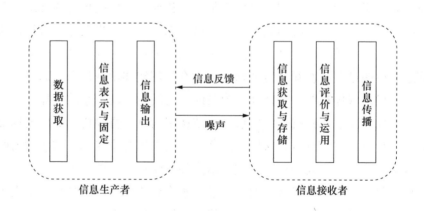

图 9 - 10 信息传递的微观过程

数据获取：作为最原始的未加工素材，数据首先需要通过人工活动统计或者技术设备测量获取，比如气象遥感卫星监测到的牧区气象数据、海关工作人员统计的月度或年度畜牧产品进出口数据等，这些数据资源在被信息生产者获取后，对它们进行专业的整合翻译才能成为信息。

信息表示与固定：信息在输出前，为了保证其可读取性、安全性和完整性，会以信息接收者知悉的方式将内容表示出来，并承载固定到信息载体上。

信息输出：当信息有载体承担后，信息生产者就通过该载体可承受的方式将信息向信息接收者发送出去。

信息获取与存储：有信息需求的信息接收者接收到信息后，要么直接将信息与其原始载体储存起来，要么将信息转移到更适合自身查阅的载体之上，方便后续的检索、分析与应用。

信息评价与运用：在接收到信息储存后，产业链利益主体成员会结合自己目前的生产经营状态对这些信息做一个预期，判断哪些可以运用到自己具体生产经营中有指导改善的作用，毕竟不是所有信息都适合自己，当选定信息后就会将其应用到实践中。

信息传播：信息并不是一次性就能让所有需求信息的产业链利益主体成员接收到，需要一次又一次地被传送。在一次信息传送中，如果信息的发送者不是信息的最初生产者，那这次信息传送就叫信息传播，否则就叫信息输出。

信息反馈：为提高信息传递的效率，信息接收者应通过反复不断地反馈信息的适用性、有效性和获取便捷性，来帮助完善信息传递过程，提高信息的传递效率，但实际情况中，信息反馈却很少见。

（二）信息传递的宏观过程

草原畜牧业产业链信息传递的宏观过程是产业链利益主体之间信息交流互动的过程，同时，也是信息资源价值实现的过程。

1. 产业链利益主体的交流互动过程

产业链利益主体的发展不能仅仅是依靠自身能力的推动，更需要从外部获取有价值的资源，其中之一就是信息。产业链利益主体与外部信息源交流互动的频率影响其获取外部信息的广度与深度，并影响自身经营绩效水平。

当今社会，信息的价值得到社会的普遍认可，其重要性越来越高，并成为生产力的关键要素，与物质资源、人力资源发挥着同等重要作用。并且，随着信息化的不断发展，组织和个体经营和发展的方式也在逐渐改变，交流与协作成为发展的主流形式，借用外力和充分整合外部信息资源，寻求更多、更大范围的信息交流是产业链利益主体在草原畜牧业产业链中持续发展的迫切需要。实际上，产业链利益主体之间为了实现双赢而进行的合作和互动，是信息传递活动实施的必要条件。

2. 信息价值实现过程

信息的价值是在产业链运行中满足利益主体信息需求后实现的，是草原畜牧业产业链利益主体之间交易和供需活动的结果，也是不同类型、不同数量的信息在满足产业链利益主体需求中相互作用、相互影响的综合结果和整体响应。信息价值的实现有利于产业链利益主体核心竞争力的提高，有利于信息主体之间合作能力和合作深度的增强，并反哺于下次信息传递活动，促进信息传递自由度和信息传递效率的提升。

三 草原畜牧业产业链信息传递的动因

（一）为达成目的的信息传递

草原畜牧业产业链利益主体间信息传递是属于合目的性的信息行为，基于追求信息价值创造最大效果的实践活动的内在规定性。需要——目的——传递，构成一条行为传导机制：需要是基础，是动机产生的理由，是目的的根据；传递是满足需要的手段。

产业链利益主体之间的信息传递活动的合目的性通过两种方式表现出来：一是在上下游发生交互行为推动产业链运行的过程中实施信息对接，可以是标准格式的数据，也可以是文件、手册等的实物载体状态表现；二是通过非正式渠道或者私人关系实现思想、意识、理念、方法和经验的传递。两种方式均是信息传递和接收的过程。这种合目的性的信息行为存在于产业链上下游主体生产经营过程之中，会随着主体的合作意识的增强、信息传递接收能力的提高，变得更易于实现，并产生更高的收益。

（二）为相互学习的信息传递

产业链利益主体之间的信息传递不仅是为了提高产业链运行的效率，也是一种主体之间相互学习的信息行为。众所周知，学习并不局限于培训和教育这两种方式，正式和非正式的信息传播都能使产业链利益主体获得新知识和新技能。产业链利益主体的信息需求受到学习行为的不断强化，在信息生产、信息传播和信息利用的过程中循环强化。为了谋求更好的发展，草原畜牧业产业链成员需要向具有高信息位势的成员学习，需要向具有异质信息源的成员学习。可以认为，相互学习是草原畜牧业产业链利益主体合作过程中的一种生存依赖。从合作关系初建时的弱关系，到互相理解、彼此信任的强关系；从产业链利益主体的信息传递活动表现出被动的、单方面的、偶尔的行为到主动的、互助的、持续的行为的演变过程，以及从初级的线性的信息流动逐渐发展为联系紧密的信息互动圈子，产业链利益主体的合作关系将经历关系初建、磨合发展、成长和成熟等几个阶段，学习是贯穿始终的主线。

（三）为追求价值增值的信息传递

追求价值增值是草原畜牧业产业链信息传递的根本动力。价值增值的实现通过产业链利益主体之间的信息传递、整合、集成而获取竞争优势。一方面，产业链利益主体通过积极搜寻并获取其边界之外分散性的生产信息、经济信息、政策信息、产品加工信息、市场销售信息、行业竞争信息、行业平均盈利程度信息、消费者消费行为信息等，逐渐提高自身的信息位势，并实现降低成本开支、提高发展速度的目标，从而产生价值增值。另一方面，信息主体将自身所拥有的信息不断应用于生产经营，通过产品质量和数量的改变对市场、合作伙伴、消费者、竞争对手产生反作用，使其行为活动处于最佳状态，掌握主动，实现其市场价值。

基于以上分析，我们可以认为，草原畜牧业产业链的信息传递是产业链利益主体之间的需求互涉，实质上是对其自身发展外部信息条件的依赖，也是相互学习、实现信息增值、提高竞争优势的信息行为。从草原畜牧业产业链信息传递网络结构的角度分析，表现为节点对其周边节点的依赖。利益主体之间的信息传递有其特定的目标，并且在目标的实现过程中将会对信息传递的内容和媒介产生重要影响。草原畜牧业产业链利益主体之间是否需要传递信息以及传递何种信息、采取何种方式受到产业链利益主体之间的需要因素、目的因素和价值因素的相互协调和互补作用的影响。

四　草原畜牧业产业链信息传递的模式

（一）技术、设备主导的信息传递模式

信息技术与设备是信息传递的手段与工具，它可以简化信息传递过程中的部分工作程序，降低人力占用，提高信息的传递效率——减少失真、提高速率。在一些草原畜牧业产业链信息传递系统中，尤其是环节间或者是组织化程度较高的商业企业性利益主体间会选择以信息技术和信息设备为支撑核心构建其信息传递的模式和路径。在选择以技术和设备为核心的信息传递模式时，有两种选择：一种是以传统编码技术为支撑的点对点信息传递，另一种是基于云技术的信息共享平台。

点对点的信息传递是目前草原畜牧业产业链信息传递过程中较为普遍的模式，信息发送者与信息接收者所使用的信息设备或技术可以识别并兼容，信息发送者有明确发送对象，知道接收者的地理位置或者识别特征，所发送的信息在其生产之初就确定是要让接收者知悉的。该模式本身是对产业链利益主体间协作管理的最直接体现，即信息流按照商流、物流、资金流的方向传递，在不同环节的利益主体间汇总和传递。这种传递模式中的信息多以生产信息、加工信息和市场信息为主，无法实现行业内跨产业链的大面积沟通交流，最终形成单方面通知而缺乏交互的状态。而且如果只限于具有供需联结关系的利益主体之间，就容易出现产业链内信息传递失真的问题，尤其是当产业链利益主体成员规模扩大，数量增多时，信息传递失真概率可能大幅增长，降低信息传递机制的灵活性，不符合反馈控制论思想。

信息共享平台是随着近些年云技术的不断发展，结合数据库、电子商务的崛起，由专门的第三方协调共享组织负责将与草原畜牧业产业链所有利益主体生产经营相关的信息进行集中汇总，进行分类整理后储存于信息平台供有信息需求的产业链利益主体查阅。这种模式下信息生产者不用考虑信息传递对象，只需将对产业链运行有帮助的信息上传至信息共享平台，当产业链利益主体需要信息时自行访问平台数据库查询。该模式简化了信息传递活动的复杂程度，但需要提前做大量标准规范化工作甚至可能整合重建原有技术设施，所谓"前人栽树后人乘凉"，当前期准备做好后就可交由计算机软件程序自动发布更新信息，辅助访问者查询。目前该模式普及度较低，主要是因为投入资本巨大，并且对平台用户（即产业链利益主体）的信息查询能力有一定门槛要求，目前我国只有在部分自然环境信息、政策信息和经济信息这些具有"公共物品"性质的信息发布传播领域有应用。

（二）产业链利益主体主导的信息传递模式

技术、设备主导的信息传递模式虽然在传递活动的速率和防止失真方面具有优势，但是对于信息在产业链利益主体成员的信息理解和应用方面存在不足，无法为利益主体成员在接收信息后理解转化方面及时给予帮助。利益主体成员对信息需求的最终目的是期望信息能在生产经营过程中辅助决策和改善运营，而达成目的的前提是必须理解掌握信息内容，在产业链利益主体主导的信息传递模式下，信息发送者和信息接收者往往地理位置距离较近，可以很快进行交流反馈，这种反馈不仅是对下次信息传递提出改进建议，而是直接对本次信息传递的应用方面进行直接辅助，有效提升产业链利益主体的信息能动性和信息主控性，加强草原畜牧业产业链利益主体间的协同合作和实现共同发展和进化。

这种模式下的所谓的主导者并不是产业链利益主体的一般普通成员，而往往是核心成员，例如：区域精英，龙头企业，等等。他们在自身所处的草原畜牧业产业链环节的利益主体成员中是领导者的角色，拥有的信息来源广泛。他们以关系管理为导向，强化利益主体内部成员间的信息传递以实现协同合作，并擅长综合使用信息技术设备与人际关系互动能动地适应环境。

第三节 草原畜牧业产业链信息传递过程存在的问题

目前我国草原畜牧业产业链由于信息传递的阻塞、延迟乃至失真引发了种种不利于产业链运行的状况发生：养殖成本居高不下，牧民增收困难，畜牧产品市场价格甚至高于新西兰、澳大利亚进口产品的到岸价格，等等。这些信息传递不畅仅仅是对我国畜牧业产业链运行和发展不利影响中的冰山一角，而信息传递过程贯穿产业链的始终，这种不利影响是不容忽视的。

一　草原畜牧业产业信息本身的局限性

（一）草原畜牧业产业信息针对性分析

草原畜牧业信息的分类一般为草原畜牧业自然环境信息、草原畜牧业生产信息、草原畜牧业政策信息、草原畜牧业经济信息、草原畜牧产品加工信息以及草原畜牧产品市场信息等。每一类信息的最终价值体现都是满足信宿（信息接收者）的需求，而这也是信息传递的首要目的。为此，信源应该在时间、空间、数量、类型四个方面体现出针对性，从而满足畜牧业产业链各主体的各种信息需求；不然即使信息内容再丰富、再易于获取，对于用户而言也是无价值的。

1. 时间方面

笔者根据在新疆、内蒙古调研所了解到的情况发现，羊肉价格从2009年到2013年年底逐年上涨（见图9-11），养殖群体的生产积极性很高，已产生"第二年羊肉价格会继续上涨"的惯性思维，但是在2014年部分草饲为主的牧区在旱情严重的情况下，一方面，为降低养殖成本、减少损失，农牧民不得不提前出栏使得市场供给量增加；另一方面，国家为稳定羊肉的价格，在2013年、2014年从澳大利亚等国进口羊肉达25.87万吨和28.29万吨，同比增长108.7%和9.3%，并且这些羊肉的到岸价普遍低于国内羊肉的市场价格，这些都是导致2014年年初以来羊肉价格持续下跌的重要原因。能够看出，我国在畜牧业自然灾害信息预报输出、畜牧业贸易经济信息与市场供需信息统计输出时间方面均不够及时，缺乏有针对性的预警引导，造成养殖群体只能依据往年价格确定本年补栏数量，市场变动下较易遭受损失。

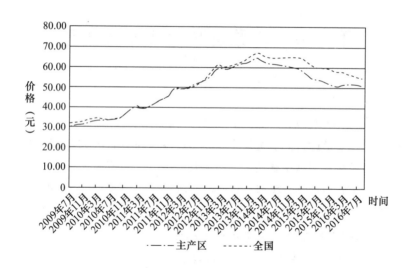

图9-11　历年全国与主产区羊肉价格走势

2. 空间方面

目前我国畜牧业产业相关信息大多具有非排他性（non - excludability）和非竞争性（non - competitive）的特征，即有公共物品的属性，使得作为畜牧产品主产地的各大牧区畜牧局、气象局、统计局、物价局等政府部门均在参与生产畜牧业信息，甚至当地专业协会、企业、高校等也有参与。然而由于这些政府部门之间、政府部门与社会组织之间缺乏沟通与分工，畜牧业信息"多头生产发布"的结果就是各部门在数据统计过程中选取考察的指标不统一、内容表述又各有偏向，不仅降低了信息的标准化程度，还使得信息获取渠道复杂、信息的投放也缺乏针对性，导致有信息需求的主体不一定能获得想要的完整信息——这是信源在空间方面缺乏针对性的体现。

3. 数量、类型方面

通过查询中国知网（CNKI）的数据，知网目前收录的期刊总计10693 种，农业相关期刊主要有农业科技和农业经济两类，共 754 种，其中与畜牧业直接相关的畜牧与动物医学仅有 99 种，占收录的农业相关期刊总数的 13.1%；根据站长之家网站排行榜（top. chinaz. com）截至 2016 年 6 月的数据，在"农林畜牧渔"分类下排名前 126 家网站中，以发布畜牧业信息为主的网站有 14 个（见表 9 - 1），占前 126 家的11.1%；国家统计局发布的信息显示，2014 年农林牧渔业（包括农林牧渔服务业）生产总值超过 6 万亿，而其中畜牧业总产值达到 2.9 万亿元，占 48.3%。由此可以看出，畜牧业信息在我国目前的农业信息数量中占比与畜牧业对农业总体的经济贡献比重是明显不相匹配的；同时目前各类型的畜牧业信息比重也不均衡，主要表现为自然环境信息、政策信息、经济信息与产品加工信息较少，而生产信息、产品市场信息较多——这是信源在数量、类型方面缺乏针对性的体现。

表 9 - 1　　　　　　　　以发布畜牧业信息为主的 14 个网站

排名	名称	网址
第 3 名	猪 e 网	www. zhue. com. cn
第 6 名	猪价格网	www. zhujiage. com. cn
第 12 名	中国养猪网	www. zhuwang. cc
第 24 名	中国养殖网	www. chinabreed. com
第 26 名	搜猪网	www. soozhu. com
第 27 名	中国饲料行业信息网	www. feedtrade. com. cn
第 34 名	中国畜牧业信息网	www. caaa. cn
第 36 名	养猪巴巴网	www. yz88. cn

续表

排名	名称	网址
第 39 名	爱畜牧	www. ixumu. com
第 43 名	养殖商务网	www. yangzhi. com
第 64 名	养殖巴巴网	www. yz88. com
第 72 名	畜牧人网站	www. xumuren. com
第 86 名	议园养殖网	www. yy88. com
第 106 名	中国养羊网	www. zgyangyang. com

（二）草原畜牧业产业信息可靠性分析

信息传递过程中的噪声会造成信息真实可靠性的降低，而信息一旦失真也就失去了原有的价值，农牧民接收这样的信息有可能还会造成各种损失。由信息失真造成的畜牧业损失按性质可分为三类：

（1）养殖损失。养殖损失主要指自然灾害、气象信息与畜牧业经济信息失真造成农牧民牲畜养殖过程中遭受的损失，如：冰冻、旱灾引发的牲畜大量死亡，相信失实的畜牧业经济预测信息而盲目大量补栏某一畜种最终造成供过于求、销路受阻；

（2）交易损失。交易损失主要指畜牧产品市场信息（尤其价格信息）失实造成农牧民直接经济损失，如：活畜贩子上门收购时通过刻意贬低最终零售市场价格、描述自身经营困难等方式压低农牧户出售价格；

（3）权利损失。权利损失指由于国家颁布的畜牧业政策扶持信息在基层牧区的扭曲解读，导致的农牧民权利被侵害的损失，包括不公平的饲料和畜种补贴、不透明的贫困补助发放流程、苛刻严格的贷款条件等。

通过分析，我们将造成上述三种损失的直接客观原因总结为两类：一类是信息传递媒介障碍导致的信息失真，指牧区信息传播基础设施条件薄弱、牧民个人信息接收设备普及率较低等现实原因；另一类是经济社会因素导致的信息失真，包括草原畜牧业产业链各环节间信息在传递过程中逐环节损失以及产业链相关主体由于利益对立引发的扭曲信息、隐瞒信息等行为。这主要是因为我国目前畜牧业产业链传统畜牧生产方式仍然占大部分，各环节联结不够紧密，在缺乏完善的信息传递机制情况下，率先收到信息的主体没有责任意识和驱动因素让他们将信息完整、没有遗漏地传递给下一个信息需求主体，更多的是随意的、"想起多少是多少"的，甚至是通过双方供需交易行为这种"意会而不言传"的方式将信息传递出去，这就必然导致信息的损失。另外，大多农牧区合作社、专业协会的最初发起人同时也是当前负责人，往往是各旗、各嘎查的区域精英、致富能手，他们"消息灵通"且与外界接触机会多、人脉广，在当地的信息传递过程中占据着重要地位，对其他农牧民的个体认知和判断有着巨大的影响力。一方面他们加速了信息在一定区域内农牧民间的扩散传播；另一方面他们也会出于自身利益的考量将所掌握的信息作为资源来控制，对部分信息进行隐瞒、扭曲处理导致信息失真（这种现象在基层干部群体传递畜牧业政策信息的过程中也可能存在）。

（三）草原畜牧业产业信息获取成本分析

畜牧业信息实际也是一种资源，资源相对于人们的需求而言是稀缺的，而信息资源的稀缺性主要表现在两个方面：一是信息的统计、分析、传递以及接收都是需要成本投入的；二是单位信息中的有价值部分会随着接收、传递次数的增加而逐渐衰减，导致并不是所有人都能享受到完整的价值。如前文所述，我国绝大多数畜牧业信息资源是作为公共物品由政府承担开发和传递的，这部分的成本投入自然就由政府有关部门承担了，而信息的接收所需的成本则只能由信息接收者支付；同时为了追求信息中尽可能完整的价值，信息接收者还必须尽早地接收到信息。因此，牧民就需要付出时间成本和金钱成本：

（1）时间成本。更确切地讲应该是一种机会成本——当选择占用一段时间做一件事情就必然要放弃做另一件事情所带来的收益。牧民为接受信息所耗费的时间本来是可以用来进行养殖劳作或是休息的，如果接收到的信息未能满足他们的预期收益或者小于养殖劳作或者休息所带来的收益，他们以后就会花较少的时间去获取信息。在对甘南州玛曲县、肃南裕固族自治县的访谈中了解到，相比传统农业种植劳作，传统畜牧业养殖劳作是要清闲些的——"毕竟牲畜自己知道饿了渴了"，牧民的时间相对比较充裕，他们愿意花费时间去接受信息。

（2）金钱成本。笔者将其定义为牧民为了在物理层面而非认知层面拥有信息接收能力而付出的经济成本。物理层面的信息接受能力指可以衔接现代信息传递媒介（如网站、在线自媒体等）并接收网络信息的信息技术与设备（如使用移动宽带服务的智能手机、计算机等）。相比传统信息的传递媒介间歇或定期在农牧区通过报纸、手册、广播、电视发布信息，现代信息媒介具有信息数量类型丰富一体化、信息传递时效高、互动参与性强等优势。但此类信息媒介技术与设备购置成本较高，根据调研 2015 年内蒙古、新疆、青海、甘肃牧民人均可支配收入分别为 10776 元、9275 元、7933 元和 5870 元，相比较而言智能手机和计算机上千元的购买成本和后期网络服务费用并不算少。

（四）草原畜牧业产业信息转化及其风险分析

信息转化实现的过程可以看成是"无形资源"变为"有形资产"的过程。而具体到养殖环节利益主体的视角，更多的是指畜牧业生产信息被引入运用到畜牧生产养殖环节进行实践尝试，并最终在产品产量、质量等方面达到预期目标的过程。笔者在对牧民进行访谈调研过程中了解到，基于不确定性和自身风险承受能力的考虑，牧民更倾向以自身现有畜牧生产资料为基础，购买少量配套物资对养殖技术进行改良。除非在政府支持鼓励的背景下，由企业或是合作社牵头并提供项目前期资金补助时，部分牧民才会放弃原有生产生活方式去尝试新的畜牧业项目。另外，信息转化实现过程中会产生风险。因为对于不同的项目参与方，风险的类型和大小也不相同。

1. 信息转化实现过程中农牧民面对的主要风险

（1）自身素质风险。牧民由于缺乏与新的畜牧业项目有关的知识而无法按照特定标准进行操作，或者对有关专业术语理解有偏差，最终造成新项目的畜牧产品产量或质量不达标而遭受损失；

（2）资金风险。牲畜饲养到可以出栏的期间是需要持续投入资金的，而这部分资金总额与所获贷款之间的差额只能由牧民自己承担，如果这部分差额超过牧民可承受范围或者最终产品收益无法弥补养殖成本总额，就会给牧民带来经济损失；

（3）信用风险。目前在企业或合作社牵头的畜牧业项目中发展较多的订单生产模式，由于多方面的原因也存在签订合同后不按时间和标准履行约定，致使农牧户遭受损失的风险。

2. 信息转化实现过程中企业或合作社承担的主要风险

（1）投资分析风险。畜牧业项目往往周期较长，资金回笼延迟时期也较长，与大部分商业项目"重资产轻流转"的模式差异明显，项目各个阶段的资金投入越往后所需的额度就越多，如果不能合理估计与准备各阶段所需的资金额度，风险就难以避免；

（2）市场风险。除乳制品外当前国内畜牧产品大多没有形成品牌效应，市场机会较多但产品同质化也较强，国内畜牧产品相互竞争之外还要与进口畜牧产品竞争，由于产业链发展落后，缺乏成本优势，国内畜牧从业者还面临被市场抛弃的风险；

（3）政策风险。由于畜牧业的弱质性，国家政策扶持的重要性不言而喻，但国家政策会随着宏观经济形势的变化而调整，一旦遇上预期政策落空的情形，对畜牧业从业者的生产经营也会产生很大的影响。

二　牧民群体特征与信息传递要求的不适应性

（一）文化收入水平制约了与网络、新媒体的接触率

目前在农牧区，既缺乏网络、新媒体所传递信息的供给，同时牧民之间也还没形成现代媒介信息的需求意识。在我国社会主义市场经济体制运行的背景下，市场仍然是资源配置的重要机制，它影响着现代媒介信息资源的生产、输出，即：资本因趋向自身利益最大化和不断积累的目的，会一面竭力规避投资回报率低的信息市场，另一面积极影响政府决策，使之形成有利于资本积累的信息资源配置制度。农牧区大多数地域偏远、人口分散，使得信息基础设施投资成本高、周期长，这就使得信息基建资本很难被吸引过来；再加上牧民收入和教育水平的劣势，他们对信息技术和服务的购买和使用能力也不足，导致信息基础设施的投资回报率也较低。虽然 2012 年国家就开始实施"宽带下乡"战略，但到 2015 年农村宽带普及率仅为 30%，而笔者根据对四大牧区牧户的调研，发现被访谈的牧户中宽带普及率还不及 20%。纵使少部分苏木、嘎查实现了网络信息工程和电子阅览室的建设，限于自身文化水平等多因素的影响，前去使用这些信息服务的牧民多数也只是为了娱乐和休闲，在调研中很少看到以学习为目的前去使用的。

（二）文化收入水平制约了对信息的理解转化率

信息的理解转化是人认知层面的行为，它对应于人类感知和处理信息的能力，就个体而言这种能力是有限的。我们将"牧民的信息理解转化率"表述为单个牧民在单位时间段内（可以是：周、月、季甚至更长）接收并正确运用到畜牧生产的信息量占这一单位时间段内接收到的畜牧业信息总量的比重。围绕一个牧民个体（主体）的草原畜牧

业信息环境如图9-12所示。

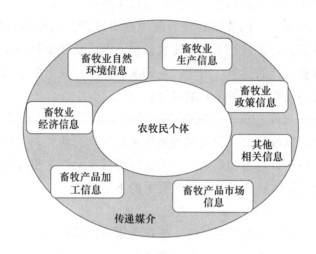

图9-12 牧民个体所处的草原畜牧业信息环境

图9-12展示了牧民在畜牧业中所处的信息环境的一个基本局面，主体在单位时间段内可能需要接收多个类型的畜牧业相关信息，为自身畜牧生产前景进行多项考量，这就使主体有限的"注意力"（信息感知和处理能力）被各类畜牧业信息所瓜分。正如赫伯特·西蒙（Herbert A. Simon）说的，"信息所消耗的显然是其接收者的注意力"，而莱维特（Levitt，1963）提出人类的信息处理能力是有限的，所以人们会有选择性地处理信息。那么，我们就可推知，在所接受的信息总量一定的条件下，个体所拥有的注意力是信息理解转化率高低的决定因素。由于注意力是认知层面的能力，笔者因专业的局限性无法对其进行定量测定，但可根据逻辑常识对其进行定性解读——注意力与文化水平是呈正相关，比如：博士的信息处理能力通常强于本科生。根据调研中的统计，牧民平均文化水平介于小学和初中之间，这就大大限制了其信息的理解转化率，同时较低的收入水平也减少了其接受教育、提高文化水平的机会。

（三）较低的组织化程度降低了信息传播的时效性

草原畜牧业产业链上游养殖群体较低的组织化程度，以及复杂的产业链网链结构，造成产业链各主体间信息传递还局限在与自身相邻的上一环节或下一环节范围内，这就造成信息无法迅速贯穿整条产业链，即无法实时传递。而因拥有信息优势可以带来的经济利益净流入又使得拥有信息优势的主体没有改变现状的动力，甚至产生"信息寻租"行为进一步加深信息的封闭性，这给农牧民获得及时有效的畜牧业信息带来巨大的障碍。

三 供应链供需的动态变化造成产业链运行的低效性

草原畜牧业供应链上下游的供给和需求分别受不同因素影响，如图9－13所示。上游主要受国家畜牧业发展政策、畜牧产品外贸进出口、产地自然灾害、畜群疾病等不可预测的外部因素影响，令养殖成本与出栏价格年年波动，难以预期；而下游主要随季节变更具有周期性，虽然也受食品安全等小概率突发事件的影响，但总体而言还是有规律可循的。正是由于上下游这种供需预期的不匹配，才凸显了信息及时传递的重要性。然而由于供应链链条长、中间流通环节参与主体多，他们之间还产生了派生性需求和派生性供给。派生性供需不仅受活畜市场与零售市场两个初始供需的影响，还受流通渠道、流通成本、天气以及运营者素质等因素的影响。所有这些因素导致了供应链供需信息在产业链内传递的过程中，被扭曲程度不断加大，出现牛鞭效应；无法及时获取信息的主体只能根据经验和历史数据决定未来的经营决策——最终蛛网理论和牛鞭效应共同造成产业链运行的低效性。

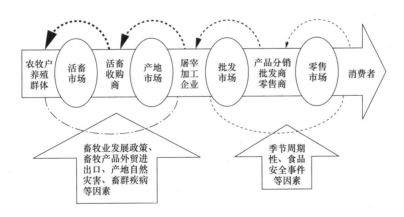

图9－13 草原畜牧业供应链上下游供需动态分析示意

四 产业链内部时空距离引起信息损失

畜牧产品的生产过程中最核心的就是牲畜的养殖环节，它直接决定畜牧产品的品质、产量以及农牧民的收入。草原畜牧产品的生产利用富饶的草原自然资源，一方面提高了生产原料获取的便利性，但另一方面"联产承包"将地区草地资源分配到户后也使得农牧户生产生活分布地域偏远广泛，增大了养殖群体与其他产业链利益主体的时间与空间间隔。而信息的理解与传播是基于人的认知层面的活动，信息的接收与传递是基于物理层面的活动，在空间与时间跨度增大时必然会导致认知的差异性和物理传播的损耗，从而也就会引发信息在传递过程中出现失真与损失。

第四节 草原畜牧业产业链信息传递机制优化

草原畜牧业产业链信息传递机制是一个系统，它直接决定着产业链信息传递的内在运行规律，而信息传递模式则是根据草原畜牧业产业链利益主体间的逻辑关系及其与自然、社会、文化的关联度，形成的信息传递机制的具体表现。总结现状中的问题，并根据问题对系统进行调整是本章对草原畜牧业产业链信息传递优化的基本逻辑。

由信息传递现状分析可知，当前草原畜牧业产业链信息传递机制还有很多缺陷，特别是牧民群体自身特征引发的问题有很多，并且在前文对草原畜牧业产业链的详细论述中，已论述了养殖环节利益主体（即牧民）在整条产业链上处于弱势地位（微笑曲线理论），根据"木桶定律"，要想改善草原畜牧业产业链信息传递机制这一系统的运行效率，就要着重对产业链中的养殖环节利益主体的信息传递进行研究分析，改善信息在牧民群体中的传递效率，避免"马太效应"的出现。为此本书通过借鉴香农提出的信息传递模型以及复杂网络理论，构建草原畜牧业产业链信息传递模型，将信息传递过程变换为可定性或定量的形式，寻找优化方向。

一 草原畜牧业产业链信息传递模型的构建

信息传递模型的确定是草原畜牧业产业链机制优化的前提，信息传递涉及的因素很多，前文将信息传递过程概括为五个基本要素，即信源

（信息生产者）、信道（信息传递媒介）、信宿（信息接收者）、噪声以及反馈。其中，噪声是客观存在的外界环境因素（间接影响），反馈则是为下一次信息传递提供指导而对本次传递过程影响较小的因素。因此，我们认为能够对本次信息传递过程产生直接重大影响的就是信息输出者（信源）、信息传递媒介（信道）、信息接收者（信宿）三个因素。基于此，构建信息传递模型主要考虑以下三种因素变量：

S 变量——信源变量，即信息输出主体（Sender）。它主要是度量信息生产者对某一类信息的生产输出数量（用 S_i 表示），单位为 Meme；

R 变量——信宿变量，即信息接收者（Receiver）、信息用户（User）。它主要是用来表示信息传播过程中依次经过的主体（用 R_{Si} 表示）。这与传播的信息类型有关，不同类型的信息在传播过程中依次经过的主体也不同；

M 变量——信道变量，即信息传递媒介（Media of Transmission）。它主要是描述信息传播过程中的媒介模式（用 M_X 表示）。它是连接信息输出者与信息接收者的桥梁，使得信息能够在二者之间的时空跨度内传递。

这三个变量共同决定了信息传递的基本情况，也就是说，信息的传递过程可以用这三个变量的函数 $F(S, R, M)$ 来近似模拟。我们用一个三维坐标系 S-R-M（见图9-14）来展示这三个变量及相互之间的作用。

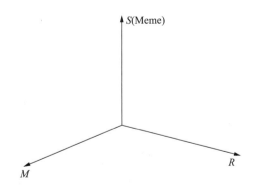

图9-14　S-R-M 三维坐标信息传递模型

如图9-14所示，S 轴代表信源变量，表示某一类信息当期生产发布的数量。一单位（Meme）数量的信息是指一个成活时间足够长的、从一个大脑传递到另一个大脑的、有价值的信息单元。R 轴代表信宿变量，沿此轴表示某一类信息自生产输出后传递过程中依次经过的接收主体。M 轴代表信道变量，沿此轴表示对有关信息传递媒介模式进行的细分。

综合上述，运用 S – R – M 信息传递模型对信息传递过程的描述就是：在当期输出的某一类信息数量 S_0^* 一定的情况下，使用不同信息传递媒介模式 M_x 传递 S_0^* 依次经过各接收主体，各主体在该传递媒介模式下实际接收到了 $S_0^{*'}$ 数量的信息。当在所有媒介模式完全有效、没有信息损耗的理想条件下，$S_0^{*'} \equiv S_0^*$，在上述"信息传递 S – R – M 三维坐标系"中显示的就是一个 S 轴上界固定（$= S_0^*$）沿 R 轴（$\rightarrow \infty$）和 M 轴（$\rightarrow \infty$）无限延伸的几何区域。然而这在现实情况下是不可能的，因为信息在传递过程中必然发生损耗（$S_0^{*'} < S_0^*$）即 $\dfrac{\partial F(S,R,M^*)}{\partial R} < 0$，在确定使用某一传递媒介模式下各主体接收到的信息数量随主体间传递次数的增加而减少，信息在每一次时空跨度内的传递都会发生损耗，而且不同媒介模式下损耗程度并不相同，即各媒介模式下的 $\dfrac{\partial^2 F(S,R,M^*)}{\partial R^2}$ 并不相同。

在图 9 – 15 坐标系中，S 变量的确定度为 1，表示当期生产发布的信息数量是确定的、有目标的，而 R 变量、M 变量的确定度为 0，表示传递信息的媒介模式各种各样（无论是否符合成本效益原则）、接收信息的主体涵盖了所有人（无论这些信息的使用价值对其而言是微小的还是巨大的）。

一般而言 S、R、M 三个变量的确定度在 [0，1] 范围内，但是为了便于研究，我们只取 0 和 1 这两个值。当 S、R、M 三个变量中任有一项确定度为 0 并且存在信息损耗，则帕累托效应失效、长尾理论成立；反之，当 S、R、M 三个变量的确定度均为 1 时，则帕累托效应成立、长尾理论失效。可见，在现实情况下为提高信息的传递效率、优化信息的转化效果，我们应该尽可能对各类信息发布数量、相应的信息使用主体以及信息传递媒介模式进行明确、具体、有目标性的定位和选择。

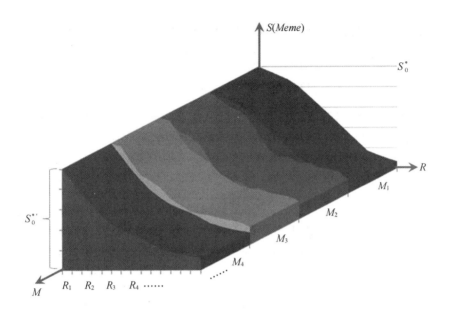

图 9－15 信息传递损耗示意

二 草原畜牧业产业链信息传递信源的优化

我们将草原畜牧业信息源（S 变量）分为任意信息源（确定度为0）和特定信息源（确定度为1）。草原畜牧业信息源涵盖与草原畜牧业产业链相关的各种信息——产业链运行的任一时点状态和任一期间运行规律等一切表征。根据信息论之父香农（C. E. Shannon）的信息熵概念，假定草原畜牧业产业信息源是一个由离散随机表征变量构成的离散集合 X，它的取值集合 $X = \{a_1，a_2，\cdots，a_n\}$，相应每个表征输出的概率 $P(X = a_i) = p_i$。则信源的数学模型为：

$$\begin{bmatrix} X \\ P(X) \end{bmatrix} = \left\{ \begin{matrix} a_1，a_2，\cdots，a_n \\ p_1，p_2，\cdots，p_n \end{matrix} \right\} \quad \text{且} \quad \sum_{i=1}^{n} p_i = 1 \qquad (9-3)$$

每个表征的自信息量就是：

$$I(a_i) = \log \frac{1}{p_i} \qquad (9-4)$$

整个信源的平均自信息量就是：

$$H(X) = E[I(a_i)] = \sum_{i=1}^{n} p_i \log \frac{1}{p_i} = -\sum_{i=1}^{n} p_i \log p_i \qquad (9-5)$$

这也就是信源的熵函数。结合已知熵函数性质，当所有表征被输出的概率相等时($p_i = 1/n$)，也就是信息源的确定度为 0 时，熵函数取得最大值，即：

$$H(X)_{max} = \sum_{i=1}^{n} \frac{1}{n} \log n = \log n \qquad (9-6)$$

此时信源输出的信息量与信息类型最多（$n \to \infty$），而考虑到畜牧业相关信息资源的公共物品特性，为生产如此多的信息，相关部门所消耗的公共资源就越多，同时因为是等概率输出，没有侧重，也就缺乏了针对性，体现在各类畜牧业信息的 S – R – M 三维坐标系中 S_i 变量的取值，就是生产和发布与该表征有关的信息的相关部门所能输出数量的最大值之和；然而一旦某些表征输出概率提高，即信源确定度接近于 1 时，相关部门就会多输出单位信息内更能体现该表征的那些畜牧业产业的信息类型，减少其他类畜牧业产业信息的输出数量，体现在 S – R – M 三维坐标系中就是 S_i 变量的取值更加经济合理，不仅减少了公共资源的耗费，也提高了信息的针对性。

三 草原畜牧业产业链信息传递信宿的优化

本书研究认为，作为信宿的草原畜牧业产业链利益主体，他们自身在产业链运行过程中的特性是影响信息传递效率的最直接因素。而信息传递效率主要体现在两方面：一是信息在传递过程中由传播渠道引发的失真，二是利益主体内部成员组织结构特性影响的信息传递效率。为提升信息传递效率，应分别从这两个方面入手，通过简化信息流视角下的产业链利益主体组织结构、改变产业链利益主体成员的自身信息交互特性来改善信息传递效率。

（一）减少信息失真

信宿变量 R 是由一系列信息接收者构成的，他们数量众多且相互之间有一定的时空距离，因此他们的组织化程度对信息失真具有重大影响。以微观视角来看，草原畜牧业产业链信息传递过程的信宿，是指通过生产经营活动可以独立产生资金流的个体，既可以是一个由少数几人组成的家庭生产经营单位，也可以是一个具有成百上千人规模的商业企业性组织，在信息传递过程中都算作一个个体，单个个体不仅接收信息，而且也会通过交互活动将接收到的信息再次传播给另一个个体。我们以生鲜牛肉终端零售市场价格信息的传递过程为例进行探讨。

价格信息沿产业链反向传递，依次经过生鲜牛肉零售商、牛胴体分销批发商、肉牛屠宰加工企业、肉牛收购商和牧民养殖户。R_1，R_2，…，R_{i1}代表牛生鲜牛肉零售商，D_1，D_2，…，D_{i2}代表牛胴体分销批发商，B_1，B_2，…，B_{i3}代表肉牛屠宰加工企业，A_1，A_2，…，A_{i4}代表肉牛收购商，F_1，F_2，…，F_{i5}代表牧民养殖户，其中 i1 > i2 > i3，i5 > i4 > i3，即生鲜牛肉零售商数量多于牛胴体分销批发商数量，牛胴体分销批发商数量多于肉牛屠宰加工企业数量；牧民养殖户数量多于肉牛收购商数量，肉牛收购商数量多于肉牛屠宰加工企业数量。并且，信息在产业链环节间的传递使得先接收到价格信息的个体与下一环节的每个个体都存在一条信息沟通关系，称为传递通知渠道（图 9 - 16 中实线）；信息在产业链环节内部的传播扩散使得该环节内部主体两两之间存在一条信息沟通关系，称为传递交流渠道（图 9 - 16 中虚线）。从渠道获取的信息一方面为各主体的生产经营活动提供了参考指导，但另一方面产业链内部渠道体系越复杂意味着单位信息在体系内部传递所经历的时间与空间跨度越大，导致认知层面的差异与物理层面的损耗增大，加剧了信息的失真与损失。所以，为减少信息的损耗，我们应尽可能地简化信息传递的渠道体系。

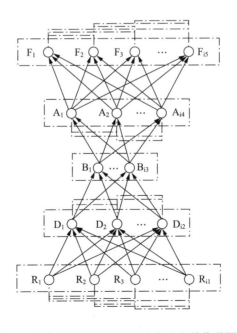

图 9 - 16　生鲜牛肉终端零售市场价格信息的传递渠道体系

在现实中的一定地域范围内，草原畜牧业产业链往往由少数甚至唯一的龙头加工企业主导，因此我们将处于中间环节的肉牛屠宰加工企业的数量设为1，即 $i3 = 1$；生鲜牛肉零售商、牛胴体分销批发商、肉牛收购商和农牧民养殖户数量分别为：m，n，n'，$m'(m > n > 2$，$m' > n' > 2$，且 m，$n \in Z^+$)，即 $i1 = m$，$i2 = n$，$i4 = n'$，$i5 = m'$。另根据各环节主体的数量对比，可以看出整体呈"哑铃形"——两头大中间细。我们假设 $m = m'$，$n = n'$，则传递通知渠道总数 R_S^T 为：

$$R_S^T = m \cdot n + n + n' + n' \cdot m' = 2m \cdot n + 2n \qquad (9-7)$$

传递交流渠道总数 R_S^J 为：

$$R_S^J = C_m^2 + C_n^2 + C_{n'}^2 + C_{m'}^2 = m^2 + n^2 - (m + n) \qquad (9-8)$$

二者之和就是渠道总数 R_S：

$$R_S = R_S^T + R_S^J = (m + n)^2 - (m + n) + 2n \qquad (9-9)$$

因为 $m > n$，可推出 $n = m - C$，C 为正整数且在 $[1, m-3]$ 的范围内；同时令 $N = m + n$，则：

$$R_S = N^2 - C \qquad (9-10)$$

且：

$$\frac{dR_S}{dN} = 2N > 0 \qquad (9-11)$$

很显然，渠道总数会随着参与产业链运行主体规模的扩张而大比重上升，信息传递渠道体系将更复杂，从而导致信息传递损耗增多。

但是如果我们在除了龙头企业之外的各环节增设一个信息传递协调组织负责本层主体间的信息传播工作，并且各环节的协调组织之间也实时沟通建立传递通知渠道，如图9-17所示。

容易得到新的渠道体系：

$$R_S^{T'} = 2m \cdot n + 2n + 4 \qquad (9-12)$$

$$R'^J_S = 2(m + n) \qquad (9-13)$$

$$R'_S = 2(m + 2) \cdot (n + 1) \qquad (9-14)$$

接下来必须比较设置协调组织前的和设置后的渠道体系，才能知道是否有所优化，因此，令 $n = m - C$，C 为正整数且在 $[1, m-3]$ 的范围内；$N = m + n$，得：

$$F(N) = R_S - R'_S = \frac{1}{2}N^2 - 3N + \left(\frac{C^2}{2} - 4\right) \qquad (9-15)$$

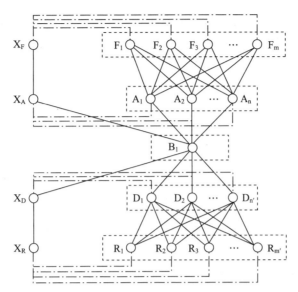

图 9 – 17 设置协调组织后信息传递渠道体系

$$\frac{dF(N)}{dN} = N - 3 > 0 \qquad\qquad (9-16)$$

可知，$F(N)$ 为增函数，且 $F(N)_{min} \geqslant 0$，说明设置协调组织之后，简化了渠道体系，减少了信息在传递过程中的失真与损失。

（二）提高信息传递速率

在研究信息失真优化的过程中，假设牧民群体 F_1，F_2，…，F_{i5} 中任意两个个体存在着一条信息传递交流渠道，忽略其他环节，单独对其进行观察可以看出，这是一种规则网络，即全局耦合网络（见图 9 – 18）。这种规则网络只能表示牧民群体中存在的正式沟通结构，而受情感、价值观、认知水平等社会因素影响，以降低风险、相互学习、追求价值增值为重要驱动的非正式沟通结构则不能用此结构来描述，而是更适合用复杂网络理论对其进行研究。

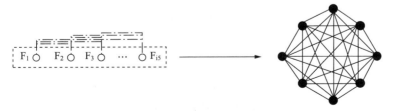

图 9 – 18 牧民群体内部正式沟通网络

　　复杂网络理论，可以将草原畜牧业产业链内牧民群体内部的信息传递过程以抽象的方式描述出来，将每个信息传递活动的实施个体看作复杂网络基础概念中的节点，两个个体间的信息传递关系看作复杂网络基础概念中的边（由于信息在牧民群体间的传递是平等交流的形式，是双向的），从而构成无向网络。在现实的牧民群体内部信息传递过程中，牧民个体间的信息传递关系并非全部一样，如同社会人际交往的亲疏远近关系一样，这种信息传递关系也有强弱之分。若是以复杂网络理论的视角理解，就是网络中节点之间的边的权重是不同的；此外随着近些年合作社、行业协会等产业链中介组织的建立和发展，越来越多的牧民加入其中，使得整体网络也具有了拓扑增长的特性。基于这些原因，本章以 BBV 加权网络演化模型为基础，对草原畜牧业产业链养殖环节利益主体间的信息传递效率进行分析研究。BBV 网络模型是 2004 年在阿兰·巴拉特等三人共同发表的论文 *Weighted Evolving Networks：Coupling Topology and Weight Dynamics*（2004）中提出的，该模型被使用者以三位作者姓氏的开头字母命名，即 BBV 网络模型。该模型首次在考虑边权动态变化的基础上，对加权网络演化过程进行了详细分析和论述，接近实际社会关系网络系统的动态演进，因此应用广泛。

　　牧区牧民群体内部的信息传递网络是一个开放的网络系统，可以随着新牧民成员的加入呈现动态演进的网络结构。在这一信息传递网络中，每个牧民拥有的与自己有非正式信息交流的其他牧民数量有多有少，通俗地说就是每个牧民拥有的"与自己关系好的其他牧民"数量不同。不同牧民人际连接数的多寡，表现了自身信息关系能力的强弱——强关系会使得信息传递网络局部密度增大，经过该牧民的信息量增大，形成网络中心性节点，作为该中心性节点的牧民由于信息交流能力有限（无法将获取到的信息及时二次传播给其他牧民）或在信息优势情况下不愿将信息二次传播出去，就会使得信息冗余度增高，不利于信息在牧区的迅速传播；而弱关系造成信息传递网络局部稀疏，这些牧民接收信息的机会较少，与其他牧民的信息交流频率较低，同样不利于信息在牧区迅速传播。

　　为反映主体成员间信息交互关系的强弱差异，本章在 BBV 网络模型的基础上，着重对信息传递效率较低的养殖环节主体成员间信息传递网络进行研究和优化。以牧民为节点，以其相互间的联系为边，构建信息传递网络的加权网络演化模型，表示为 G = (N，Φ，W)，其中 N 为节点集，Φ 为边集，W 为边权集，并引入吸引度参数对 BBV 模型进行修正。由于牧民个体在当地的权威性、信用水平、致富能力、信息人脉等对吸引合作伙伴、建立信息沟通关系有重要影响，养殖环节利益主体成员的吸引度可以表示为上述变量的复合函数：$\eta_i = f(x)$。一般情况下，主体成员的吸引度越大，获得新伙伴联系的概率越高，其信息汇集与协同能力愈强，信息优势愈明显。因此，吸引度大的主体成员通常会成为信息传递网络的中心性节点，对网络信息传播起决定作用，他们通常是牧区的区域精英、致富能手。

进一步对产业链养殖环节主体成员的信息传递网络的主要参数进行定义：节点度 K_i 表示节点 i（即牧民 i）的连接边数量；边权 w_{ij} 表示节点 i 与 j 之间连接的强弱程度，假设其服从均匀分布，且节点之间是无向边，交互关系越强，节点间关系距离越短，信息传递速率越快。点强度 S_i 定义为与节点 i 相连的所有边权的和，即：$S_i = \sum_{j \in \Gamma_i} w_{ij}$，$\Gamma_i$ 是节点 i 的近邻集。吸引度 η_i 反映主体成员 i 本身的性质，与节点强度无关且保持不变，服从均匀概率分布，节点平均吸引度 $E(\eta_i) = \eta_0$。

在草原畜牧业产业链信息传递网络开放的条件下，不断有新的主体成员加入，并采取偏好选择机制与原有成员建立连接，如果一个成员具有较高的点强度与吸引度，那么，该成员被优先连接的概率高。草原畜牧业产业链养殖环节信息传递网络的演化过程如下：

（1）网络成长：随着新的主体成员加入，信息传递网络不断扩张。设初始网络有 n_0 个节点，彼此相互连接，节点 i 与 l 的边权为 w_{il}。每隔固定时间加入一个新节点 j，并与 m 个已经存在的节点建立连接（$m \leqslant n_0$），边权为 w_0。

（2）择优连接：新加入的成员与信息传递网络中原有成员的连接不是随机的，而是以择优的方式选择与自身联系的成员。新节点 j 与原有节点 i 连接的概率为：

$$\Pi_{j \to i} = \frac{S_i + \eta_i}{\sum_l (S_l + \eta_l)} \tag{9-17}$$

连接的建立不仅考虑原有节点的点强度，即初始连接状态，同时考虑原有节点的吸引度特性，这能够更全面反映信息传递网络的性质，解释部分孤立节点连不到边的情形。

（3）边权演化：新联系的建立会导致原成员 i 与跟他有联系的成员间变权的重新分配，节点 i 的原有边按权重所占 i 的点强度比重分配增加值 $\delta(\delta > 0)$，δ 称为网络的更新系数，表示新节点引发的边权变化，δ 越大表明节点的关系调整能力越强，并印象信息传递网络的稳定性，公式表示如下：

$$w_{il} \rightarrow w_{il} + \Delta w_{il} \tag{9-18}$$

$$\Delta w_{il} = \delta \frac{w_{il}}{Si} \tag{9-19}$$

节点 i 的新的点强度变为 $s'_i = s_i + w_0 + \delta$，包括原始点强度、新连接权值和网络更新增量。点强度是用来描述网络结构特征的基本统计量，结合了节点度与边权的意义，点强度越大的节点在网络中的地位越重要。我们将 $P(s)$ 定义为网络中节点强度 s 的概率，根据养殖环节主体成员的信息传递网络模型，新成员的加入会使原有节点 i 的点强度 s_i 发生变化，包括新节点与原有节点 i 连接对 s_i 产生的影响、连接到与节点 i 相连的节点对 s_i 产生的影响：

$$\frac{ds_i}{dt} = m \cdot \frac{s_i + \eta_i}{\sum\limits_j (s_j + \eta_j)} \cdot (w_0 + \delta) + \sum\limits_{j \in \Gamma_i} \left[m \cdot \frac{s_j + \eta_j}{\sum\limits_l (s_l + \eta_l)} \cdot \delta \cdot \frac{w_{ij}}{s_j} \right]$$

$$\tag{9-20}$$

为便于研究，假设 $w_0 = 1$，且单位时间间隔只有一个节点加入网路，那么，网络中所有节点的总节点吸引度与时间 t 呈正比，即 $\sum\limits_j \eta_j \approx \eta_0 t$。网络每增加一条边，总的节点强度增加 $2 + 2\delta$，所以 $\sum\limits_j s_j = 2m \cdot (1 + \delta) \cdot t$。当 t 充分大时，令：

$$A = \frac{\eta_0 + 2m + 2m\delta}{m + 2m\delta}$$

$$\frac{ds_i}{dt} = \frac{(1 + 2\delta)ms_i}{(\eta_0 + 2m + 2m\delta)t} \tag{9-21}$$

如果我们将上次新加入的成员看作节点 i，并且加入的时刻 $t = t_0$，由初始条件可得：$s_i(t = t_0) = m$。那么，节点 i 的点强度就是：

$$s_i(t) = m \left(\frac{t}{t_0} \right)^{\frac{1}{A}} \tag{9-22}$$

设 t_j 为节点 i 之后加入信息传递网络的节点 j 加入的时刻，且 t_j 服

从 $\left[0,\left(\dfrac{t}{t_0}\right)^2\right]$ 的均匀分布，即概率密度函数 $p(t_j) = \dfrac{1}{\left(\dfrac{t}{t_0}\right)^2}$。则点强度的

分布函数为：

$$P(s_j(t) < s) = p\left(t < t_0\left(\frac{s}{m}\right)^A\right) = \left(\frac{m}{s}\right)^A \qquad (9-23)$$

所以，节点的点强度 s 的概率密度函数为：

$$P(s) = \frac{Am^A}{s^{A+1}} \qquad (9-24)$$

也就是，$P(s) \sim s^{-\gamma}$，$\gamma = 2 + \dfrac{\eta_0 + m}{m + 2m\delta}$，当 $\eta_0 \leqslant 2m\delta$ 时，$P(s)$ 服从

$[2,3]$ 幂律分布，这说明尽管草原畜牧业产业链养殖环节信息传递网络不断增长，但点强度分布最终会达到稳定的无标度状态。下面分析节点度与节点强度的关系，节点度 k_i 的变化率为：

$$\frac{dk_i}{dt} = m\frac{s_i + \eta_i}{\sum_j (s_j + \eta_j)} \qquad (9-25)$$

与 $(9-20)$ 式联立，可得：

$$\frac{ds_i}{dt} = (1+2\delta)\frac{dk_i}{dt} \qquad (9-26)$$

由最初假设 $k_i(t_0) = s_i(t_0) = m$，可得：

$$s_i = (1+2\delta)k_i - 2\delta m \qquad (9-27)$$

由此可知节点度与节点强度线性相关，那么度分布 $P(k) \sim k^{-\gamma}$，

$\gamma = 2 + \dfrac{\eta_0 + m}{m + 2m\delta}$，同样服从幂律分布。

同理，对边权的变化率进行分析，得：

$$\frac{dw_{ij}}{dt} = m \cdot \frac{s_i + \eta_i}{\sum_l (s_l + \eta_l)} \cdot \delta \cdot \frac{w_{ij}}{s_i} + m \cdot \frac{s_j + \eta_j}{\sum_j (s_j + \eta_j)} \cdot \delta \cdot \frac{w_{ij}}{s_j}$$

$$\approx \frac{2m\delta}{\eta_0 + 2m + 2m\delta} \cdot \frac{w_{ij}}{t} \qquad (9-28)$$

由初始假设条件 $w_{ij}(t_0) = w_0 = 1$，求出：

$$w_{ij}(t) = \left(\frac{t}{t_0}\right)^{\frac{2m\delta}{\eta_0 + 2m + 2m\delta}} \qquad (9-29)$$

也就是边权分布 $P(w) \sim w^{-\alpha}$, $\alpha = 1 + \dfrac{\eta_0 + 2m}{2m\delta}$, 同样服从幂律分布。

也就是说，引入吸引度的加权网络模型能够很好地拟合草原畜牧业产业链养殖环节信息传递网络的实际结构，点强度分布、度分布、边权均服从幂律分布，表现为无标度特性。无标度特性说明了信息传递网络中各主体成员间的节点度、点强度即边权具有极不均匀分布的性质，少数中心性节点拥有大量的连接，即人脉广泛，可从很多主体成员那里知悉信息；而大部分节点却只有少量连接，即人际圈窄，获取信息的渠道很少。

这使得在养殖环节主体成员间的信息传递网络中，作为牧区产业链中介组织负责人的各旗、各嘎查的区域精英、致富能手，由于自身能力地位的特殊性，与大部分牧民都有交互沟通，很可能成为中心性节点，对于维护草原畜牧业产业链养殖环节主体成员间协作沟通及信息传递网络运行产生主导的作用；而其他普通牧民由于信息获取、甄别、传递能力较弱，网络影响力有限，与其他养殖环节主体大部分成员的交互沟通不频繁，造成草原畜牧业产业链养殖环节利益主体间信息传递网络对中心性节点（牧区致富能手）过度依赖，不利于信息的及时、迅速扩散和传递。

由之前信息传递网络模型的相关设定可知，影响养殖环节主体成员信息传递网络统计量的主要因素有成员的平均吸引度 η_0，更新系数 δ，新加入成员其他原有成员所建立的连接数 m。根据对模型的分析，更新系数和连接数对相关统计量产生正向调节，节点吸引度对相关统计量产生负向调节。以节点度为例，新主体成员加入信息传递网络时建立的连接越多或更新系数越大，表明其对整个信息传递网络关系的调整能力越强，使得整体信息传递网络的连通性发生改变。此时，主体成员的节点度增大，节点拥有较大节点度的概率增加，节点度分布的离散程度升高，易产生中心性节点，信息传递对少数边的依赖性较高，养殖环节主体成员间信息传递网络的无标度特性更为显著。相反，主体成员的平均吸引度越高，单一成员的网络调整能力就越小，节点拥有较大节点度的概率降低，导致网络幂律指数增大，节点度分布趋于均匀，养殖环节主体成员的参与性提高，信息传递对中心性节点的依赖性减弱，网络的连通性得以改善，易形成多个扩散中心的网络格局，使得养殖环节主体成员间信息传递网络的无标度性减弱。点强度、边权等其他统计量及其分布随着变化更新系数、连接数量和节点吸引度的变化，也表现出同样的规律。由此说明，产业链主体成员的自身特点与相互之间的协作关系会对草原畜牧业产业链养殖环节主体成员间信息传递网络的结构变化产生不同作用。

因此，为着重改善草原畜牧业产业链养殖环节主体成员间信息传递速率，我们要努力降低主体成员间信息传递网络的无标度特性，具体措施包括：普遍增强养殖环节主体成员的信息关系能力，扩大每个普通牧民与其他牧民进行信息交流的范围，从而降低骨干牧民对信息传递网络的控制力，提升牧民整体的信息传递参与程度；优化与调整主体成员间的交互沟通关系，剔除无效链接；提高养殖环节主体成员间的交互沟通频率，增强彼此的亲密信赖关系，从而降低主体成员间信息传递网络的网络更新系数，降低新成员的加入对原有信息传递网络结构的改变程度。

四　草原畜牧业产业链信息传递信道的优化

媒介（M 变量）是信息的载体也是信息传递的主要手段，其本身是随经济社会不断演变发展的，目前主要分为印刷媒介、大众电子媒介和网络媒介这三类，每一类媒介都有各自的优势与劣势：

（1）印刷媒介主要指报纸、期刊、宣传手册等纸质印刷品，以印刷媒介传递的信息具有实物形态，方便保存查阅，并且该媒介使用成本较低适合低收入人群，是优先选择的信息传递"最后一公里"载体；但是印刷媒介的信息必须经排版、印刷、发行等诸多环节，使得所传递的信息的时效性大大降低，而且阅读印刷媒介需要一定的知识文化水平，对于不识字的人群而言，其记录的信息是无法接收的；

（2）大众电子媒介是指广播、电视等媒介，这类媒介最大的优点就是它们可以将信息以声音或影像结合的形式传递给接收者，不要求接收者的文字阅读能力，提高信息的接收率，并且信息时效性较好；但是大众电子媒介的信息可选择性较低，所有信息都是被发送者安排好时间和顺序发送的，接收者没法以自己的时间安排为基础接受信息，并且信息还无法自行重复查询和保存；

（3）网络媒介是 21 世纪新兴流行的信息载体，传递过程具有快捷性、互动性、个性化以及接收时间自由化等特征，可以说是集众多优势于一身；然而其要求的基础设施建设条件较高，成本花费较多，目前在普及程度方面还不及前两类媒介。

可见，三大类媒介在信息传送速度、为信息生产者与接收者提供互动交流的可能性以及使用成本方面的表现各有优劣，因此，一般应主要根据信息接收者的文化素质、收入水平以及需求等情况，确定最恰当的信息传递媒介。

此外，由于牧区内部独特的熟人社会及其人际关系系统，普遍存在人际媒介（区域意见领袖）和组织媒介（当地政府部门、企业、合作社、专业协会等）两种无形媒介。无形媒介虽然不像三大类媒介那样具有可视化的物理特征，但也是确实存在的信息传递途径。人际媒介中的每个人都是他人的信息获取途径，个体会将自己拥有的信息与熟识的人交流分享，在彼此的认知差异前提下，通过这种交流提升对各类畜牧业信息的理解，尤其是意见领袖，他是其他牧民重要的人际媒介。组织媒介主要是通过开会、举办集体活动等方式将畜牧业信息传递给牧民。组织媒介传递的信息一般而言权威性较高，牧民对其有较高的信赖度。而这两种无形媒介共同的特点就是零成本，牧民通过这两种媒介获取信息几乎不需花费金钱（见图9-19）。

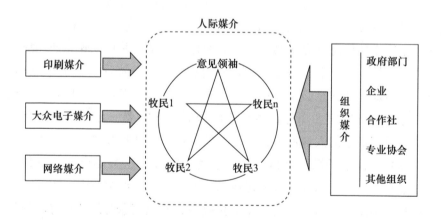

图9-19 牧区媒介运用示意

第十章 草原畜牧业产业链运行机制创新

草原畜牧业产业链作为一个庞大的系统工程，产业链能否高效健康地运行在很大程度上依赖于适宜的、行之有效的产业链运行机制。本章的研究是在前面章节深入研究草原畜牧业产业链运行效率机制、利益联结机制、信息传递机制及草原畜牧业产业链利益协调性的基础上，确立草原畜牧业产业链运行机制的创新方案。具体包括：草原畜牧业产业链运行的利益联结机制创新、草原畜牧业产业链运行的效率机制创新、草原畜牧业产业链运行的信息传递机制创新和草原畜牧业产业链协调与分配机制创新。

第一节 草原畜牧业产业链运行的利益联结机制创新

新疆、内蒙古、青海和甘肃是我国至关重要的草原牧区。为促进草原牧区的发展，首先要根据各地实际情况并结合自身的发展情况，确定草原畜牧业未来的发展方向，坚持以促进草原牧区经济健康发展和牧民增收为根本，积极采取各种方式促进各利益主体紧密的合作，以增强整体的竞争力，从而实现整体效益的提升，促进草原畜牧业产业链的构建和利益联结机制的创新。

一 构建无缝利益联结机制

利益联结机制是草原畜牧业产业链建设和有效运行的重要基础和保证，构建包含龙头企业、牧民合作社和畜牧牧户在内的无缝利益联结关系尤为重要，使得产业利益联结主体能够在自愿、规范、完善的前提下，充分发挥政府协调和保障能力，确保利益联结主体的良性发展，最终促进牧民增收和草原畜牧业产业链的建设。无缝利益联结机制构建过程中主要有以下两个方面。

（一）要充分发挥畜牧龙头企业主导协调作用

积极推动畜牧龙头企业依托草原建立绿色基地，以推进草原畜牧业产业链的建设为龙头，以产品创新技术改进为重点，以构建无缝利益联结为要求，采用多种形式利益联结模式，形成产前提供生产资料，产中提供科技服务指导，产后提供畜产品相关售后等服务的链式结构。从增强辐射带动能力出发，可以通过建立基地，夯实自身基础能力，广泛带动牧户参与合作社发展，使得牧户、牧民合作社和畜牧龙头企业三者都能充分参与畜产品繁育、收购、加工和销售，确保畜产品增值。为保证增值收益分配的公平性，必须构建符合牧户、牧民合作社以及畜牧龙头企业意愿的利益分配制度，以保证各利益主体收益都能够最大的实现。创新各种奖励激励制度，以保证各利益主体合作积极性和生产创造性，同时要充分发挥政府的协调和保障能力，积极为畜牧龙头企业营造良好的经济社会环境，积极帮助畜牧龙头企业解决各方面的困难和问题，以确保各利益主体的紧密合作有效进行。

（二）要充分发挥牧民合作社的桥梁纽带作用

大力推进牧民合作社以产权为基础，与社员建立交易额返利、股份分红和利润返还等多种盈余分配方式；综合运用订单合同、年度契约以及服务协作等多种利益联结方式，增加牧户股金分红收入、经营性收入和劳务性收入等；加强技术培训和畜种改良，依法保障了牧民合法权益；同时强化畜牧龙头企业和牧民合作社的紧密联系，形成畜牧龙头企业有牧民合作社的股份，而牧民合作社有畜牧龙头企业的投资，彼此间资金和经济互补，实现紧密的合作，以实现主体角色共融与深度融合。同时，畜牧龙头企业与牧民合作社有健全民主决策机制，同时将生产计划、生产资料的采供以及销售等纳入统一计划，不断拓展产品市场占有份额，增强品牌知名度；积极参与"三品一标"认证，提升畜产品品质，增加产品附加值。通过畜牧合作社把草原牧区畜产品和市场有效联结起来，把牧户和畜牧龙头企业利益紧密联结起来，充分发挥畜牧龙头企业的桥梁纽带作用，最终促进草原畜牧业产业链各主体形成"产业配套、管理精细、分配科学、利益共享"的无缝利益联结机制。

二 大力促进草原畜牧业产业链利益主体的发展壮大

（一）经营状况方面

1. 扩大草原畜牧龙头企业的规模，培植其发展壮大

草原畜牧业的发展离不开畜牧龙头企业的发展，因此，畜牧龙头企业的发展与壮大，可以推动畜牧业产业链的不断延伸与优化。为此，我们建议：一是通过产出结构的不断优化布局，提升生产效率和产品竞争力，拓展产品市场和销售份额，实现自身的不断发展与壮大。二是在保持和完善牧区基本制度基础上，借助草原牧区畜种和劳动力等方面的优势，不断营造良好的草原畜牧业生产和经营环境，同时加强与牧户和牧民合作社的合作协调，促使各方形成紧密的利益联结关系，从而促进牧民增收。三是加强自身技术创新，不断提高企业竞争力，从而扩大其生产规模、销售比重以及盈利水平，促进龙头企业向集团化、专业化的方向发展。

2. 不断提高牧户的文化程度，增强其合作意识

牧户的文化程度对于利益联结机制的形成具有非常重要的作用，所以要不断提高牧户的文化程度，加大对草原牧区的教育等方面的投入力度，让牧户充分学习到草原畜牧业的新技术和新方法，不断增强牧户的草原畜牧业生产的积极性和热情，同时通过不断提高牧户的文化程度也能够增强其合作意识，使其对合作社和畜牧龙头企业具有较好的信任感，降低彼此之间违约情况的发生。所以草原畜牧业产业链各主体利益联结机制的构建，离不开各主体之间的紧密合作和协调，只有这样才能最大限度地促进牧民收入增加和草原畜牧业产业链的有效运行，最终促进牧区经济的发展。

3. 积极发展牧民合作社，提升其规模化程度

牧民合作社对于现阶段草原牧区的发展具有至关重要的作用。但根据调研情况来看，四大特区牧民合作社的组织化程度较低、辐射带动面较小、管理制度缺失和经营规模弱小，严重制约草原牧区经济持续发展和牧民增收。所以要积极发展牧民合作社，创新、改善各种畜牧业产业链利益联结方式，积极促进各利益主体紧密利益联结关系的形成。在此过程中，要加强政府作用，引导彼此之间的相互约束制度的构建，加大对各主体技术等政策方面的优惠和扶持力度，推动草原畜牧业各利益主体紧密合作，以实现草原畜牧业产业链的利益联结机制构建的目的，更

好促进牧民增收。

（二）行为表现方面

在主体行为表现观察变量中产业链主体对市场行情方面的认知以及主体之间的契约关系对草原畜牧业产业链的影响最为显著，所以在草原畜牧业产业链利益联结机制的构建过程中，彼此之间的契约方式、现有的合作关系等可能对其带来非常重要的影响。因此，需要对产业链主体的市场行为进行经济规范，这是产业链主体构建的紧密契约关系的重要基础之一。通过对市场行为的规范和有效资源配置，使得产业链的主体建立紧密契约关系，从而吸引牧户、牧民合作社和畜牧龙头企业由以市场交易和口头协议为主且随时面临违约风险的契约关系，向年度订单、签订合同等紧密型的契约关系转变，从而使得草原畜牧业产业链在公平有序的环境下进行，促进产业链主体的协调发展和营造良好的草原畜牧业发展环境。

（三）合作意愿方面

产业链主体对合作预期的认知以及对合作主体的评价是合作意愿潜在变量中最显著的因素。分工与合作是草原畜牧业产业链利益联结机制构建的重要构件，主体间紧密高效的合作有利于矛盾和分歧的化解和协调，最大程度降低彼此间生产经营成本，提高各利益主体合作意愿，最终促进草原畜牧业的发展。牧户、牧民合作社以及畜牧龙头企业在产业链利益联结中有着不同的行为偏好，利益使得彼此加强合作，利益越高彼此之间合作意愿越高。根据调查问卷相关数据可以看出，目前草原牧区各利益主体间的合作关系并不是很紧密，还有很大的发展潜力。因此，在草原畜牧业产业链中，要积极采用各种方式引导各利益主体形成紧密的利益联结机制，从而促进草原畜牧业产业链利益联结机制的不断完善。

（四）物流特征方面

根据以上实证研究结论可以看出，分销渠道和物流方式是潜在变量物流特征方面最为显著的因素。从实地调研可以看出，四大牧区交通闭塞、基础设施建设严重滞后以及信息交流不畅等都严重制约了畜产品的购销，从而使得目前产业链主体的购销渠道较为低级和单一，因此，要不断完善草原牧区交通等基础设施建设，拓展畜产品的购销渠道，加强牧户、牧民合作社以及畜牧龙头企业之间形成稳定有效的购销渠道，最大程度降低产业链主体的经营成本、运输成本和库存成本，从而实现各自的利益份额，加快彼此之间利益共同体的构建，但目前草原牧区的物流方式基本都是第三方物流且价格昂贵，这在一定程度上严重制约了草原畜牧业产业链主体利益联结的稳定性，要积极利用各种方式方法，使得各利益主体紧密稳定合作，形成有机整体，最大程度降低物流运输等方面成本，实现整体收益的提升，最终实现各自利益的最大化。

第二节　草原畜牧业产业链运行的效率机制创新

如前所述，本书将草原畜牧业产业链运行效率分解为合作效率和经济效率，其运行效率机制创新也相应包括合作效率机制创新和经济效率机制创新两个方面。

一　合作机制创新

（一）发展壮大畜牧业合作组织

畜牧业合作组织可以联结分散的牧户，提高养殖的组织化程度，提高牧户在市场交易中的话语权，增强抵抗市场风险的能力。但是目前我国的畜牧业合作组织存在着规模小且流于形式，经济实力不足且服务层次低等问题，距离理想的合作组织所起的作用相差甚远，因此政府要采取积极的措施，大力扶持和发展畜牧业合作组织，积极倡导牧户入社并增加补贴力度，以增强畜牧产业在我国产业中的经济实力和市场竞争力。

建立畜牧业合作组织必须结合目前牧区存在的现实状况。本着政府推动、企业扶持和牧户自愿的原则来进行，同时也要通过地方立法实行法律保护的手段，为畜牧业合作组织创造良好的法律环境，同时鼓励牧户入股，大力实行政府补贴、金融机构贷款政策，倡导企业扶持，通过加大政府、企业等扶持力度来增强合作组织自身的实力，积极解决合作组织因资金困难发展止步不前的窘境，鼓励大学生支持贫困牧区，鼓励村干部的发展，为牧区注入新鲜有质量的血液，从而为牧区畜牧业产业链的协调运行建立一个良好的内部组织制度，建立一个有活力的运行机制。

（二）加大农村牧区网络覆盖的力度，提高牧区人民的普通话交流能力

农村牧区一个普遍的问题便是信息获取的途径问题，由于科技不发

达，加之少数民族对汉字的识别能力较低，普通话交流困难，牧区牧民信息获取速度较慢，获取难度较大，跟不上市场信息更新的步伐。因此，应该加大网络覆盖力度，定期举行普通话培训活动。鉴于牧区牧户与牧户之间的距离比较远，网络光纤覆盖难度较大，因此可以在每一个村设立一个网络点，派专人对网络信息进行及时地了解追踪，建设初期可以派语言翻译专门负责牧民与网络的交流，有需要的牧民可以随时自行前去了解掌握信息，使牧户对全国的市场信息及市场趋势有一定程度的了解，对当地的市场信息有一定程度的掌握，而不再是通过以往的经验或者听别人说来获取过时信息。

（三）构建完善的合作风险化解机制

畜牧业产业链主要由牧户、牧民合作社和畜牧龙头企业参与构成，每个利益主体都在追求自身利益的最大化并尽量规避风险，但是风险与收益往往不对称，很可能会因为各自实力的不同而导致各利益主体所承担的风担不同，因此合约的完善化程度成为各利益主体比较关注的一个重要因素。调查中发现，有违约行为的主体主要是牧户，牧户违约有两个重要因素，一是自然环境所带来的自然风险，一旦面临自然风险，牧户很难通过自身力量将其化解；二是当合同价低于市场价时牧户会放弃合同转向市场销售。对于自然风险所造成的牧户违约，提倡由实力较大的企业或者合作社出面将分散的牧户组织起来，由金融保险机构对牧户进行统一保险，以增强牧户抵抗风险的能力，还可以通过建立违约风险基金，违约基金按照一定的交易量比重从双方手中提取，由金融部门代为保管，当一方违约时，用违约金偿还给对方，尽可能将损失降到最低。对合同价低于市场价造成的牧户违约行为，我们建议牧民合作社或者畜牧龙头企业实施保护价收购政策，当市场价低于合同价时按照合同价收购，当市场价高于合同价时按照市场价收购，这样牧户的违约现象就会大大减少，对加工企业也不会造成太大的成本。因为加工企业可以获得稳定有质量的货源，降低交易费用，同时降低后期因质量问题可能造成损失的风险。

（四）增加合作收益，完善利益分配机制

产业链各主体间相互合作的最终目的便是增加自身的收益，各利益主体增加收益的过程为：由政府出面倡导扶持合作社的发展，合作社鼓励牧户的加入，在壮大自身发展的同时带给牧民合作利益，合作社与加工企业通过建立稳定的关系来保障牧民畜牧产品的销量，加工企业则获得了稳定的货源，降低了交易成本，同时还保证了产品的质量和销量。因此增加各利益主体的合作收益，完善利益分配机制才能使整个畜牧业产业链的联结更加紧密。要鼓励牧户入股合作社，合作社入股加工企业，以股份为纽带结成风险利益共同体，这样不但能保持产业链的稳定性，使利益在产业链成员中合理地分配，还能促进信息在主体之间的顺畅流动。同时实施利润返还，例如牧户加入合作社，从合作社购买或者销售时通过利润返还减少一部分成本或者增加一部分收入，合作社向加工企业销售产品或者购买服务时增加部分收入或减少一部分成本。通过增加合作收益，完善利益分配来增加主体之间的合作能够最大程度地保障产业链的协调运行性。

二　效益机制创新

（一）引导和鼓励牧户积极加入牧民合作社

牧户在整个草原畜牧业产业链中的讨价还价能力较低，一直处于产业链实力成员的最底端，牧户与合作社紧密联结可以有效解决这一窘境，因此要鼓励牧户积极加入合作社。第一，加大合作社的宣传力度，建立完善的推广服务体系，扩大合作社对牧户的服务范围；第二，实施牧户入股合作社及利润返还制度。牧户入股及利润返还制度不仅可以提高牧户与合作社的合作效率，还能提高牧户的经济效率，畜牧产品通过合作社进行销售，在提高议价能力、保障销路的同时增加收入。

（二）鼓励牧户积极采用产销合同进行订单式生产

通过对牧户经济效率的分析我们发现，与企业签订产销合同的牧户效率相对较高，主要是签订产销合同后，既让牧户的产品销量有了保障，还能让加工企业获得稳定的货源，牧户与加工企业在签订产销合同时势必会对产品的质量有一定的约束，产品质量好，违约情况也会减少，企业加工出的产品也会有品质保障。但是由于牧户自身文化程度的影响而导致他们对产销合同的认识度不高，对合同应有的条例也不清楚，而且合同对他们的束缚性也不强，因此企业应当作为主动方，多对牧户进行宣传，定期以讲座的形式向牧户传授知识。

（三）建立完善的技术培训体系，提升牧民的文化素质

在第七章我们通过研究发现，牧户的文化程度、合作社理事会成员的企业家才能分别是影响牧户和合作社经济效率的重要因素，由此可见

牧户的文化素质对产业链的经济效率具有重要的影响作用。对于牧户，要为他们建立完善的技术培训体系，包括良种供应、配种、疾病防疫、饲料供应和技术指导；对于合作社，要为他们建立畜牧业产品收购、储运及市场研究与预测、市场行情通报等培训体系；对于加工企业，主要是需要他们提供这些培训，要扩大企业的服务范围，重点加强产前环节的技术指导，由合作企业定期开展技能培训，不仅可以促进牧户、牧民合作社与企业合作，还可以使牧户及牧民合作社保质保量完成任务；政府方面，要进一步调整和完善畜牧业生产方面的组织机构，与畜牧业发达地区做好交流工作，定期派专员进修学习先进的技术，要建立一系列政府性、社会性服务体系，扶持合作社的发展，提供有管理经验的人才带动合作，鼓励大学生支持家乡事业。

（四）引导和鼓励牧户进行专业化生产

在对牧户进行经济效率的分析时我们发现，牧业收入也是一大重要影响因素，牧业收入占家庭经营收入的比重越大，说明牧户对畜牧业的依赖性越强，其经济效率就越高，因此应当引导和鼓励牧民进行专业化生产，尤其鼓励那些饲养大户放弃种粮进行专业牧业养殖，由政府给予适当补贴。有条件的地方可以由政府或者企业直接出资建立畜牧业养殖基地或者配种基地，这样可以大大减少牧户养殖的资金、技术和饲养周期的风险，有效增加牧户收益。

三 外部环境与制度创新

提高草原畜牧业产业链的运行效率，除了需要对各主体所存在的主要影响因素进行优化，还需要加强畜牧业产业相关配套设施、服务及政策法规的改进。

（一）配套设施和服务的改进

第三方物流的缺少，导致牧户、牧民合作社及加工企业的物流成本比在总成本中的比重较大，因此应当加大第三方物流的建设，同时对加工企业进行销售的产品实施冷链物流，维持产品的保鲜程度，要完善牧业地区的交通设施，提高运输速度，使牧区加工企业的产品更好地流向全国市场。

（二）健全肉类产品的质量检测体系

现今食品的安全问题变得越来越重要，注水肉、假羊肉、假牛肉问题越发突出，这与国家对质量检测过于松散有关。因此，要建立一个严格的质量监管体系，从产前、产中到产后所有环节都要覆盖，由国家出台相关法律政策，政府配合协调工作，禁止不合格产品出售，保障合格产品加工企业的利益。

（三）增加畜牧产品相关领域的政策性保险

由于牧区牲畜的养殖基本都是靠自然环境，草地的退化使得可利用草场面积逐渐缩小，放牧养殖量受到大大限制，自然灾害等使得畜牧业生产的风险呈放大趋势。因此，牧业保险风险大、赔付率高、发展缓慢，加强政策性牧业保险制度的建设可以降低牧民生产的风险，对收入也有一定的保障，对畜牧业的发展具有重要意义。

第三节　草原畜牧业产业链运行的信息传递机制创新

草原畜牧业产业链的运行以信息流为基础，以商流、物流、资金流为驱动，将生产资料供给、畜牧生产养殖、畜牧产品加工和分销零售各环节的利益主体串联在一起，通过内部化、一体化、契约化的过程提升了利益主体间的协作效率及各自收入。然而当产业链发展到一定程度时，由于信息流的传递机制不完善，整条产业链创造的价值在利益主体间分配不均的问题越发凸显。在组织化程度更高且拥有信息优势的上下游双向挤压下，养殖环节利益主体（即牧民群体）成为整条产业链最弱势的群体，相较其所承担的高生产经营风险，严重影响了牧民增收。因此，草原畜牧业产业链的运行信息传递机制创新迫在眉睫。

一　优化草原畜牧业产业链信息传递过程

信源（信息生产者）方面，考虑到当前我国草原畜牧业产业信息资源的公共物品特性，我们应努力减少信源的熵值，增大信源关于草原畜牧业自然环境信息、政策信息、经济信息与畜牧产品加工信息的表征的输出概率，从而提高信源的针对性并可减少公共信息资源的浪费。信宿（信息接收者）方面，可以通过在草原畜牧业产业链各环节增设信息传递协调组织，简化产业链的信息传递渠道体系，降低信息失真的概率。通过增强每个农牧民个体的信息整合能力，降低精英领导者对信息传递网络控制力，来加快信息在牧区的传递速率，防止隐瞒信息、延迟传递的发生。信道（信息传递媒介）方面，由于当前草原畜牧业产业链养殖环节利益主体收入偏低、文化教育程度不足，以及互联网现代信息媒介使用门槛较高，互联网现代信息媒介在牧区的推广普及程度很低。因此，草原畜牧业产业链利益主体必须结合自身条件，综合运用多种媒介实现信息的有效接收与理解。牧民可以根据自身文化教育程度、收入水平以及具体信息需求，分别通过印刷媒介、大众电子媒介、网络媒介获取不同类型数量的畜牧业信息；通过人际媒介相互查漏补缺，促进交流，加深理解；利用组织媒介接收权威性、引导性、可靠性高的信息，最终将所有信息比对、验证、选取能够满足自身需求的信息。

二 创新草原畜牧业产业链信息传递机制

（一）优化草原畜牧业信息的生产输出

政府推动信源在草原畜牧业信息输出时间、投送空间、数量类型方面的针对性建设，对于降低草原畜牧业信息获取成本、提高草原畜牧业信息资源的利用效率具有重要意义。

加强信息资源配置的针对性建设，主要是要及时、准确地发布草原畜牧业的信息，以便农牧民解决养殖生产中出现的各种问题，充分了解市场供需动态，避免补栏、出栏的盲目性；同时要适应我国草原畜牧业的特点和农牧民需求，帮助农牧民真正理解和运用信息，避免"信息孤岛"的产生；要解决好"最后一公里"的问题，搭建牧区信息服务平台，具体包括广播基站、电视台、报刊订阅机构和基础网络公共站点，借助广播、电视、报纸、网络媒介将草原畜牧业信息传递到牧民手中；以草原畜牧业为重点产业的行政地区组建自己的草原畜牧业信息办公室，购置信息服务设备以配合专职人员搜集、编辑、储存和传递相关信息。

（二）加快草原畜牧业数据信息资源的标准化建议

为便于信源间对各类草原畜牧业信息生产输出任务的划分，相互配合解决部分类别草原畜牧业信息输出不足的问题，加快我国草原畜牧业数据信息资源的标准化建设很有必要。

借用云技术实现大型草原畜牧业数据信息搜集系统的集成化运行，方便以后信息内容与类别的扩充；依靠数据信息资源的标准化建设提高信源输出信息的可靠性，便于有信息需求的草原畜牧业产业链利益主体成员的信息评价活动，及成员间的信息比对验证，具体包括：注重数据标准化加工——通过数据的加工、整合处理提供标准化的草原畜牧业信息；鼓励标准化信息服务——出台优惠政策支持专业的信息从业人员创业，为各环节利益主体提供标准化的信息服务。

（三）帮助信息接收者树立信息意识，提升信息整合能力

信息意识是草原畜牧业产业链利益主体成员信息素养的最基本、最主要的构成要素，决定个体获取信息、利用信息的主观能动性，直接影响着以信息获取能力、信息评价能力、信息运用能力、信息传播能力为核心的信息整合能力。正因为养殖环节利益主体成员的信息整合能力不同，才会导致农牧民个体间的信息传递网络控制力不同，阻碍信息传递速率的提升。为帮助农牧民树立信息意识，具体措施包括：

第一，政府出面邀请牧区精英、致富能手开展宣传教育讲座，引导普通农牧民树立信息意识，使他们认识到信息对于收入增长、草原畜牧业及牧区发展的重要意义，了解应以市场需求为导向安排自身生产养殖活动。

第二，政府应尽力均衡城市与牧区教育资源配置，增加牧区教育经费投入，开设牧区职业技术学校，增强农牧民获取信息、评价信息和运用信息的能力。

第三，政府引导建立牧区生产学习型组织，营造产业链利益主体内部成员间的学习氛围，形成人人爱学习、想学习的局面，在学习中提升农牧民的信息传播能力。

（四）创新不同信息传递媒介的联动合作机制

不同媒介各有所长，在当前日益激烈的媒介竞争时代，任何一种媒介在信息传递过程中独自承担信息的表示和固定任务，都无法满足所有信息接收者的信息需求。因此，媒介间相互合作、整体联动是实现牧区信息传递媒介健康发展的唯一选择。

信息传递媒介间相互取长补短，分别承载不同类型的草原畜牧业信息，避免信息的重复传递，让有限的公共信息资源能覆盖更多的利益主体成员，节约人力物力，健全草原畜牧业产业链信息传递机制。

（五）完善信息传递活动的反馈机制

随着草原畜牧业产业链的不断发展，信息传递活动正由信息生产者导向向信息接收者导向转变，反馈为下一次的信息传递活动提供指导，实现了产业链利益主体成员间双向的信息交互，而非单向线性传递。

解决牧区信息反馈匮乏的问题，关键是引导农牧民认识各类信息传递媒介的本质，借此改进并管理自身的媒介接触，了解不同媒介适合传递哪类信息，该如何应对不同媒介传递的信息。

为增强反馈，可以尝试通过问卷、电话、短信等方式对产业链利益主体进行调研，深入农牧民家中主动要求反馈，帮助草原畜牧业产业链利益主体将自己的信息需求更直接地表达出来。

第四节　草原畜牧业产业链的利益协调与分配机制创新

产业链稳定与否取决于利益分配是否合理，这直接影响到产业链存续和延伸。畜牧业产业链的交易各方要分享由产业链效率优势和组织优势所提供的合作利益，就需要通过一种规制安排激励合作并有效制约合作各方的机会主义行为，确保一种长期、持续的交易关系的建立。畜牧业产业化经营中利益分配方式有商品契约和要素契约两种方式。鉴于契约本身存在的不完备性和信息不对称的现实约束，需要一系列的政策措施清楚地界定产业链各方的合规与违规行为，进而设立相应的组织、设计合理的程序。然而，单靠明确、清晰的正式制度措施的设计和实施仍然难以保证产业链利益分配的稳定和可持续。与此同时，透过畜牧产业交易关系内部，我们看到大量的、多样化的行为方式和行动准则的存在，运用非正式制度作用于产业链利益分配的运营实践，由此减少了产业链上成员自我履约的障碍，增强利益链条的内在稳定性，这是对正式规制的有效补充。因此，本书建议草原畜牧业产业链利益协调与分配机制创新应从正式制度和非正式制度两个维度进行。

一　正式制度方面

（一）调整组织模式

随着市场范围的扩大和专业化分工的纵深发展，畜牧产品的最终提供包括饲料供应、配种、养殖、屠宰初加工、肉类深加工、产品运输和销售等多个环节。畜牧业产业链纵向分工形式可以分为：市场分工、企业内分工以及介于两者之间的中间性分工。

市场分工是指畜牧龙头企业与分散的牧户之间通过价格、供求关系等市场机制进行交易。市场分工要求企业与牧户的产权关系明晰，可进行自由买卖等经济活动。企业为了维持其原材料的稳定来源，与牧户分别签订收购合同，形成"企业＋牧户"型组织模式。但是市场价格的不稳定也会带来这种合作关系的不稳定。当市场价格与合同价格存在价差时，企业和牧户为了自身利益最大化都有可能选择违约。由于高额成本，企业和牧户一般都不选择诉讼维护权利，牧民由于居住分散、组织化程度低等原因，与畜牧龙头企业相比，处于更为劣势的地位。因此这种模式下，违约情况时有发生，合同履约率很低。这种松散的利益关系下，产业链难以稳定运行。

企业内分工，也称作纵向一体化，是将畜牧龙头企业与牧户的市场交易内部化，由龙头企业完成从产品原材料供给到最终产品销售的全部环节。根据交易成本经济学的分析，市场交易存在着高昂的交易成本，尤其是在资产专用性强、交易频率高和不确定性较大的交易环境中，专用性资产投入较大的一方为规避另一方的机会主义行为和道德风险，往往采取纵向一体化使市场交易内部化，以降低交易成本。畜牧龙头企业可以通过建立自己的生产基地，招聘牧民作为企业内部员工，从而完成生产、加工和销售的一系列经济活动，也可以让牧户以土地、资金、劳动力等生产要素入股企业，实行按股分红，从而实现纵向一体化。龙头企业与牧户间的这种合作关系形成了"企业一体化"组织模式，这种组织模式有利于提升整个畜牧业产业链的组织化程度，极大地降低交易成本，加强了产业链的稳定性。然而，由于畜牧业的特殊性，在我国的畜牧业产业化经营过程中，采取统一规制结构的畜牧业企业却寥寥无几，曾经尝试过纵向一体化的企业大多经历了失败。究其原因，是因为畜产品市场需求的不确定性增加了纵向一体化组织的经营风险，而单纯的市场交易又不能保证畜产品原料的稳定供给。因此，中间性的组织安排是协调畜牧业产业链农户与畜牧业企业纵向关系的有效制度安排。

中间性组织安排具有市场分工的交易特质，同时可以降低部分交易费用。畜牧业中间性组织安排主要表现为"企业＋中介组织＋牧户"模式。这种模式下，中介组织与加工企业签订合同，确保加工企业所需畜产品的数量与标准。分散的牧民与中介组织签订长期收购合同，在中介组织统一指导下开展畜牧产品生产活动。不仅如此，中介组织可以为牧户提供统一的产前、产中、产后的指导与服务。这种模式使得分散的牧民集合起来，拥有更强的谈判能力，加工企业则降低了与分散牧户分别交易造成的交易成本，使得合作关系更加稳定。中介组织的介入对于产业链利益分配过程中牧民的利益获得提供了保障。为了大力发展"企业＋中介组织＋牧户"模式，需提高中介组织的能力，强化中介组织的作用。中介组织的有效强化可以通过以下两个方式：第一是增加中介组织规模。想要强化中介组织的作用，首先要规模足够大，才有更大的话语权和谈判能力。当前中介组织规模扩大的主要障碍是资金短缺，牧业的草场、牲畜等又不在银行贷款抵押范围之内时，政府可以通过调整银行、信贷方面的政策，以政府担保的形式帮助中介组织获得贷款。第二是提高牧民参与中介组织的比重。牧民加入合作社可以减少其私自交易，使中介组织成为畜牧业产业链必不可少的一环。牧民作为一个经济人，首先考虑的是自身利润的增加。牧民合作社在饲料、仔畜、防病防疫服务等生产资料的供给上给予牧民一定的优惠，以及在销售产品时强大的议价能力、对牧民进行按交易额计算的返利都可以吸引牧民。牧民合作社还应尽快建立公共监督机制，只有交易透明化、账务透明化，牧民才会安心加入。

（二）优化税收政策

1. 所得税方面

目前国家对于畜牧龙头企业给予了所得税方面的优惠，主要是引导龙头企业与牧户加强合作。《国家税务总局关于"公司＋农户"经营模式企业所得税优惠问题的公告》（2010 年第 2 号）对于采取"企业＋牧户"经营模式从事牲畜、家禽的饲养的企业免征、减征企业所得税。该政策鼓励畜牧龙头企业与牧户签订合同契约，既解决了牧户的产品销路问题，又确保了畜牧龙头企业的原材料供应问题。但"企业＋牧户"模式的关键在于长期性、稳定性。由于市场价格的不确定性，市场价格低于合约价格，而龙头企业违约的成本较小，极易造成畜牧龙头企业的违约行为。所以，增强产业链利益主体间合作的稳定性非常重要。在现实经济社会中，市场价格与合约价格不匹配的情况发生时，企业与牧户作为经济人势必会以自身利益为主，如果政府通过行政强制性手段一味地要求企业对牧民进行利润补贴，则违背了市场规律与经济人的根本目的，因此政府只有通过税收政策对企业进行引导和补偿。在企业所得税方面，政府对于市场价格低于合约价格的极端市场情况，应给予畜牧龙头企业一定的所得税税收优惠，作为利润补贴，鼓励加工企业履行合同，维持企业与牧户契约长期性、稳定性。

2. 增值税与兼并重组方面的税收优惠

合作社的应税收入主要来自两方面，一是流程收入，二是最终产品收入。流程收入是指在养殖前期合作社向牧民提供仔畜、饲料以及养殖过程中养殖方法与防病防疫的技术指导所得。最终产品收入则是最终畜牧产品销售所得。国家对于牧民合作社给予了很大程度上的税收优惠，财政部、国家税务总局《关于农民专业合作社有关税收政策的通知》（财税〔2008〕81号）中规定农民专业合作社经营可以享受三项税收优惠政策：（1）对农民专业合作社销售本社成员生产的畜牧业产品，视同畜牧业生产者销售自产畜牧业产品免征增值税。（2）增值税一般纳税人从农民专业合作社购进的免税畜牧业产品，可按13%的扣除率计算抵扣增值税进项税额。（3）对农民专业合作社向本社成员销售的农膜、种子、种苗、化肥、农药、农机，免征增值税。这些政策优惠主要引导了合作社与牧民之间的合作紧密性，鼓励"企业＋中介组织＋牧民"模式的大力发展。

但我国牧民合作社仍处在规模小、数量多的阶段，企业扩大规模的常见方法就是兼并重组，但目前的合作社组织难以负担重组产生的成本，国家可以在政策上帮助降低重组的刚性成本，实现低成本重组。国家对于企业重组业务发布过多项税收优惠政策，如《财政部国家税务总局关于企业重组业务企业所得税处理若干问题的通知》（财税〔2009〕59号）第六条第（二）项中有关于股权收购的规定，"股权收购，收购企业购买的股权不低于被收购企业全部股权的75%"，并在2014年财税〔2014〕109号文件中调整为"股权收购，收购企业购买股权不低于被收购企业全部股权的50%"。国家对牧民合作社的重组业务政策引导可以对其进行借鉴。但合作社既不同于企业法人，也不同于社会团体法人，是一种全新的经济组织形态。国家可以考虑将合作社公司化并出台企业兼并重组的增值税及所得税优惠政策，从而方便其实现兼并重组，也可以将合作社作为特殊经济组织。在《农民专业合作社法》中出台关于合作社兼并重组的增值税、所得税优惠特殊规定，引导合作社的兼并重组。

（三）创新产业政策

1. 促进产业链各利益主体的协调和均衡发展

产业链利益主体的发展壮大对于产业链高效运行、促进牧民增收非常重要。产业链利益主体包括牧民、牧民合作社以及畜牧龙头企业。但是就目前市场结构而言，龙头企业处于垄断竞争的市场结构中，这对于龙头企业来说是最优的市场结构，其拥有绝对的话语权。与之相反，牧民合作社与牧户数量较多、规模较小，畜牧产品的原料市场接近完全竞争市场，合作社与牧民谈判能力较弱。因此，龙头企业依据自身在市场的优势，本就压低收购价格，侵占更多合作利润，如果一味将占垄断地位的畜牧龙头企业做大做强，会使得合作社与牧民话语权更弱，难以改变不平等的利润分配格局。想要改变这种局面，必须适当扶持多个畜牧龙头企业发展壮大，同时，牧民合作社作为中间组织，更需要不断发展壮大，以集中分散的牧民力量，增强牧民组织化程度，提高牧民与合作社的市场话语权。

对于畜牧龙头企业，一方面应扩大企业规模，增强其对当地畜牧业的辐射面和拉动强度；另一方面应根据当地实际情况，扶持多家畜牧龙头企业，鼓励畜牧龙头企业上市。畜牧龙头企业长期处于垄断地位，缺少竞争者，其经营效率会因此而大幅度下降，将处于垄断地位的畜牧龙头企业改造为规范的股份制上市公司，既可以一定程度上打破垄断经营、引入竞争机制，通过市场竞争提高畜牧龙头企业的经营效率和服务水平，同时可以拓宽融资渠道，为畜牧龙头企业未来的发展奠定基础。由于新三板的上市门槛较低，又有无股本总额要求、无现金流要求等诸多优惠条件，新三板市场更为吸引畜牧龙头企业，新三板平台可以加速畜牧产业上下游企业的融合，让行业风险共担、利润共享。政府可以制定鼓励畜牧龙头企业上市新三板的相关政策，让龙头企业处于更健康的市场竞争中。

对于合作社与牧民，其目前所处地位较低。为了促进整个草原畜牧业产业链的健康运行，首先要壮大牧民与合作社的力量。牧民合作社通过上述税收优惠政策可以实现一定程度的扩大，牧民分布较为分散，对牧民的壮大则在于专业化养殖的培训和规模化养殖的推广。牧民养殖的专业化程度高了，养殖效率也会相对提高，牧民收入自然也会增加。2016 年一号文件强调要办好畜牧业职业教育，对于牧民来说，牧民养

殖专业化需要依赖完善的牧民技术培训体系。完善的技术培训体系包括
畜牧良种的供应、配种、饲养、疾病防控等多个方面，优良的仔畜和正
确的饲养方法可以大大提高养殖效率，对于疾病防控则可以减少牲畜的
病死数量，降低因牲畜病死造成的大额损失，从而进一步提高来自牧业
的家庭经营性收入。规模化养殖需要发挥政策的导向作用，鼓励引导分
散饲养向适度规模饲养转变。目前国家对于标准化规模养殖场小区建
设有专项资金，牧区应积极争取，除此之外，当地政府应支持建设一定
数量的规模养殖场，并在养殖过程中监督兽药和饲料添加剂的使用，做
好疾病防疫和粪污无害化处理，推进健康养殖。

2. 完善物流战略，构建电商平台，促进畜牧业产业链利益分配的
稳定和可持续

如前实证分析可知，畜产品的购销渠道和物流方式是潜在变量物流
特征方面最为显著的因素。近几年电商企业崛起，人们的消费方式发生
了很大变化，互联网信息的快速、直接也给畜牧产品打开了一条销售渠
道。牧区交通闭塞、物流基础设施建设落后以及信息沟通的滞后制约了
畜牧产品的购销，物流业与电子商务成为加速畜牧产品流通的重要
途径。

国家"十二五"规划、"十三五"规划中都对物流业的发展给予了
极大的重视，甘肃省秉承《促进物流业发展三年行动计划（2014—
2016年）》和"十三五"规划精神，对物流业进行了详细规划，包括
物流基地的建设布局、物流基础设施的建设规划以及电子商务发展规
划。甘肃省2014年在兰州、天水建设两家现代商贸物流基地；2015年
在物流基地的建设布局上以交通枢纽点为重要参考，先后启动包括兰
州、嘉峪关、张掖、武威、庆阳、皋兰、甘谷、临洮、靖远在内的10
个物流重点工程建设，涉及金属、能源、瓜果蔬菜等方面；2016年规
划建设6个中药材物流基地。虽然也提及在临夏、甘南州建立民族用
品、清真食品、农畜产品物流基地，但对畜牧产品的重要产地甘南州并
未给予足够重视。在物流基础设施的建设规划中，较为重视航空、铁
路、公路等交通网络的不断提升，强调三者间中转联运设施的完善，并
鼓励物流基地建设铁路专用线。但畜牧产品经过屠宰加工后不易保鲜，
更需要冷链物流的建设。甘肃省提及加快天水、平庆等果蔬主产区冷链
物流设施建设，但对于畜牧业相关产品的冷链物流建设并未涉及。甘南

州作为畜牧产品的主产区，冷链物流的缺少势必会限制当地畜牧龙头企业的进一步扩大和发展。甘肃省政府强调大力发展电子商务物流，加快智能物流骨干网和物流公共信息服务平台建设，推进物流信息资源开放共享，但对于电子商务平台的建设并未涉及。

综合来看，甘肃省对于畜牧业的物流基地建设不够重视，忽视畜牧产品主产区的冷链物流建设且未将电子商务平台建设并列入规划，不利于畜牧业产品的销售渠道扩展。因此，首先需要电子商务平台的建设，可以选择加强与现有大型电商企业的合作，开展牧区电商服务，在大型电商平台上开辟畜牧产品模块。也可以选择全国重要牧区省份组成联盟，自行建设畜牧产品专业电商网站，扩大产品辐射范围。其次，牧区交通落后，应建立专业的畜牧产品的物流基地。既提升了牧区交通网络，又实现了集中化物流，节省企业的运输成本。最后，畜牧产品经屠宰加工后不易保鲜，需保证运输过程中的质量。不仅要建立健全适应牧区电商发展的畜牧产品质量分级、宰后处理、包装配送等标准体系，还需完善跨区域畜牧产品冷链物流体系，确保运输途中的产品质量。

二 非正式制度方面

（一）构建相互信任机制

所谓信任就是在社会交往过程中社会交往主体彼此对另一方能做出符合制度行为的持续性期望。从前述分析可知，合作意愿对利益分配有重要影响，而合作意愿的强烈程度与相互信任密切相关，两者之间是可以相互容纳、相互激励的。相互信任是培育产业链上成员间团结、包容以及互利的合法纽带。这些有利于利益分配因素，可以进一步弥补制度不足，维护制度的贯彻和落实。与此同时，信任可以减少产业链上成员在未来履行契约时由于信息不对称和契约不完备所导致的复杂性，有利于契约的最终达成。有鉴于此，需要构建畜牧业产业链上成员间的相互信任。

产业链上成员间的信任是各成员在较长时间的合作互动过程中孕育、产生、增强与扩展的。我国正处在由传统社会向现代社会转型的阶段，而在畜牧业产业链所根植的畜牧业社会这一相对传统的社会环境中，社会信任发生了嬗变，即社会信任程度有所降低，社会信任范围不断缩小。有鉴于此，相互信任的建立仅仅依靠道德约束是远远不够的，还需要基于切实可行的路径选择。这一路径是通过组织升级和专用性资产投入来增进产业链成员间彼此信任的。就组织升级而言，形成和完善"企业＋中介组织＋牧户"的组织模式，充分发挥中介组织与牧户处于同一区域、具有一致的文化认同和价值取向的优势，在实际运作过程中可以相互进行监督和约束，同时中介组织的信誉、规模及抗风险能力远高于单个牧户，这些优势可以从客观上提高合作的稳定性，大幅降低契约违约概率，起到对相互信任的正向强化作用。此外，产业链成员增加专用性资产投入不仅会增加资产端的价值，还会增加彼此的信任，促进关系价值的提升。根据交易成本理论，牧民通过增加生产经营中物质资源和人力资源投入，在提升产品质量和产量的同时，也提高了企业对其的依赖，增加了企业的转换成本。而随着畜牧企业在设备、技术、管理等方面投入的增加，同样会增加牧户对企业的依赖性，提升企业对牧户的价值，有助于牧户形成乐观预期，进而增加专有资产投入，巩固相互信任。

（二）培育声誉观念

畜牧业产业链成员的声誉是上下游成员与其利益相关者对产业链内某一行为主体过去和现在的经济行为及其能力所持的肯定或否定的态度或看法。由此可见，产业链上成员声誉的确立，来源于其自身行为符合产业链契约规范的程度以及在长期合作中体现的能力高低。产业链上成员良好的声誉，可以促进成员交易范围的扩大、市场空间的拓展、合作机会的增多及合作收益的增长；而产业链声誉观念的建立，可以有效约束交易中的机会主义行为和道德风险的发生，增强交易履约的可能性，简化决策流程，减少信息成本、交易费用和管理成本，促使优胜劣汰，提升交易效率和效果。因此，在畜牧业产业链中，对于各成员来说，均需要通过遵守契约承诺，或在出现分歧时能够以双方认为公平的方式做出适应环境的调整，而非简单粗暴地剥夺对方利益，同时在交易中注意自身核心竞争能力提升，增强其他成员对自身的依赖性，提高自身的伙伴价值。

就畜牧企业而言，声誉的确立一方面可以通过遵守在畜产品价格波动或自然灾害情况下企业承担相应损失的承诺，另一方面可以通过增加软性投入，如加强人员培训、技术指导和管理服务。畜牧企业注重承诺和责任并举，可以增强现有合作对象对企业的信任，并通过多元化媒介加以传播，吸引更多优质的伙伴参与到产业化经营中来。就合作社或牧户而言，应注重信息档案建设，形成淘汰机制。依托信息反馈，特别是涉及履约率和解约缘由的记录，客观反映牧户的生产经营活动、诚信行为和机会主义行为。对于未履约牧户，不仅会面临被畜牧企业剔出供应链的风险，还会因为声誉的负面效应被其他成员排斥，最终形成被淘汰出局的结果。

（三）完善相机定价互惠互利机制

价格是决定畜牧业产业链成员利益分配的关键变量。畜牧业生产要素和产品价格受到市场供求、消费习惯、健康理念等多种因素影响，加之契约本身存在的不完备性，导致畜牧业产业链上成员经营状态的不确定性，契约中缺乏弹性的价格条款很难适应不确定环境下合作方对合作剩余合理分配的要求。而经营状态的差异会产生不同的利益分配格局，当产业链上利益相关者的权益遭到侵害时，必然要求利益的再分配。相机定价的目的就是在非正常经营状态下通过适当调整价格的方式，可以帮助利益相关者平衡利益分配，稳定收益预期和利益链。

当畜牧业生产资料和产品价格大幅波动、出现超出或低于契约价格的极端情况时，产业链利益主体可以考虑权变定价，把产品价格的调整控制在一个合理区间。与此同时，考虑到畜牧业产前、产中和产后的中间投入资源的价格是产业链利益分配的重要依据，因此也需要适时、适度加以调整，促进产业链上利益主体在应对环境的不确定性方面加强必要的合作。

第十一章　基于牧民增收的草原畜牧业产业链建设对策

加快草原畜牧业产业链建设，打造完整的草原畜牧业产业链，是破解牧民收入低、增收难问题的有效途径。通过加强草原畜牧业产业链现有构成要素的建设，努力补齐草原畜牧业产业链条构成中的短缺要素，对现有产业构成要素进行扩展、重组和升级，突出草原畜牧业产业链构成上的区域和民族特色，更多地把牧民联结进草原畜牧业产业链构建、发展和完善中去，提升产业链整体效益，让牧民分享加入牧业链建设所带来的附加值而增收致富。

基于前面各章对四大牧区草原产业链建设现状、运行机制及其与牧民增收之间量化关系的研究，我们认为，需要从草原畜牧业产业链要素建构、优化运行环境和加强产业链组织管理方面着手提出草原畜牧业产业链建设的对策。

第一节　草原畜牧业产业链构成要素方面的建设

一　饲草料加工企业

（一）重视饲草料加工企业的产业链地位

饲草加工是保障整个草原畜牧业产业链健康运转的基本要素，在产业链中处于前部，具有基础地位，是草原畜牧业走向集约式发展的必要条件。它在有效推进草原保护和基础建设、扩大饲草人工种植面积、实施退耕还草政策、规划轮牧区、落实禁牧休牧措施、加快优质牧草品种的选育改良推广基地建设、推进人工刈割草场和圈滩种草管理、提高单位草原载畜能力等方面起着基础性作用。因此，要高度重视和大力扶持饲草料加工企业，夯实草原畜牧业产业链前链部分，务必高度重视。

（二）培植饲草料龙头加工企业

根据辐射和带动饲草产业的发展需要，以甘南州牧区为例，可在夏河、临潭、迭部三县，分别重点扶持一个州域级的饲草加工龙头企业：第一，对夏河县机饲总站，可通过股份改组增加筹资而一举发展成位于区域西部的饲草料加工服务龙头企业，改组后该企业年加工能力可迅速扩张到 9 万吨以上，年销售收入提高到 0.9 亿元以上，可辐射服务带动如夏河县、碌曲县、合作市等甘南州西部 1.9 万户以上的种草牧户；第二，在区域中北部，可依托临潭县金洮公司，通过重组和扩资，发展成年饲草加工能力达到 12 万吨、年销售收入达到 1.2 亿元、辐射带动周围 2.5 万种草专业户以上的大型加工服务龙头企业，其辐射服务范围可涵盖临洮县卓尼两县；第三，依托迭部县良种场整合县内已有加工企业，可创建成为年加工能力 8 万吨左右、年销售收入 0.8 亿元左右、服务 1.6 万左右的种草专业户的饲草产销龙头企业，其辐射服务范围包括迭部县、舟曲县甚至川北的区外广大地域。这样，甘南州就形成了一个形如"品"字的三足鼎立、布局合理的饲草加工龙头企业体系，它必将促进和带动整个甘南州草原畜牧业产业链走向稳健、可持续的运行轨道。

（三）饲草料加工企业要规范化管理

四大牧区均有众多饲草料加工企业，但饲草加工的管理水平普遍有待提高。企业首先要能够严格按牧草栽培技术规程组织自身牧草生产，其次要能够运用经济、信息手段指导相关牧户的牧草生产，最后要能够规范化管理饲草加工的技术、工艺，做到精细管理，不随意，不懈怠，向提高饲草料的质量要增收，为打造高品质的甘南州畜牧业产业链奠定基础。

二　牧户

牧户是牧区生产的基本单位，提高牧民收入首先要从牧户自身方面着手，这是实现牧民增收的根本着力点。从实证分析出发，结合四大牧区现状，可从以下三个方面入手来促进牧户增收。

（一）加大牧区教育培训投入，提高牧民文化素质

牧民文化程度的提高是畜牧业产业链高效运行的基础。对于牧民来说，从事畜牧业生产活动时，文化程度的提高有利于其学习新的养殖技术，对于家庭经营性收入的提高具有很大作用；文化程度的提高也可以

使牧民走进第二、第三产业，获取更多的工资性收入。

要发挥教育在牧户增收中的因素效应，应该从政府和牧户两方面入手。从政府方面看，政府要继续加大农牧区教育投入，调整教育结构，在提高人口文化素质的同时，加大农村职业教育和技能培训力度，强化成人教育，搞好实用职业技术培训，鼓励各类就业培训机构对牧民专项培训，在提高农村人力资源整体素质的同时，也保障农牧劳动力不仅能转移，还能转移好、转移牢；政府需要进一步整合培训资源，创新培训平台，讲究培训实效，在注重技能的同时也要培养牧民的创业意识，并提升其创业能力，注重市场调查提高劳务输出培训的层次和水平，努力以质的提升促进实现农牧民增收；同时还要注重建立完善牧区各项农村社保体系，解除农牧民后顾之忧，让农牧民放开手脚敢想敢干，最终促进实现农牧民有效增收。从农牧民方面看，应主动响应政府号召，抛弃成见，舍得进行教育投资，积极参加教育培训，努力提高自身文化和技术素质，通过人力资源的素质提高来实现收入方式多元化和收入水平增长。

（二）鼓励标准化规模养殖

根据实证研究可知，养殖规模对高收入牧民增收的影响较大。高收入牧民的养殖规模普遍较大，随着养殖规模的进一步增大，可以达到规模效益，使牧民收入大幅提高。国家对于规模化养殖已经推出补贴政策，2015 年，中央财政共投入资金 13 亿元支持发展畜禽标准化规模养殖。其中 3 亿元支持内蒙古、四川、西藏、甘肃、青海、宁夏、新疆以及新疆生产建设兵团肉牛肉羊标准化规模养殖场（小区）建设。政府依照养殖数量将养殖场分为 300—500 头（只）、500—700 头（只）、700—1000 头（只）、1000 头（只）以上四个档次，分别给予 15 万元、25 万元、35 万元和 50 万元的补助。当地政府可以以国家政策为背景，进一步细化推进畜牧业标准化养殖的方案，针对高收入牧民的进一步扩大生产给予资金上的支持，可以通过与银行或金融机构的合作，推出畜牧业贷款中心，解决牧民扩大生产所面临的资金短缺问题。

（三）帮助和促进牧户实现生产方式转变

牧民的根本出路在于继续完善草原生态保护体制、加快转变生产方式和追求可持续发展。在实施"退牧还草"政策和落实"禁牧舍饲"措施后，牧户生产生活支出都有了较大幅度的增加，为此必须改进和完善草原生态补偿机制,通过补足牧民因执行政策而发生的减收,帮助广大牧户从传统粗放式放牧向舍饲养牧方式转变;同时政府要积极施行草原建设补贴措施,根据草原基础建设的投资额度以及该投入所达到的草原生态恢复的实效评估,分阶段给予牧户一定的补贴,用以激发草原广大牧户建设草原、保护草原的热情,从根本上改变传统牧业"只取不予"的牧业方式。

在现阶段,第一是要延长禁牧、休牧补贴政策的年限,适当提高补助金标准。根据"以失定补"的基本原则,禁牧区应由现行的每年每亩不足 5 元提高到每年每亩 10 元左右比较合适;休牧区由现行的每亩每年 1.24 元休牧补偿金提高到每年每亩 2.5 元左右比较合适;补助期由原定的 5 年延长到 10 年左右比较合适。第二是要适当提高草原生态保护基础建设补助标准。例如,将草原补草播种建设的补助标准,应当从现行的每亩 10 元提高到每亩 80 元左右。再如,扩大草原生物治理规模,应将草原鼠虫害治理补贴由目前的每亩 1 元,提高到每亩 5 元左右。调整和增加牧户补贴也是帮助牧户转变生产方式、实现可持续发展所必须的措施。总之,通过改善牧草产量和生产条件会使牧民大幅增收。

三 专业合作社

草原畜牧业专业合作社是适应市场经济竞争和增加牧民收入需要而发展起来的重要经济主体,通过对四大牧区专业合作社现状的分析,拟从以下六个方面思考改进专业合作社建设,发挥草原畜牧业专业合作社提高牧民收入方面的作用。

(一) 发展草原畜牧业专业合作社以发挥产业联结功能

草原畜牧业专业合作社是联结牧业生产经营链条中的技术、人力、资本、土地、信息、生产、销售、消费等要素与环节的重要利益主体形式,这种联结具有节支增收功能,需要大力发展。虽然四大牧区专业合作社发展速度较快,但总体数量和组合的农牧户数量还不够多,已注册的一部分专业合作社有名少实甚至有名无实。这种状况还不能满足广大牧民参加专业合作社以增加收入和抗御风险的需要。对此,政府和村民自治组织还要继续鼓励和发展草原畜牧业专业合作社,帮助已有的专业合作社努力做大做强。通过增强专业组织能力和规模影响,才能增强专业合作社在产业链中的定价能力,增加社员收益。

（二）注册、金融、管理等方面应给予扶持和指导

四大牧区虽然在落实我国《农民专业合作社法》方面做了大量工作，但还需要在减少注册登记程序、资料、费用方面，在允许专业合作社以耕、林、草、宅等土地权证进行担保抵押贷款和降低贷款门槛方面，在财政专项支持资金使用与利息管理等方面，给合作社发展大胆松绑，大力扶持。同时，政府要做好草原畜牧业专业合作社的典型示范宣传、组织社务管理经验交流、指导社务监督和化解纠纷等工作。

（三）落实草原畜牧业专项资金，扶持专业合作社建设项目

草原畜牧业专业合作社的发展壮大离不开政府的资金和项目支持，这是弱小经济实体成长的必然。过去，各大牧区各级政府以各种方式从资金和项目方面给专业合作社提供了有力支持，如通过在专业合作社优先安排建设羊牛育肥小区项目、商品奶牛养殖小区项目、牧户养殖设施新建改建项目、特色药材生产项目、创建产业化高产粮油项目等给予帮扶，今后还要继续想方设法采取有力措施支持草原畜牧业专业合作社的基础设施建设，增加合作社经营收益，以促进专业合作社的继续发展。

（四）要加强对畜牧业专业合作社领导者的培训

各个牧区现有的草原畜牧业专业合作社很大一部分是能人和大户带动组建的，其领导者如理事、经理有一定特长能力，但总体素质还不够高，还迫切需要进行诸如市场营销知识、专业技术与工艺知识、筹融资知识、财务管理知识、信息技术、职业道德、专业法规等方面的培训。政府有责任担负起专业合作社领导者的组织培训工作，这项工作开展的成效如何，关系到专业合作社发展的前途，必须重视，抓紧实施。

（五）加强对草原畜牧业专业合作社的科技服务工作

新中国成立以来，四大牧区已经基本建立了一个县乡畜牧良种繁育、疫病防控、卫生监督、品质检验、农牧机械等农牧科技服务体系，这个涉农涉牧系统，对专业合作社有一定的科技服务能力，这些服务部门要积极发挥职能，主动开展对专业合作社的专业技术培训与技术服务，加强履行监管职责，以服务促专业合作社发展，以监管保专业合作社平安。

（六）处理好专业合作社内部关系

草原畜牧业专业合作社是一个复杂系统，健康持续发展必须注意处理好社内关系，平衡各方利益，形成良性自我激励和自我约束机制。目

前重点是要注意处理好带头大户、带头能人与普通社员之间的利益关系，这是专业合作社实践中的难点和重点，也是切实发挥该组织功能的关键，更是切实保障入社社员利益的关键。在实践中，出现了一些专业合作社带头能人、带头大户损害普通社员利益的现象，这种情况给草原畜牧业专业合作社的发展造成了一定的损害，必须引起注意。

四 畜产品加工企业

培植畜产品加工龙头企业是加强产业链的关键链环。为突出区域加工特色，针对甘南州畜牧业加工能力不足且档级不高的现状，在进一步推动畜牧业改造升级、完善产业链的过程中，首先应当重点扶持发展畜产品和畜副产品系列加工销售的龙头企业。其次，引导同类企业通过参股、兼并、合作、租赁等方式联合重组，以资产优化重组带动技术改造升级，通过创建大型龙头企业集团来形成区域拳头产品，以拳头产品开拓市场，增强区域畜牧业竞争力，带动整个产业升级发展。以甘南牧区为例，可以根据这个思路规划：以玛曲、夏河县现有的肉品加工企业为依托，组建牦牛和藏羊民族特色的肉食品加工企业集团，形成肉类拳头产品；以合作市已有乳品加工企业为依托，建立乳品加工企业集团，以合作增实力，打造成服务甘南辐射西北的"乳都"；聚合绒、毛、皮、骨等日用品和血、脏器等特色熟食品畜副产品加工业，突出加工，扩大规模加工，实施系列开发，以区域特色为品牌，通过规模求加工升级，用系列加工开拓细分化市场，加强甘南州草原畜牧业产业链的关键链环。

五 畜产品经销企业

在现有的草原畜牧业产业链上，经销环节还相当传统，主要是面向本地的超市、商店、农畜市场等缺乏辐射力的传统商业形式。虽然个别畜牧龙头企业建有自己的经销部门，但营销方式也相当传统。在经济全球化商业背景下，在销路决定生产的商业规则面前，畜产品经销通道显得非常狭窄，这种狭窄的流通渠道不但不能发挥以销促产的良性产业作用，也不能满足产业链发展需要的现实情况。随着草原畜牧业产业链前端的饲草加工企业和畜产品加工企业在改革中的逐渐发展壮大，客观上需要现代营销企业为之开创市场和反馈信息。根据各个牧区的区位特点，发展中的畜牧产品经销企业需要政府的服务和扶持，只有政府主动担当起扶持和服务职责，才能加快畜产品经销龙头企业形成，才能在其发挥作用时针对性地、及时地加以规范，避免出现利用"龙头"地位对本土畜牧业产业链前端的企业、专业合作社、牧户等实施不正当压制、盘剥行为，切实防止损害广大牧民利益的现象发生。同时，政府应当倡导和扶持民间创办网络经销中心，鼓励和扶持牧民、专业合作社开办电子商务进行网络营销，指导企业与专业合作社生产适合于网络营销的包装与产品，扶持草原畜牧产品利用网店开拓广大市场，拓展畜牧产品走出牧区渠道，加快生产与终端消费市场的对接，减少流通环节，提高草原畜牧业新产品的竞争能力。

第二节　产业链内部运行环境要素方面的建设

一　产业链利益主体间的产品流通方面

（一）整合、扩展牧民销售渠道

低收入牧民的畜产品大多销售给上门的收购商或批发市场，有的牧民也会直接销售给超市或饭店，销售渠道多而杂，牧民与牧民合作社联系较少，自行销售畜产品时议价能力弱，没有话语权。当地政府应引导中低收入牧民与牧民合作社加强合作，通过销售渠道整合，将牧民集合在牧民合作社中，以一个团体的形式进行养殖、销售等生产活动，提高其与畜牧龙头企业或其他收购商进行价格谈判的能力。销售渠道也应随着社会变化不断扩展。随着互联网的进一步发展，电商企业崛起，畜产品作为居民的常见消费品，网络渠道不该成为被放弃的销售渠道，而应该与时俱进，积极开拓。当地政府可以与大型电商集团合作，开辟畜产品专题，借助大型电商集团的网络平台和营销效应，打开网络销售这一重要销售渠道。

（二）建立当地畜产品网站，加强利益主体间信息交流

畜产品市场经济活动中，畜牧业产业链的各个利益主体对相关信息的了解是有差异的，掌握的信息越充分，对于经济活动做出的反应越敏捷。在畜产品市场中，畜牧龙头企业因为规模巨大，接近销售终端环节等原因对市场信息的获取更直接、更容易，牧民合作社与畜牧龙头企业和其他相关企业联系较多，对于市场信息的获取也比较及时，而牧民作为畜牧业产业链最前端的养殖环节的执行者，对于市场需求、市场价格

等终端市场的信息获取较迟缓。如果只是依靠报纸、杂志、口口相传和以往经验，显然处于信息不对称现象中的劣势方。牧民随着养殖规模和投入资金的增大，信息渠道的差异和信息量的多寡使其承担很大的风险。因此，牧民最便捷的信息渠道就是牧民合作社和畜牧龙头企业，当地政府可以建立本地的畜产品网站，加强产业链运行主体间的信息沟通，降低因信息不对称带来的交易成本。

二 产业链利益主体间的合作关系方面

改善合作形式，加强产业链利益主体间的合作紧密性。实证研究显示，牧民与产业链运行的其他两大利益主体之间的合作方式以及牧民对合作关系的满意度对低收入的牧民和中高收入牧民的收入均具有很大影响。国富论认为，分工可以提高劳动熟练程度。通过专业分工，牧民精于养殖，合作社精于沟通，畜牧龙头企业精于加工与销售，使整个草原畜牧业产业链的生产效率大幅提高。而合作则可以提高畜产品流通效率，加快每个环节的沟通与衔接速度，提高整个草原畜牧业产业链的运行效率。草原畜牧业产业链运行主体在市场交易中会出现供大于求的现象，市场价格也不稳定，口头协议虽具有一定的引导性，但基于利益的驱使，违约现象时有发生；订单合同的签订能很大程度上保证约定事项的履行，对于牧民权益的保护更具法律效力和约束力。

因此，紧密的合作形式，如签订年度订单或收购合同，不仅可以提高畜产品流通效率，也可以降低市场价格变化给牧民带来的风险。

第三节 产业链外部运行环境要素方面的建设

一 政策环境方面，加大对低收入牧民的补贴力度

低收入牧民的养殖规模一般较小，家庭经营性收入较低，国家补贴在低收入牧民的收入中占有较大比重，对于牧民脱离贫穷状态具有显著的作用。因此，针对从事畜牧业而收入非常低的牧民，国家可以给予更大的补贴力度。由上文研究结论可以看出，农业生产资料价格在很大程度上影响低收入牧民的增收，所以国家可以对低收入牧民实施一定比重的生产资料补贴，通过减少其从事畜牧业生产经营中的成本，提高其纯收入。

二　经济环境方面，建立低收入牧民畜产品收购通道

研究结论表明，低收入牧民对于市场价格比较敏感，经济环境的变化、市场价格的波动对牧民收入的影响较大，国家可以建立低收入牧民畜产品的收购通道，通过签订收购合同，降低市场价格波动带来的风险。

三　技术环境方面，鼓励自繁自育饲养方式，加强育种技术普及

根据实地调查数据，中高收入牧民的畜种来源很大程度上来自市场购买，牧民主要从事专业育肥。中高收入牧民的饲养规模普遍比较大，对畜种数量上的需求较多，但目前市场上畜种价格逐年上涨，生产成本连续攀高，不仅如此，市场出售的畜种存在低品质情况，饲养效率较低，利润空间不断压缩。一方面可以通过鼓励草原畜牧业产业链运行主体间合作，由合作社或龙头企业提供优良畜种，在一定程度上控制牧民生产成本的上涨幅度；另一方面可以加强育种技术培训，提供技术指导，鼓励牧民采取自繁自育饲养模式，从根本上控制畜种价格上涨带来的成本上升。

四　基础设施建设方面，进一步提高建设补助扶持力度

四大牧区经济状况总体是较弱的，这决定了在州内加强基础设施建设的必要性和难度，同时也决定了我们的措施方向：整合运用各类涉牧资金，实行政府投资主导与牧民筹资辅助配合相结合的建设方式。如对畜牧业发展所必需的基础设施建设，包括牲畜暖棚、防疫注射栏、人畜饮水场点、干旱草场系统灌溉设施、饲草料收储转运库等具有公共服务性质的基础设施，应当采取政府投入为主的建设方式，它对提高整个畜牧产业抗御自然灾害的能力至关重要。而在引导牧户和专业合作社发展生产的固定资产投资方面，如购置播种机、碎草机、捆压机、牧草收割机、牧草运输设备等牧业机械方面，则应当结合中央和省级牧业机具补贴政策，适当提高本区域补助标准，以适量的补贴调动牧民投资积极性。这些政策措施将促进本区畜牧业科技的提升，进而给牧民带来增收。

第四节　草原畜牧业产业链组织管理方面的建设

草原畜牧业产业链要发展完善，必须抓好组织管理工作。调查显示，草原畜牧业产业链上的产业主体呈多元并存发展态势。对草原畜牧业产业链构成要素可以从三个角度来认知和把握：第一，按构成要素的组织结构与运行机制特点，可分为合资型企业模式（含独资）、人资双合型合作社模式、契约松散型生产模式；第二，按参与者相互关系的不同，分为企业带动型（"企业 + 专业合作社 + 牧户"是典型模式）、中介带动型（"合作社 + 牧户"是典型模式）、市场带动型（通过合同生产者与专业市场销售者间形成较稳定的合作关系是典型模式）、其他联合类型（畜牧企业联合综合体、科技教育服务等非营利组织与企业、专业合作社、牧户契约型松散合作）。

一 "专业合作社 + 牧户"产业链组织形式的管理

从四大牧区的现实情况来看，企业带动型、市场带动型模式不多，不是草原畜牧业产业链的主流形式，而中介组织带动型尤其是专业合作社带动牧户这一形式，随着近年来州政府对专业合作社建设的大力支持，其产业链利益主体作用和组织形式的优势在牧区日渐显现，应当给予足够的重视。要想让这一形式健康发展给整个产业链发展带来繁荣，就要加强对"专业合作社 + 牧户"这一草原畜牧业产业链组织形式的管理，加强对产业链上各个构成要素的行为的约束，才能提高产业链运行效率，从而增加牧民收入。

二 "企业 + 专业合作社 + 牧户"产业链组织形式的管理

对"企业 + 专业合作社 + 牧户"的这一产业链组织形式的管理主要包括以下几个方面：

（一）要在专业合作社内部真正建立"共营共享"的利益机制

牧民社员是专业合作社的所有者，让牧民真正控制专业合作社的股权，是牧民合作组织健康发展和切实有效保护牧民利益、以互助实现自助的保障条件。所以，《农民专业合作社法》对于单个社员拥有的表决权有严格限定，无论参加专业合作社的牧户实力多大或在专业合作社中的实际贡献多高，都不能允许其突破对专业合作社事务表决权份额的限制。对于甘南州在实践中出现的大户变相取得专业合作社表决权和控制权的现象，各级党政组织尤其是人大组织应当给予高度重视并及时纠正，要开展《农民专业合作社法》在本地区的落实情况检查工作，否则就会背离创办与参加专业合作社的宗旨与目的，让专业合作社变性、变质。从未来的发展来看，专业合作社内部除了对普通牧民坚持"社员平权"的原则外，还要严格坚持最高股金与最低股金差额限比的原则，重点防范牧民以外的领办人谋求或变相谋求股金份额比重，以保证专业合作社的民办性、合作性。

（二）建立严格的利润返还机制

为了维护专业牧户的合法权益，切实保障弱势牧户的利益，在合作关系中，专业合作社必须建立严格的利润返还机制。在专业合作社发展中，要注意坚持年终分红的制度和协议，要坚持当年利润大部分分红，同时提留小部分做积累资金的正常合理做法，坚决纠正分光、分净、不谋发展的短期行为，又要防止其过多提留公共积累、追求合作社集体发展速度的急躁行为，这两种不当现象已经在部分专业合作社发生过。为此，各级政府要加强教育宣传和引导工作，专业合作社登记注册机关，应当加强对修订合作社章程的审查，防止违法分配行为合法化。

（三）不断完善加工企业的经营管理机制

加工企业是牧户和市场联结的最终平台，是否能给牧户带来效益，绝大部分还取决于加工企业加工的产品是否被市场所认同。加工企业必须坚持国内外市场需求来组织生产经营，在原有稳定可靠市场的基础上，开拓新市场，加快产品的更新换代，提高产品的科技含量，提高奶制品的市场竞争能力。积极吸收、引进先进的管理思想和管理理念，时刻关注行业内的新变化和新动向，不断提高自身的经营管理水平，为自身乃至于产业链的整体提升和发展做出贡献。

参考文献

［1］阿依努尔·多力坤:《信息化对我国畜牧业产业链的影响和对策》,《当代畜牧》2012 年第 4 期。

［2］安娜、盖志毅:《草原牧区肉羊产业链组织模式研究》,《北方经济》2012 年第 14 期。

［3］安徽:《延长畜牧业产业链》,《领导决策信息》1998 年第 3 期。

［4］白莹:《草原生态保护与农牧民增收协调发展的金融支持研究》,《内蒙古财经学报》2007 年第 6 期。

［5］白裕兵、浦华:《借鉴国外经验构建中国畜产品质量安全保障体系》,《世界农业》2007 年第 6 期。

［6］宝兴安、根锁:《锡林浩特市畜牧业生产要素与牧民收入相关性的分析》,《北方经济》2011 年第 1 期。

［7］宝力道:《内蒙古牧民专业合作社发展现状及对策研究》,硕士学位论文,中央民族大学,2013 年。

［8］包凤兰、格日乐其其格:《内蒙古畜牧业经济发展的环境分析及对策研究》,《前沿》2006 年第 2 期。

［9］包咏梅:《半农半牧区蒙古族农牧民收支问题调查研究》,硕士学位论文,内蒙古师范大学,2013 年。

［10］茶娜:《基于循环经济思维的内蒙古牧业旗县地区工业化成长模式研究》,博士学位论文,内蒙古大学,2007 年。

［11］曹利群:《农产品流通组织体系的重建》,《学术月刊》2001 年第 8 期。

［12］曹芳、王凯:《农业产业链管理理论与实践研究综述》,《农业技术研究》2004 年第 1 期。

［13］曹芳:《农业国内支持政策对农民收入的影响研究》,硕士学位论文,南京农业大学,2005 年。

[14] 蔡宇:《关于产业链理论架构与核心问题的思考》,《财经论坛》2006 年第 9 期。

[15] 陈晓涛:《产业链技术融合对产业生态化的影响》,《科技进步与对策》2007 年第 3 期。

[16] 陈朝隆:《区域产业链构建·研究》,硕士学位论文,中山大学,2007 年。

[17] 陈燕:《我国肉牛产业链各环节经济效益分析》,硕士学位论文,内蒙古农业大学,2010 年。

[18] 陈爱荣:《内蒙古农牧民收入现状分析及增收对策研究》,《内蒙古科技与经济》2010 年第 14 期。

[19] 陈宏伟、郭鹏:《农业产业链拓展的制约因素及对策》,《甘肃科技纵横》2009 年第 2 期。

[20] 陈静、秦向阳、肖碧林:《基于典型案例的我国农业产业链构建模式研究》,《农村经济》2011 年第 8 期。

[21] 成德宁:《我国农业产业链整合模式的比较与选择》,《经济学家》2012 年第 8 期。

[22] 杜慧婵:《农业部发布 2016 年国家畜牧业补贴政策》,《北方牧业》,2016 年第 4 期。

[23] 邓蓉、阎晓军、胡宝贵:《中国畜牧业产业链分析》,中国农业出版社 2011 年版。

[24] 邓小飞、马增林:《黑龙江省农民收入影响因素及对策分析》,《北方经贸》2011 年第 4 期。

[25] 杜义飞:《基于价值创造与分配的产业价值链研究》,硕士学位论文,成都电子科技大学,2005 年。

[26] 戴化勇、王凯:《农业产业链综合绩效的评价研究——以南京市蔬菜产业链为例》,《江西农学报》2006 年第 18 期。

[27] 杜元清:《信息环境与信息传递样式》,《情报理论与实践》2009 年第 8 期。

[28] 东童童:《重庆三峡库区农民增收状况及其影响因素研究》,硕士学位论文,重庆工商大学,2012 年。

[29] 董荣奎、董妍、赵春莲:《龙头企业和农牧户利益联结的调查研究》,《现代农业》2015 年第 4 期。

［30］ 樊纲：《市场机制与经济效率》，上海人民出版社 1992 年版。

［31］ 傅国华：《运转农产品产业链提高农业系统效益》，《中国农业经济》1996 年第 11 期。

［32］ 符少玲、王升：《涉农供应链伙伴关系、合作绩效和合作稳定性的关系研究》，《情报杂志》2008 年第 6 期。

［33］《甘肃省 2014 年农业产业化发展报告》，2015 年，甘肃省农牧厅。

［34］ 甘南藏族自治州畜牧局资料。

［35］ 郭红东、钱崔红：《发展新型合作经济组织：农户的意愿和需求——对浙江省 164 调查和分析》，《农业经济》2004 年第 3 期。

［36］ 郭锦塘：《农户营销合作意愿的影响因素分析——基于江西省 1085 户农户的实证调查》，《江西农业大学学报》（社会科学版）2006 年第 4 期。

［37］ 龚勤林：《论产业链延伸与统筹区域发展》，《理论探讨》2004 年第 3 期。

［38］ 龚勤林： 《区域产业链研究》，硕士学位论文，四川大学，2004 年。

［39］ 谷永芬、吴倩：《我国农业产业链升级路径选择》，《江西社会科学》2011 年第 8 期。

［40］ 高雪峰：《吉林省构建畜牧业产业链的思考》，《大科技》2010 年第 10 期。

［41］ 高娃：《牧户收入影响因素分析》，硕士学位论文，内蒙古农业大学，2012 年。

［42］ 高晓霞、侯智惠、薛玉梅等：《内蒙古农牧民收入水平及结构变化分析》，《内蒙古科学与经济》2014 年第 8 期。

［43］ 高水练、余文权、林伟明等：《茶叶产业链运行绩效影响因素的作用路径研究——基于福建省 1036 个样本数据》，《东南学术》2014 年第 2 期。

［44］ 洪冬星：《内蒙古农牧业产业化经营中利益联结机制的若干思考》，《北方经济》2006 年第 5 期。

［45］［美］赫希曼：《经济发展战略》，经济科学出版社 1991 年版。

［46］［美］郝令昕、丹尼尔·奈曼：《分位数回归模型》，肖东亮译，

格致出版社，2012。

[47] 胡东成：《牧区人口转移问题研究——以苏尼特左旗为例》，硕士学位论文，内蒙古大学，2012 年。

[48] 胡晓东：《民族地区畜牧业产业链形成发展及财税对策研究》，《西北民族大学学报》2013 年第 5 期。

[49] 胡伟华、娜仁格日勒：《内蒙古牧民收入增长影响因素的实证分析》，《中央民族大学学报》（社会科学版）2013 年第 2 期。

[50] 黄登迎：《昌吉州肉牛产业链各环节利益分配研究》，硕士学位论文，新疆农业大学，2013 年。

[51] 何晓蓉、李辉霞：《西藏半农半牧地区农牧民收入结构分析——西藏自治区日土县农牧民收入调查报告》，《农业经济问题》2003 年第 5 期。

[52] 贺新年：《陕西省农业财政投入与农民收入关系实证研究》，硕士学位论文，西北农林科技大学，2012 年。

[53] 韩纪琴、王凯：《南京市蔬菜产业链发展的现状、问题与对策》，《农业技术经济》2001 年第 2 期。

[54] 韩永梅：《全面禁牧以来牧民收入变化调查研究》，硕士学位论文，内蒙古师范大学，2014 年。

[55] 黄伟：《青海省农牧民收入结构和消费结构的关系——以黄南州为例》，《湖南商学院学报》2015 年第 6 期。

[56] 蒋国俊：《产业链理论及其稳定机制》，《重庆大学学报》2004 年第 1 期。

[57] 金耀忠、俞向前、王改、叶承荣：《荷兰现代畜牧业发展的成功经验及其启示》，《上海畜牧兽医通讯》2017 年第 2 期。

[58] 经济合作与发展组织（OECD）和联合国粮食及农业组织（FAO）粮农组织共用数据库（FAOSTAT），网址：http：//www.fao.org/faostat/en/#home。

[59] 康鹏：《经济效率研究的参数法与非参数法比较分析》，《经济论坛》2005 年第 19 期。

[60] 雷·额尔德尼：《农牧业产业化利益连接机制研究》，《内蒙古工作》2005 年第 3 期。

[61] 李心芹、李仕明等：《产业链结构类型研究》，《电子科技大学学

报》（社会科学版）2004 年第 4 期。

［62］ 李应博、乔忠：《我国农业信息资源配置问题探讨》，《中国农村经济》2004 年第 7 期。

［63］ 李祥妹、刘键、钟祥浩：《西藏自治区农牧民收入结构分析》，《地理研究》2004 年第 4 期。

［64］ 李丹、郑志安：《产业链主导产品评价模型的构建及其应用》，《商场现代化》2005 年第 10 期。

［65］ 李柱、赵德云、王博：《新疆牧民增收问题的思考与建议》，《草食家畜》2005 年第 9 期。

［66］ 李晓红：《中高档猪肉产业链组织模式研究》，博士学位论文，中国农业大学，2005 年。

［67］ 李兴莲：《建立牧企利益联结机制，保障农牧民稳定增收——关于巴州畜牧业产业化经营利益联结机制的调查与思考》，《新疆畜牧业》2006 年第 4 期。

［68］ 李杰义：《农业产业链区域延伸动力机制及途径研究》，《理论探讨》2007 年第 4 期。

［69］ 李随成、张哲：《不确定条件下供应链合作关系水平对供需合作绩效的影响分析》，《科技管理研究》2007 年第 5 期。

［70］ 李军民：《我国湖南省优质稻米加工产业链效率分析》，《湖南农业大学学报》2008 年第 3 期。

［71］ 李引珍：《管理运筹学》，科学出版社 2009 年版。

［72］ 李红、赵明亮：《基于产业链视角的新疆羊产业发展模式实证分析》，《新疆大学学报》（哲学人文社会科学版）2009 年第 6 期。

［73］ 李继宏：《基于耗散结构理论的生态产业链网结构运行机制研究》，博士学位论文，天津大学，2013 年。

［74］ 李雪兰：《四川省肉牛产业链利益分配实证研究》，硕士学位论文，吉林农业大学，2013 年。

［75］ 李偲婕、王银、张廷宇：《有机蔬菜产业链运行绩效影响因素研究——以南京市调研数据为基础》，《中国农学通报》2014 年第 5 期。

［76］ 李大勇、陈凤臻、杨桂英等：《内蒙古草原生态畜牧业发展模式研究》，《黑龙江畜牧兽医》2014 年第 17 期。

[77] 李冉：《国外畜禽良种繁育发展及经验借鉴》，《世界农业》2014 年第 3 期。

[78] 吕美晔：《蔬菜产业链组织模式与组织效率研究》，硕士学位论文，南京农业大学，2008 年。

[79] 吕涛：《煤炭产业链的区域效率评价及优化策略》，《煤炭学报》2009 年第 7 期。

[80] 吕萍、王玉新：《基于产业链管理的甘南畜牧业产业链组织模式设计》，《甘肃农业科技》2012 年第 12 期。

[81] 吕萍：《甘肃特色农产品产业化研究——基于产业链管理视角的研究》，中国社会科学出版社 2014 年版。

[82] 吕萍、葛鹏飞：《对甘肃牧民增收问题的再思考——基于草原畜牧业产业链建设视角》，《甘肃社会科学》2014 年第 3 期。

[83] 刘大可：《产业链中企业与其供应商的权力关系分析》，《江苏社会科学》2001 年第 3 期。

[84] 刘红斌、朱洁梅等：《"温氏模式"的畜牧业产业化利益机制分析》，《惠州学院学报》（社会科学版）2003 年第 5 期。

[85] 刘艳、齐升、方天堃等：《明晰草原产权关系促进畜牧业可持续发展》，《农业经济》2005 年第 9 期。

[86] 刘丹：《对创新和完善畜牧产业化利益联结机制的探讨》，《农业工程技术（农产品加工）》2007 年第 3 期。

[87] 刘贵富、赵英才：《产业链：内涵、特性及其表现形式》，《财经理论与实践》2006 年第 3 期。

[88] 刘贵富：《产业链基本理论研究》，博士学位论文，吉林大学，2006 年。

[89] 刘贵富：《产业链的基本内涵研究》，《工业技术经济》2007 年第 8 期。

[90] 刘翔云：《有效的利益联结机制：兵团农业产业化发展的关键》，《新疆农垦经济》2010 年第 1 期。

[91] 刘加文：《牧民增收增效是维护草原生态安全的重要保证》，2010 年，中国会议。

[92] 刘强：《基于 DEA 模型的煤炭产业链效率评价研究》，硕士学位论文，辽宁工程技术大学，2012 年。

［93］刘娟：《湖南省生猪产业链优化整合问题研究》，硕士学位论文，湖南农业大学，2012 年。

［94］刘西川、程恩江：《中国农业产业链融资模式》，《财贸经济》2013 年第 8 期。

［95］刘晓庆：《草原承包经营权流转中的出租方式研究》，硕士学位论文，内蒙古大学，2013 年。

［96］刘明坤：《基于信息传递与共享视角的制造业企业物流外包效率实现研究》，硕士学位论文，南京农业大学，2014 年。

［97］刘志颐、张弦：《国外现代畜牧业发展趋势及启示》，《中国饲料》2014 年第 20 期。

［98］林乐碳：《基于 DEA 模型的弄潮对接模式的绩效研究》，硕士学位论文，北京交通大学，2010 年。

［99］梁小伊：《国内外畜牧业产业化发展概况及趋势》，《华南农业大学学报》2007 年第 1 期。

［100］罗海燕：《甘肃省特色农产品产业价值链协调性的实证分析》，《兰州交通大学学报》2012 年第 5 期。

［101］兰熊：《2004 年中国农民增收影响因素的实证分析》，《国际技术经济研究》2005 年第 4 期。

［102］马士华、林勇、陈志祥：《供应链管理》，机械工业出版社 2000 年版。

［103］明月：《扎鲁特旗牧民增收问题研究》，硕士学位论文，内蒙古师范大学，2011 年。

［104］［英］马歇尔：《彩图解析经济原理》，联社出版社 2014 年版。

［105］《农业产业化国家重点龙头企业认定和运行监测管理暂行办法》，2010 年 8 月，农业部。

［106］《内蒙古自治区 2014 年农牧业工作总结及 2015 年工作安排》，2015 年，内蒙古农牧业厅。

［107］内蒙古自治区统计局：《内蒙古统计年鉴》，中国统计出版社，2014 年版。

［108］聂海明：《赤峰市巴林右旗农牧民增收问题研究》，硕士学位论文，内蒙古大学，2012 年。

［109］潘成云：《解读产业价值链——兼析我国新兴产业价值链基本特

征》，《当代财经》2001 年第 6 期。

[110] 齐丹莉、汪伟全：《面向农民需求的信息传递模式研究》，《江西社会科学》2009 年第 5 期。

[111] 齐艳梅：《内蒙古农牧民收入结构的灰色关联度分析》，《内蒙古科技与经济》2009 年第 20 期。

[112] 邱暗政、林碧芳：《结构方程模型的原理和应用》，中国轻工业出版社 2009 年版。

[113] 曲秉春：《产业链视域下的农户增收问题研究》，硕士学位论文，东北师范大学，2010 年。

[114] 秦春华、张凌春、罗晓喻等：《宁夏回族自治区肉牛产业链调查报告》，《中国畜牧杂志》2010 年第 6 期。

[115] 切扬卓玛：《青海省海南州牧民增收问题研究》，硕士学位论文，西北民族大学，2013 年。

[116] 国家统计局：《中国统计年鉴》，中国统计出版社，2005 - 2014 年。

[117] 青海省农牧厅：《2014 年青海省农牧业发展统计》，2015 年。

[118] 新疆维吾尔族自治区畜牧厅：《2014 年新疆农牧业产业化发展概况》，2015 年。

[119] ［美］科斯：《论生产的制度结构》，上海人民出版社 1994 年版。

[120] ［英］卡尔·波普尔：《客观知识》，中国美术学院出版社 2003 年版。

[121] 冉璐：《四川省阿坝州壤塘县南木达乡牧民的收入结构分析》，《西藏民族学院学报》（哲学社会科学版）2012 年第 5 期。

[122] 孙东升、牛玉萍：《开拓畜产品消费市场启动畜牧业产业链主动轮》，《饲料工业》1998 年第 12 期。

[123] 孙理军、万齐云、郑晓军：《传统行业产业链的延伸发展》，《经济管理》2006 年第 1 期。

[124] 孙筱：《基于草原畜牧业产业链建设的牧民增收研究》，硕士学位论文，兰州交通大学，2015 年。

[125] ［美］萨缪尔森、诺德豪斯：《经济学》，华夏出版社 1999 年版。

［126］斯琴毕力格:《内蒙古牧民增收研究》,硕士学位论文,中共中央党校, 2005 年。

［127］斯蒂格利茨、陈雨露、纪沫等:《发展与发展政策》,中国金融出版社 2009 年版。

［128］宋启良:《新型畜牧业经营主体发展现状分析》,《当代畜牧》2014 年第 2 期。

［129］苏雪梅:《德国畜牧业经济现状与启示》,《北京畜牧兽医学会成立五十周年庆典暨第八届代表大会学术研讨会论文集》2004 年。

［130］田春英、康静:《浅谈龙头企业是发展内蒙古畜牧业产业化的关键》,《畜牧与饲料科学》1999 年第 1 期。

［131］谭涛:《农产品供应链组织效率研究》,硕士学位论文,南京农业大学, 2004 年。

［132］田露等:《中国肉牛产业链组织效率及其影响因素分析》,《农业经济问题》2010 年第 6 期。

［133］田波:《中国饲料产业链整合问题研究》,硕士学位论文,华中农业大学, 2013 年。

［134］田聪颖、肖海峰:《我国牧民收入状况及收入差距分析》,《农业经济与管理》2014 年第 6 期。

［135］唐柳:《建设西藏新型农畜产品市场流通体系的思考》,《西藏研究》2007 年第 2 期。

［136］唐润芝:《龙头企业与农户的联结模式及利益实现》,《重庆社会科学》2011 年第 12 期。

［137］汤洋、李翠霞:《国外典型畜牧业发展模式解读及黑龙江省畜牧业发展模式选择与对策建议》,《管理现代化》2013 年第 3 期。

［138］［美］威廉姆森:《治理机制》,王建译,中国社会科学出版社2001 年版。

［139］吴群:《论农业产业化利益联接形式与构建利益共同体原则》,《现代财经》2003 年第 7 期。

［140］吴群:《龙头企业与农户利益关系的理论与实践》,《南京财经大学学报》2003 年第 1 期。

［141］吴金明、邵昶:《产业链形成机制研究——"4＋4＋4＋4"模式》,《中国工业经济》2006 年第 4 期。

［142］吴金明、黄进良、李民灯：《论产业链建设与创新的"3＋3＋3＋3"模式》，《湖南科技大学学报》2007年第3期。

［143］吴秀敏、林坚、江波：《农产品供应链中加工企业垂直协作方式的选择分析——基于河北省调查数据的分析》，《生态经济》（学术版）2007年第1期。

［144］吴彦艳：《产业链的构建整合及升级研究》，硕士学位论文，天津大学，2009年。

［145］吴明隆：《结构方程模型——AMOS的操作与应用》，重庆大学出版社2010年版。

［146］吴晓燕、鲁明：《甘肃的畜牧强省之梦》，《农民日报》2013年10月22日第4版。

［147］王丁宏：《试论畜牧业产业化经营中的利益机制——对肃南畜牧业产业化经营调查后的思考》，《西北民族学院学报》（哲学社会科学版）2000年第4期。

［148］王立成：《新古典理论、X效率理论与企业效率》，《中国煤炭经济学院学报》2000年第3期。

［149］王祥瑞：《拓宽和延伸产业链是农业增效农民增收的根本途径》，《乡镇经济》2002年第6期。

［150］王凯、韩纪琴：《农业产业链管理初探》，《中国农村经济》2002年第5期。

［151］王桂霞、吴文欣：《吉林省肉牛产业发展的实证分析》，《吉林农业大学学报》（社科版）2006年第3期。

［152］王杰：《国外畜牧业发展特点与中国畜牧业发展模式的选择》，《世界农业》2012年第10期。

［153］王秀丽：《生态产业链运作机制研究》，硕士学位论文，天津大学，2007年。

［154］王建民：《山东六和集团畜牧业产业链模式研究》，博士学位论文，中国海洋大学，2008年。

［155］王洋：《浅谈代表性国家畜牧业发展成功经验及其对黑龙江省的启示》，《经济师》2008年第2期。

［156］王济民：《从世界畜牧业发展看我国肉鸡产业转型》，《中国禽业导报》2013年第13期。

［157］王明利：《主要畜禽产业各环节利益分配格局研究》，《农业经济问题》2008 年第 S1 期。

［158］王雅春、张毅、张生魁等：《甘肃省甘州地区肉牛产业链调查报告》，《中国畜牧杂志》2009 年第 12 期。

［159］王刚毅：《信息化对黑龙江省畜牧业产业链的影响及对策研究》，硕士学位论文，东北农业大学，2009 年。

［160］王宗祥、康小夏、王兰芳：《金融支持畜牧业产业链的思考——以甘肃省临夏州为例》，《西部金融》2009 年第 11 期。

［161］王慧红、李伟红、杨淑君：《基于委托代理理论的企业所有者与经理人合作决策模型》，《河北大学学报》（哲学社会科学版）2010 年第 3 期。

［162］王鸥：《草原畜牧业发展与牧民收入增长》，《中国畜牧杂志》2010 年第 24 期。

［163］王忠平、史常亮、杨月：《阿拉善盟林改地区农牧民家庭收入结构研究》，《林业经济》2011 年第 9 期。

［164］王志宏：《区域分割下煤炭产业链效率评价及发展策略》，《煤炭学报》2012 年第 4 期。

［165］王丽娟：《民勤县肉羊产业链组织模式的选择与优化》，硕士学位论文，甘肃农业大学，2013 年。

［166］王朝辉、叶祥松：《新型农产品流通体系实现形式——要素链式优化联动机制及其运行功效》，《文史博览》（理论）2013 年第 8 期。

［167］王传美：《草原肉牛产业链延伸及其经济社会效益评价——以通辽市为例》，《投资与合作》（学术版）2014 年第 10 期。

［168］王静：《现代物流产业链创新模式与运行机制——基于中国现代农产品物流需求与现行模式分析》，《社会科学家》2014 年第 6 期。

［169］王瑜：《农业产业链研究综述》，《东方企业文化》2013 年第 10 期。

［170］文明、吉雅、布仁吉日嘎拉：《新型草原畜牧业经营主体发展现状及对策研究——以内蒙古牧区培育新型畜牧业经营主体为例》，《黑龙江畜牧兽医》2016 年第 14 期。

[171] 魏振瀛、徐军鹿、郭明瑞、钱明基、李仁玉等，《北京大学法学百科全书、民法学、商法学》，北京大学出版社 2004。

[172] 肖淑红：《中国体育产业价值链管理模式研究》，硕士学位论文，北京体育大学，2003 年。

[173] 肖艳丽：《中国油菜产品流通中的利益与效率机制研究》，硕士学位论文，华中农业大学，2012 年。

[174] 徐晔、孟亚军：《国外农业产业链管理运作研究及其对我国的启示》，《经济与管理》2007 年第 4 期。

[175] 徐快慧、刘永功：《产业链视角下多利益主体参与的动物疫病防控机制研究》，《中国畜牧杂志》2012 年第 10 期。

[176] 徐雪高、陈洁、金书秦：《完善强牧惠牧政策促进牧民持续增收——基于牧民收入增长形势的研究》，《宏观经济研究》2011 年第 4 期。

[177] 薛风雷：《对于优化农业产业链的思考》，《农村经济与科技》2010 年第 2 期。

[178] 夏兆敏：《优质猪肉供应链中屠宰加工与销售环节的质量行为协调机制研究》，硕士学位论文，山东农业大学，2014 年。

[179] 现代畜牧业课题组：《国外建设现代畜牧业的基本做法及我国现代畜牧业的模式设计》，《中国畜牧杂志》2006 年第 20 期。

[180] 许华、文鹏燕、刘志峰：《陕北白绒山羊产业链的发展模式探析》，《区域经济》2012 年第 2 期。

[181] 郁义鸿：《产业链类型与产业链效率基准》，《中国工业经济》2005 年第 11 期。

[182] 姚平、梁静国、陈培友：《煤炭城市共生产业链构建研究》，《经济研究导刊》2007 年第 6 期。

[183] 杨公仆、夏大慰：《现代产业经济学》，上海财经大学出版社2002 年版。

[184] 杨蕙馨、纪玉俊、吕萍：《产业链纵向关系与分工制度安排的选择及整合》，《中国工业经济》2007 年第 9 期。

[185] 杨为民：《农产品供应链一体化模式初探》，《农村经济》2007 年第 7 期。

[186] 杨加猛：《林业产业链绩效测度体系构建及应用》，《农业系统科

学》2011 年第 3 期。

[187] 杨剑成：《我国菠萝产业链优化研究》，硕士学位论文，海南大学，2011 年。

[188] 杨萌：《城市物流系统构成与运行要素对环境的影响研究》，硕士学位论文，北京交通大学，2014 年。

[189] 颜加勇：《中国农业产业链的组织形式研究》，《现代经济探讨》2004 年第 11 期。

[190] 余海、陶亚民：《浅析农业产业链管理与提高农业综合生产力》，《安徽农业科学》2005 年第 12 期。

[191] 余文权、孙威江、吴国章等：《农业产业链理论与实践研究进展》，《亚热带农业研究》2011 年第 5 期。

[192] 余文权：《安溪县茶叶产业链运行绩效影响因素的实证研究》，《中国农学通报》2012 年第 14 期。

[193] 虞紫燕、孙琛：《江西省水产龙头企业和农户利益联结机制的选择——基于农户的角度》，《农业经济问题》2007 年第 S1 期。

[194] 叶玉莹：《我国奶业产业链问题研究》，《河南畜牧兽医》2006 年第 11 期。

[195] 叶云、李秉龙、耿宁：《交易成本、制度环境与畜牧业产业链纵向整合程度——来自畜牧业不同环节上市企业数据》，《农业技术经济》2015 年第 1 期。

[196] ［英］亚当·斯密：《国民财富的性质和原因的研究》，商务印书馆 2008 年版。

[197] 于存海：《牧区社会政策建构的需求约束及适应路径分析——以内蒙古牧区社会保障制度建设为例》，《内蒙古社会科学》（汉文版）2008 年第 2 期。

[198] 于良芝、谢海先：《当代中国农民的信息获取机会——结构分析及其局限》，《中国图书馆学报》2013 年第 6 期。

[199] 庄丽娟：《我国农业产业化经营中利益分配的制度分析》，《农业经济问题》2000 年第 4 期。

[200] 庄天慧：《四川藏区农牧民收入水平、结构及差距研究》，《西南民族大学学报》（人文社会科学版）2016 年第 1 期。

[201] 周立群、曹利群：《商品契约优于要素契约——以农业产业化经

营中的契约选择为例》，《经济研究》2002 年第 1 期。

[202] 邹昭晞：《论企业资源与能力分析的三个纵向链条——价值链、供应链与产业链》，《首都经济贸易大学学报》2006 年第 5 期。

[203] 赵明亮、李红、柴军：《新疆羊肉产业链模式实证分析》，《管理观察》2009 年第 12 期。

[204] 张五常：《交易费用的范式》，《社会科学战线》1999 年第 1 期。

[205] 张俊飚：《生态产业链与生态价值整合中的循环农业发展研究》，中国农业出版社 2010 年版。

[206] 张立峰、张越杰：《产业链组织模式探析——以吉林省生猪产业为例》，《社会科学战线》2011 年第 8 期。

[207] 张彦：《农业产业链组织形式影响因素理论探析》，《商业时代》2011 年第 1 期。

[208] 张亚伟、朱增勇：《日韩畜牧业规模化发展现状》，《世界农业》2014 年第 1 期。

[209] 曾艳：《农业产业化利益分配机制研究——以广东省为例》，《改革与战略》2011 年第 6 期。

[210] 赵绪福：《农业产业链优化的内涵、途径和原则》，《中南民族大学学报》2006 年第 6 期。

[211] 左两军、张丽娟：《农产品超市经营对农业产业链的影响分析》，《农村经济》2007 年第 4 期。

[212] 左两军、蔡键、谭砚文：《供应链结构对猪肉价格波动的影响：基于"牛鞭效应"视角的探讨》，《南方农村》2016 年第 1 期。

[213] 翟桂玉：《德国畜牧业发展见闻与启示》，《农业知识：科学养殖》2012 年第 2 期。

[214] 翟雪玲、韩一军：《发达国家畜牧业财政支持政策的做法对我国的启示》，《当代畜禽养殖业》，2006 年第 5 期。

[215] 翟慧卿：《农业产业链理论研究综述》，《甘肃农业》2010 年第 11 期。

[216] 曾桢、杨帆、付芳婧：《农民群体信息获取状况及问题分析——以贵州省农村为例》，《农业经济问题》2012 年第 9 期。

[217] 郑玲：《新疆牛肉产业链研究》，硕士学位论文，新疆农业大学，2010 年。

［218］ 照日格图：《内蒙古羊肉产业发展研究》，硕士学位论文，内蒙古大学，2010 年。

［219］《中国农业新闻网》：http：//www. farmer. com. cn

［220］ 中国畜牧业年鉴编委会：《中国畜牧业年鉴》，中国农业出版社，2014 年。

［221］ 中国人民银行呼和浩特中心支行课题组：《龙头企业与农牧户的利益联结机制的现状与影响——基于内蒙古的案例的研究》，《财政金融》2009 年第 2 期。

［222］ 中国科学院中国现代化研究中心：《中国现代化报告 2012》，北京大学出版社 2012 年版。

［223］ 中国农业科学院农业信息研究所：《中国农业展望报告》（2014 - 2023），2014 年版。

［224］ 周应恒、耿献辉：《发达国家的畜牧业产业组织结构特征》，《世界农业》2003 年第 1 期。

［225］ 朱继东：《基于美国、澳大利亚、日本畜牧业发展模式和经验分析河南省畜牧业的发展》，《世界农业》2014 年第 11 期。

［226］《2014—2015 中国肉牛业报告》，http：//www. 3bodoc. com/con. tenf/15/07/03/08/1302411 - 482285984. shfmf.

［227］ Atkinson and Kerkvliet, "Dual Measures of Monopoly and Monopoly Power: An Application to Regulated Electric Utilities", *Review of Economics and Statistics*, Vol. 71, No. 5, 1998, pp. 250 - 257.

［228］ Andserson, "The Use of Pledges to Build and Sustain Commitment in Distribution Channels", *Journal of Marketing Reasearch*, Vol. 92, 1992.

［229］ Baker, Sheridan, *The Practical Stylist*, New York: Harper & Row, 2008.

［230］ Clayton M. Christensen, *The Innovator's Dilemma: When New Technologies Cause Great Firms to fail*, Princeton, NJ: Harvard Business School Press, 1997.

［231］ Christian Bechtel, "The Role of Trust and Relationaship Structure in Improving Supply Chain Responsiveness", *Industrial Marketing Management*, No. 4, 2002.

［232］ Das T. K., Teng B. S., A Resource - Based Theory of Strategic Alliances, *Journal of Management*, Vol. 26, No. 1, 2000, pp. 31 - 61.

[233] Decio Zylberstajn, et al. , "Agri – Systems Management Recent Development and Applicability of the Concept", *Proceedings of the 3rd International Conference on Chain Management in Agribusiness and the Food Industry*, Wagenigen: Agricultural University Press, 1998.

[234] Dong Li, "Coordinating Order Quantity Decisions in the Supply Chain Contact Under Random Demand", *Applied Mathematical Modeling*, Vol. 8, No. 6, 2005, pp. 1029 – 1038.

[235] Ellarm L. M, "A Structured Method for Applying Purchasing Cost Management Tools", *International Journal of Purchasing & Materials Management*, Vol. 32, No. 3, 1996, pp. 11 – 19.

[236] van Dam F. , "Agri – Chains, ICT and Innovation, Chain Management in Agribusiness and the Food Industry", *MEMO*, No. 4, 2000, pp. 555 – 560.

[237] Fynes B. , "The Moderating Effect of Buyer – Supplier Relationships on Quality Practices and Performance", *International Journal of Operations and Production Management*, Vol. 22, 2002.

[238] G. C. Stevens, "Integrating the Supply Chain", *International Journal of Physical Distribution & Materials Management*, Vol. 19, No. 8, 1989, pp. 3 – 8.

[239] Gouse M. , Pray C. , Schimmelpfennig D. , "The Distribution of Benefits From Bt Cotton Adaptation in South Africa", *Journal of Agro Biotechnology Management & Economics*, Vol. 7, No. 4, 2004, pp. 187 – 194.

[240] Ganesan S. , Ambrose M. , Hess R. L. , "The Relationship Between Justice and Attitudes: An Examination of Justice Effects on Event and System – Related Attitudes", *Organigational Behavior & Human Decision Processes*, Vol. 103, No. 1, 2007, pp. 21 – 26.

[241] Griffith, G. R. , "The Impact of Supermarkets on Farm Suppliers", *Australian Economic Review*, Vol. 37, No. 3, 2004, pp. 329 – 336.

[242] Hobbs J. E. , "Creating International Competitiveness Through Supply Chain Management", *Supply Chain Management*, No. 3, 1988.

[243] J. B. Houlihan, "International Supply Chains: A New Approach",

Management Decision, Vol. 26, No. 3, 1988, pp. 13 – 19.

[244] J. B. Houlihan, E. H. Hall, R. Nargundkar, "Resource Allocation as an Outcropping of Strategic Consistency, Performance implications", Academy of Management Journal, Vol. 36, No. 5, 1993, pp. 1026 – 1051.

[245] Lindgreen, Hingley, "The Impact of Food Safety and Animal Welfare Policies on Supply Chain Management", *British Food Journal*, Vol. 106. , No. 5, 2003, pp. 328 – 349.

[246] Michelle Beashear, "From the Plains to the Plate: Can the Beef Industry Regain Market Share", *Economic Review of the Federal Reserve Bank America*, No. 4, 1998.

[247] Man. R. D. , *A Study in the Framework of WWF's Freshwater and Cotton Programmer*, Leiden: NE Leiden University Press, 2001, pp. 1 – 50.

[248] Gurnani H. , Erkoc M. , Luo Y. , "Impact of Product Pricing and Timing of Investment Decisions on Supply Chain Coopetition", European Journal of Operational Research, Vol. 180, No. 1, 2007, pp. 222 – 248.

[249] Shin H. , Benton W. C. , "A Quantity Discount Approach to Supply Chain Coordination", *European Journal of Operational Research*, Vol. 180, No. 2, 2007, pp. 601 – 616.

[250] Neves M. F. , Zylberstaj N. D. , Neves E. M. , *The Orange Juice Food Chain Proceedings of the 3rd International Conference Chain Management in Agribusiness and the Food Industry*, Wagenigen: WAU Press, 1998.

[251] Ramaekers. P. J. L. , Swinkels J. W. G. M. , Huiskes J. H. , "Performance and Carcass Traits of Individual Pigs Housed in Groups as Affected by *ad libitum* and Restricted Feeding", *Livestock Production Science*, Vol. 47, 1996.

[252] Port M. L. , *Competitive Strategy: Techniques for Analyzing Industries and Competitors*, The Free Press, 1980.

[253] Robert B. , Christian B. , "The Role of Trust and Relationship Structure in Improving Supply Chain Responsiveness", *Ind Mark Manage*, Vol. 31, No. 5, 2002, pp. 367 – 382.

[254] Russell L. Lamb, Michelle Beashear, "From the Plains to the Plate: Can the Beef Industry Regain Market Share", *Reviews of the Federal Reserve Bank America*, No. 4, 1998.

[255] Shore B., Venkatachalam A. R., "Evaluating the Information Sharing Capabilities of Supply Chain Partners: A Fuzzy Logic Model", *International Journal of Physical Distribution & Logistics Management*, Vol. 33, No. 9, 2003, pp. 804 – 824.

[256] Schiebel, "International Competitiveness Through Supply Chain Management", *Supply Chain Management*, No. 3, 1998.

[257] STalluri S, Baker R C., "A Multi – Phase Mathematical Programming Approach for Effective Supply Chain Design", *European Journal of Operational Research*, Vol. 141, No. 3, 2002, pp. 544 – 558.

[258] Sykuta M, James H S, Jr., "Organizational Economics Research in the U. S. Agricultural Sector and the Contracting and Organizations Research Institute", *American Journal of Agricultural Economics*, Vol. 86, No. 4, 2004, pp. 756 – 761.

[259] Schiebel W., "Value Chain Analysis: An ECR Tool for Assessing Business Competitive Advantage", *International Journal of Management Practice*, No. 3, 2007.

[260] Sitakanta Panda, "Farmer Education and Household Agricultural Income in Rural India", *International Journal of Social Economics*, Vol. 42, No. 6, 2015, pp. 514 – 529.

[261] Siti Badariah Saiful Nathan, M. Mohd Rosli, "Distributional Effects of Non – Farm Incomes in an Malaysian Rice Bowl", *International Journal of Social Economics*, Vol. 43, No. 2, 2016, pp. 205 – 220.

[262] T. K. Das, Bing – Sheng Teng, "Partner Analysis and Alliance Performance", *Scandinavian Journal of Management*, No. 3, 2003.

[263] Uzzi B., "Social Structure and Competition in Inter – Firm Networks: The Paradox of Embeddedness", *Administrative Science Quarterly*, Vol. 42, No. 1, 1997, pp. 35 – 37.

[264] Valentine, "Source of Productivity Decline in U. S. Coal Mining, *The Energy Journal*, No. 3, 1982.

[265] Vander Vorst, "Supply Chain Management in Food Chains Improving Performance", *International Transactions in Operational Research*, No. 5, 1998.

[266] Wout J. Hofman, "Information and Communication Technology (ICT) for Food and Agribusiness, Chain Management in Agribusiness the Food Industry", *Proceedings of the fourth international conference*, 2000.

[267] Yang X., Borland J. A., " Microeconomic Mechanism for Economic Growth", *Journal of Political Economy*, Vol. 99, No. 3, 1991, pp. 460 – 482.

[268] Zhang T., *The Study of the Relations Between the Replication and Transmission Process: Take an Example of Gene and Meme*, Berlin: Future Computer, Communication, Control and Automation, Springer Berlin Heidelberg, 2012.

后　记

在本书出版之际，要特别感谢国家自然科学基金委员会对本书的资助，感谢甘肃农业大学经济管理学院张艳荣教授的大力帮助，感谢内蒙古自治区呼和浩特市和乌兰察布市农牧局、新疆阿勒泰地区农牧局、青海省海北藏族自治州农牧局和甘南藏族自治州农牧局以及众多牧区合作社、加工企业和牧民的鼎力支持，感谢中国社会科学出版社的大力帮助。

我的同事和研究生也参加了本书的写作和核校工作。我的同事有杨洵（第五章、第六章、第七章）、袁泉（第一章）、罗海燕（第二章、第三章、第四章），我的研究生有葛鹏飞（第八章）。高薪颖、陈雪滢、陆泓伽和周亚楠同学在收集整理资料和核校方面也做了大量的工作，感谢他们的辛勤工作！

尽管我们全力以赴，但由于草原牧区数据资料的不健全和实地调研的难度大，研究工作和研究成果本身仍存在诸多不足，恳请读者批评指正。我们将在今后继续深入研究，不断深化和完善。

吕萍

2017 年 5 月